KB139172

해군과 국제법, 쟁점과 과제

이 민 효

머리말

　우리는 왜 국제법을 확인하고 준수하여야 하는가? 국제법은 국제사회를 떠받치고 있는 성문적 또는 불문적 합의인 바, 만약 그러한 합의가 존중되지 않거나 준수되지 않을 경우 국제사회는 유지될 수 없을 것이다. 따라서 각국은 비록 국제법이 국내법에 비해 이행 강제력이 약하고 일탈자에 대한 제재 수단이 현저하게 부족하다 하더라도 자국이 합의한 국제법을 준수해야 할 의무가 있다.

　오늘날 국가 간의 관계에 있어 국제법적 규제는 날로 다양화, 엄격화되어 가고 있다. 국제법의 규제대상이 점차 확대되어 가고 있을 뿐만 아니라 규제내용에 있어서도 보다 정교해지고 있는 것이다. 비록 강제성과 실효성을 특징으로 하는 법으로서의 완전성에 있어 내적 한계를 갖고 있음에도 불구하고 물적 기반의 확대와 심화를 통해 국제법은 국제사회를 유지, 발전시켜 나가는 주요한 수단으로서의 역할을 충실히 다하고 있다.

　그렇지만 군사활동과 관련하여서는 보다 복잡한 상황에 처해 있다. 군사적 필요성이 강조될 수밖에 없는 현실 상황에서 군사활동과 법규범과의 관련성은 부인되거나 애써 무시될 수 있다. 실제 많은 경우 법은 군사활동의 목적 달성을 방해하는 귀찮은 존재로 인식되곤 했다. 이러한 인식과 태도는 매우 잘못된 것으로 오히려 군사활동의 목적달성을 방해할 수도 있을 뿐만 아니라 국가이익과 권위를 한순간에 훼손시킬 수도 있다. 오늘날 과학기술과 교통·통신수단의 눈부신 발달로 국가들 간의 관계는 매우 긴밀하게 얽혀있다. 어느 국가도 독자적으로 생존할 수 없는 상호의존적 국제사회에서 국가행위의 정당성은 외부의 여론과 타국의 지지에 의해 확보될 수밖에 없으며, 설령 일시적으로 목적을 달성했다 하더라도 추가적인 우호적 지지를 확보하지 못하면 달성된 목적은 지속되지 못한다.

따라서 군의 작전과 전투는 법의 테두리 내에서 행해져야 한다. 무력을 관리, 사용하는 국가기관으로서 군이 자국의 국내법에 절대적으로 복종해야 한다는 것은 너무나도 자명한 사실이기 때문에 국내법의 내용에 대해 새삼스레 강조할 필요는 없다. 문제는 국제법이다. 군이 타국에 주둔하고 있거나 자국의 주권이 미치는 지역을 벗어나 있을 경우 타국의 군대 및 국가기관(일반 국민 포함)과의 관계에 있어 양당사자의 권리의무를 규정짓는 것은 국제법이다. 이러한 경우 국제법을 얼마나 자세하게 알고 있느냐 하는 것은 매우 중요하다. 국제문제에 직면했을 때 그 문제의 국제법적 의미를 명확하게 이해하고 합법적 조치로 대응하지 못하는 경우 자국으로부터의 구체적 지시를 받은 후에야 대응할 수 있을 것이다. 많은 경우 자신에게 맡겨진 의무를 완수하는데 실패하고 그에 따라 직·간접적 책임을 추궁당할 수밖에 없을 것이다.

해군의 경우 국제법은 더욱 중요하다. 해군이 작전 또는 전투를 수행하는 공간은 국가 주권이나 관할권이 다양한 형태로 혼재되어 있는 해양이기 때문이다. 게다가 한반도 주변 국가들은 자국의 이익을 최대한 확보하기 위하여 인접국과의 갈등과 마찰을 예견하면서도 자국의 권리를 확대 해석하고 이를 보장하기 위한 조치들을 강구하고 있다. 따라서 해군작전이 정당성을 보장받기 위해서는 더욱 엄격하게 국제법의 테두리 내에서 행사될 필요가 있다. 자칫하면 선제 또는 대응조치가 국제법을 위반한 불법행위로 규정되어 국가책임의 대상이 될 수 있기 때문이다. 구체적으로 해군 지휘관 및 참모는 영해와 국제수역에서의 연안국의 권리의무와 타국 관할수역에서의 군함 및 그 승조원의 권리의무, 해전에서의 합법적 수단과 방법 등 해군 관련 국제법 내용에 대해 잘 알고 있어야 한다. 물론 국제법만으로 완전한 해결을 기대할 수는 없을 것이다. 하지만 적어도 국제법은 국제분쟁을 예방하고 해결하는 수단으로 그리고 대안 제시 역할자로서 기능할 수 있을 것이다.

또한 해상에서의 군사작전과 군사활동은 국제통상을 극도로 제한할 수 있기 때문에 군사목표에 대한 공격 과정에서 어떠한 법적 위반도 하지 않은 중립국에게도 불필요한 피해를 입힐 수 있다. 이는 무력사용의 정당성과 합법성에 대한 국제사회의 여론을 악화시켜 의도한 목적 달성에 중대한 장애가 될 수 있다.

이처럼 전·평시 해군과 국제법은 불가분의 관계에 있다. 따라서 해양에서의 해군작전을 규율하는 국내법(작전예규 및 교전규칙 포함)도 물론 중요하지만, 국제법적 관점에서 군함의 국제법적 지위 및 군사활동에 대한 국제법적 한계를 명확하게 하는 것은 중요하고도 시급한 문제이다. 해상에서 임무를 수행하다 보면 의도하지 않은 경우에도 그리고 불가피하게 군사력을 사용해야 할 경우도 발생할 수 있기 때문에 사전에 이러한 문제들에 대해 확인하고 논의해 두어야 할 필요가 있다. 그리고 천안함 폭침과 연평도 포격사건 및 연례적으로 되풀이되고 있는 북방한계선 문제는 우리가 얼마나 엄중한 안보적 현실에 처해있는가를 웅변적으로 보여준다. 이에 대한 정치적, 외교적 및 군사적 대응도 중요하지만 우선 법적 측면에서 북한의 불법성과 우리의 정당성을 논증할 필요가 있다. 그래야만 실효적 대처가 가능할 것이기 때문이다.

보론에서는 한국군 작전통제권의 변천과정에 대한 법적 평가를 간략하게 살펴보았다. 전작권 전환의 시기나 방법에 대해서는 저자의 능력 밖의 문제여서 다루지 않았으며, 법적 평가도 관련 연구자들의 주장을 소개하는 수준이다. 또한 군함의 법적 지위와 관련해서는 서원상 박사의 도움을 받은 부분도 있으나 그 분량이 적고, 본 저서의 전반적 체계나 내용에 미치는 영향도 적어서 박사의 동의를 얻어 단독으로 출판한다. 그리고 1, 2편에서 기존의 연구결과를 직간접적으로 활용하였다. 오해 없기를 바란다.

끝으로 본 저서의 출판을 흔쾌히 승낙해 주신 연경문화사의 이정수 사장님께 감사드린다.

2013년 9월

이민효

목 차

제1편 군함과 국제법

제1장 군함의 평시국제법상 지위 11

  Ⅰ. 서론 11

  Ⅱ. 군함의 정의 12

  Ⅲ. 군함의 일반적 지위 15

  Ⅳ. 군함승무원의 지위 21

  Ⅴ. 결론 23

제2장 해상무력분쟁에서의 군함의 법적 지위 26

  Ⅰ. 서론 26

  Ⅱ. 해전중립법규상 군함의 지위 27

  Ⅲ. 상선에서 변경된 군함의 지위 29

  Ⅳ. 해상포획권 행사 31

  Ⅴ. 해상봉쇄권 행사 37

  Ⅵ. 결론 52

제2편 군사활동과 국제법

제3장 해적행위의 국제법적 규제 53

  Ⅰ. 서론 53

  Ⅱ. 해적행위의 법적 의의 55

Ⅲ. 해적행위의 국제법적 규제 72

Ⅳ. 해적행위의 예방과 처벌을 위한 국제사회의 대응조치 82

Ⅴ. 결론 100

제4장 해상무력분쟁의 국제법적 규제 105

Ⅰ. 서론 105

Ⅱ. 해전에서의 군사목표 구별 109

Ⅲ. 전투수단 및 방법의 제한 115

Ⅳ. 해상무력분쟁 희생자의 인도적 보호 134

Ⅴ. 결론 152

제3편 천안함, 북방한계선 및 연평도와 국제법

제5장 북한의 천안함 격침행위의 불법성과 국제법적 대응조치 155

Ⅰ. 서론 155

Ⅱ. 북한의 천안함 격침행위의 불법성과 법적 책임 159

Ⅲ. 천안함 사태에 대한 국제법적 대응조치 및 제한사항 173

Ⅳ. 결론 196

제6장 천안함 사태에 있어서의 대북 자위권 행사 가능성 199

Ⅰ. 서론 199

Ⅱ. 무력사용금지원칙과 자위권의 관계 201

Ⅲ. 자위권의 이론적 고찰 205

Ⅳ. 천안함 사태와 자위권 행사 217

Ⅴ. 결론 226

제7장 북방한계선의 정당성에 관한 국제법적 고찰 228

Ⅰ. 서론 228

Ⅱ. 북방한계선의 설정 230

Ⅲ. 북방한계선의 법적 지위에 관한 관련 당사자의 입장 233

Ⅳ. 북방한계선의 정당성 243

Ⅴ. 결론 및 향후과제 253

제8장 국제법상 연평도 포격의 불법성에 관한 연구 256

Ⅰ. 서론 256

Ⅱ. 사태의 의도 및 영향 259

Ⅲ. 북한의 연평도 포격행위의 불법성 266

Ⅳ. 결론 275

보론 전시작전통제권 변천과정의 법적 평가 278

Ⅰ. 서론 278

Ⅱ. 작전통제권의 개념 279

Ⅲ. 한국군 작전통제권의 변천 281

Ⅳ. 작전통제권 변천과정의 법적 평가 294

Ⅴ. 결론 305

[참고문헌] 309

[부록] 324

제1장 군함의 평시국제법상 지위

Ⅰ. 서론

군함은 비상업용 정부선박의 일종으로서 군사적 임무를 수행하는 국가기관으로 평시 관할수역은 물론 공해상에서도 실력을 행사할 수 있는 지위를 부여받고 있으며, 전시에도 중립법규의 제한을 침해하지 않는 범위내에서 해상봉쇄, 전시금제품 포획 등 해상포획권을 행사하여 적의 전투능력 지속을 근절시킬 수 있다. 이와 같은 점에서 군함은 국가를 대표하는 어떠한 기관보다도 국가의 주권과 독립을 상징하는 것으로 인정받고 있다.

군함은 이러한 성격상 자신의 법적 지위를 온전히 보호받고, 부여된 권한을 외부로부터의 아무런 간섭 없이 행사하기 위해 특권과 면제를 향유한다. 그 대표적인 내용이 관할권면제와 불가침권이다.

또한 기항을 허가받은 경우 타국의 경찰권으로부터 보호되어 불가침권을 향유하며, 군함승무원이 상륙한 경우에도 공무중의 행위로 범죄를 저지른 경우 영토국의 사법권으로부터 면제된다.

이러한 특권과 면제를 군함에게 인정하는 것은 군함의 국가기관성과 독립과 주권의 상징성이라는 이유 외에도 '함포외교'라는 용어에 나타나 있듯이 근세 말 약소국 개방을 위해 군함이 첨병으로 이용되었던 역사적 특수성에도 일단의 이유를 찾을 수 있을 것 같다.

이하에서는 국제법적 측면에서 군함의 지위를 간략하게 살펴보고자 한다. 다만 각 수역에서의 군사활동, 통항제도 및 공해상에서의 임검권 · 추적권 행사 등 평시 해상작전상의 문제도 당연히 살펴보아야 하나, 이들 문제는 장을 달리하여 자세하게 다루고 있기 때문에 여기서는 군함 자체의 법적 지위(주권면제 및 승무원의 지위 등)에 초점을 맞췄다.

Ⅱ. 군함의 정의

군함은 정부의 권한과 통제에 복종하는 공선의 일종으로서 군사적 임무를 수행하는 기관이며, 해상에서 국가의 권력을 행사하는 주요한 수단이다. 군함은 각국의 국내법, 특히 해전관련 군사교범(해전법규)에서 정의되고 있는 바, 그 구체적 표현은 달라도 일반적으로는 해군부대의 일부로서 기국의 국기를 게양할 권한이 부여된 군대의 구성원에 의해 지휘되고 군율에 따르는 승무원이 배치된 선박[1]이라는 공통적인 내용들을 담고 있다.

이러한 내용을 구성요소로 하는 군함의 정의는 1958년 '공해에 관한 협약'(공해협약)에서 보다 구체화 되었는데, 동 협약은 군함을 "일국

---

1) Robert W. Tucker, *The Law of War and Neutrality at Sea*, Naval War College International Law Studies 1955, Vol.50, U. S. Government Printing Office, 1957, p.394.

의 해군부대에 속하는 선박으로서 그 국가의 국적을 갖는 군함임을 나타내는 외부표지를 달고, 그 국가의 정부에 의해 정식으로 임명되고 또한 그 성명이 해군명부에 기재되어 있는 장교의 지휘하에 있으며, 또한 정규해군기율에 따르는 승무원이 배치된 선박"이라고 규정하고 있다 (제8조 2항).

위의 공해협약상의 군함의 정의는 1907년 헤이그 제7조약인 '상선을 군함으로 변경하는데 관한 조약'에 기초한 것이다. 동 조약에서 군함의 정의와 관련 있는 규정은 제1조부터 제4조까지로 군함의 정의를 단일 문장으로 표현하고 있지는 않지만 군함으로 변경된 상선이 군함으로서의 권리를 향유하기 위해 갖추어야 할 조건들을 다음과 같이 열거함으로써 군함의 정의를 간접적으로 보여주고 있다.

> 제1조(군함의 권리 향유). 군함으로 변경된 상선은 그 게양하는 국기의 소속국의 직접관리, 직접감독 및 책임 하에 있지 않으면 군함에 속하는 권리 및 의무를 향유할 수 없다.[2]
>
> 제2조(특수휘장). 군함으로 변경된 상선은 군함외부에 특수휘장을 부착함을 요한다.
>
> 제3조(지휘관). 지휘관은 국가의 근무에 복무하며 또한 해당관헌에 의하여 정식으로 임명되고 그 성명은 함대의 장교명부에 기재되어야 한다.
>
> 제4조(승무원). 승무원은 군기에 복종한다.

이러한 군함 정의는 1982년 유엔해양법협약에서도 그대로 유지되

---

2) 군함으로 변경된 상선이 군함의 권리를 향유하기 위해서는 소속국의 직접적인 관리감독 및 책임 하에 있어야 할 뿐만 아니라 전쟁의 법규 및 관례를 준수하여야 한다(제5조). 또한 교전자로서 상선을 군함으로 변경한 것을 가급적 속히 군함표에 기입하여야 한다(제6조).

고 있는 바, 본 협약상 군함은 "일국의 군대에 속하며 그 국가의 국적을 갖는 군함임을 나타내는 외부표지를 달고, 그 국가의 정부에 의해 정식으로 임명되고 그 성명이 군적 또는 이와 동등한 명부에 기재되어 있는 장교의 지휘 하에 있으며, 정규의 군율에 따르는 승무원이 배치된 선박"(유엔해양법협약 제29조)이라고 정의되고 있다.[3]

이처럼 군함의 구성요소는 지휘관 및 승무원(군인) 등의 인적 요소, 장비 및 기관 등을 포함하는 함정 그 자체의 물적 요소 및 군대소속 및 군기 등의 조직적 요소를 포괄하는 실질적 요소와 일국의 군함임을 나타내는 외부표지 및 군함임을 증명하는 소속국의 자격증명서와 같은 형식적 요소로 대별된다.[4]

이러한 요소들은 군함이 구비해야 할 필요요건들이다. 따라서 이들 중 어느 하나를 갖추고 있지 않으면 군함으로 인정되지 않는다. 따라서 군함이 난파되어 승무원이 퇴선했다면 인적 요소를 결하여 또는 군함이 본국에 대하여 반란을 일으킨 경우에는 조직적 요소를 결하여 국제법상 군함으로서의 지위를 상실하게 된다.

---

3) 1982년 유엔해양법협약과 1958년 공해협약은 군함의 정의에 있어 약간의 차이만을 보이고 있다. 전자가 후자와 다른 점은 군함의 소속이 '해군부대'에 한정되지 않고 '군대'(armed forces)로 변경되고, 이에 따라 '해군명부'가 '군적 또는 이와 동등한 명부'로 변경된 것뿐이다. 이것은 해군 이외에 타군에 속한 선박이라도 소정의 요건을 구비하면 국제법상 군함으로 취급된다는 것을 고려한 것으로 생각된다. 山口開治, "해양법과 Sea Power", 해양법자료집, 제1집, 해군본부 법무감실, 1980. 7, p.52.

4) ibid., pp.52-53 참조. 군함은 자신의 생존이나 전투를 위해 다양한 전투수단(무기)을 탑재하는 것이 당연한 것이지만, 무기의 탑재 여부가 군함의 자격에 영향을 미치는 것은 아니다.

III. 군함의 일반적 지위

1. 불가침권

영토국의 관헌은 함장의 동의 없이 함내에 들어갈 수 없다. 범인이 함내로 도피한 경우에는 함장의 동의를 얻어 들어가거나 인도를 요청하여야 하며, 함장이 인도를 거부할 때에는 외교기관을 통하여 인도를 요구하여야 한다.

이처럼 영토국은 함장의 동의가 없다면 함상에서 발생한 여하한 범죄행위에 대해서도 관할권을 행사할 수 없다. 이는 그러한 행위가 함상에서 발생한 것이든 아니면 육상에서 행한 것이든 관계없으며, 장교나 승무원 등 원래부터 군함에 승선하고 있는 자에 의한 것이든 함상에 승선하고 있는 외국인에 의한 것이든 관계없다.[5]

만약 외국의 관헌이 마음대로 함상에 출입하여 그들의 권한을 행사하면 필연적으로 함장의 권한은 감소될 것이며 기국의 안전보장에 대한 위협은 중대한 문제로 제기될 것이다. 군함에서 볼 수 있는 많은 장비가 군사기밀에 속하는 것이기 때문에 외국의 관헌이 단지 함상에 있다는 사실만으로도 기국의 안전보장을 위태롭게 할 수 있다. 기국은 공

---

5) 그런데 함상에 있는 외국인이 영토국의 관할권으로부터 왜 면제를 향유하는가 하는 명백한 이유는 제시되지 않고 있다. 기본적으로 영토국은 속지주의 원칙상 관할권을 가지며, 영토국의 관할권을 배제하려면 그에 대한 적절한 이유가 제시되어야 한다. 범죄의 장소가 외국의 군함이었다는 사실은 치외법권의 의제에 복귀하지 않는 한 적합한 이유가 될 수 없다. 상선이나 외교사절의 공관에서의 외국인에 대해서는 영토국의 관할권으로부터 면제가 인정되지 않는 반면에 군함상의 외국인에게 더욱 유리한 지위를 부여하는 것을 정당화할 만큼 기국의 이익이 명백한 것도 아니다. 결국 승무원 이외의 외국인에 의한 함상의 범죄에 대해서는 기국의 국민이거나 또는 군함의 기국이 관할권을 행사해야 할 명백한 이유가 없는 한 범죄인을 영토국의 지방당국에 인도하여야 할 것이다. 강영훈, "외국 군함의 법적 지위 문제", 해양전략, 제92호, 1996, pp.57-58.

적이거나 비공적인 행위중에 있는 승무원에 대하여 배타적인 통제권을 가질 군사적 필요가 있는 바, 기국은 연안국의 간섭 없이 기율을 유지할 권능을 가져야 한다.[6]

그렇다면 군함은 육상에서 범죄를 저지르고 함내로 도피한 범죄인을 비호할 권리가 있는가? 함장은 허가 없이 함내에 들어온 보통범죄인을 추방할 권리가 있으며, 그러한 경우 연안국 관헌은 범죄인을 체포할 수 있다. 이처럼 군함에게 보통범죄인을 비호할 권리가 없다는 것이 일반적인 견해이다.

관련 사례로는 1863년 Aunis호 사건을 들 수 있다. 동 선박은 1860년 9월 4일의 프랑스와 사르디니아(Sardinia)간에 체결된 협약에 의해 군함과 동일하게 취급된 우편선이었다. 동 선박이 Genoa항에 정박중 이탈리아 경찰이 선내에 피신한 5명의 범죄자를 체포하였다. 이에 프랑스는 이탈리아 경찰은 군함과 동일한 법적 지위를 갖는 Aunis호 선상에서 범죄자들을 직접 체포할 권리가 없다고 항의하였으며, 이에 이탈리아는 프랑스 주장의 합법성을 인정하고 체포한 5명을 프랑스에 인도하였다(프랑스는 관련 범죄인인도 규정에 따라 이들을 다시 이탈리아에 인도하였다).[7]

그러나 정치범에 대해서는 위험의 중대성과 긴급성을 요건으로 비호할 수 있다. 정치범을 찾아서 끌어들여서는 안 되지만 함내에 들어와 비호를 요청하는 경우 이를 거부해야 할 의무는 없으며, 영토국 정부도 그의 인도를 요구하거나 정치범의 비호를 이유로 군함을 추방할 수 없다. 단, 이러한 경우에도 군함은 정치범죄나 정쟁의 근거지가 되지 않

---

6) 강영훈, "국제법상 군함의 지위", 해양연구논총, 제6집, 1991. 6, p.100.
7) C. J. Colombos, *The International Law of the Sea* (2nd. rev. ed.), 1951, pp.186~187.

도록 방지할 의무가 있다.[8] 이러한 정치범 비호는 정치적 격변이 빈발했던 일부 국가에서 주장된 것으로 정치범의 생명이나 안전에 급박한 위험이 야기되는 예외적인 경우에 한하여 허용되어야 할 것이다. 실제 외부의 비호 요청이 있는 경우 자국의 외교기관과 긴밀한 협의 하에 그 허용 여부를 결정하여야 한다.

2. 관할권 면제

군함은 연안국의 사법권에 복종하지 않는다. 따라서 어떠한 소송도 군함에 대하여 제기할 수 없다. 그리고 군함은 영토국의 행정권에도 복종하지 않으나, 항해·위생·경제에 관한 영토국의 법령을 준수할 의무가 있다. 그 위반에 대하여 연안국은 군함을 처벌할 수 없고 다만 퇴거를 요구할 수 있을 뿐이다.

이처럼 군함은 타국의 관할권으로부터 광범위한 면제를 인정받고 있다. 이러한 관할권 면제의 근거는 무엇인가? 이에는 다음과 같은 몇 가지 주장, 즉 ① 군함의 대표적 성격, 국가의 독립 및 주권자의 상호존중의 관념, ② 기국의 안전보장과 함정의 기능 보호를 위한 기국의 군함과 그 승무원에 대한 완전한 통제권 확보 필요, ③ 어떤 국가가 타국 군함의 자국항에의 입항 허가를 그 군함에 대한 접수국의 영토주권으로부터 일정한 면제까지 허가한 것으로 보는 묵시적 동의설 등이 제시되고 있다.[9] 이러한 각 주장들은 나름대로의 설득력을 갖고 있는 것은 분

---

8) *Ibid.*, p.187; J. Westlake, *International Law*, vol.1(2nd. rev. ed.), Cambridge University press, 1910, p.268; D. P. O'Connell, *International Law*, vol.2(2nd. rev. ed.), 1970, pp.738-739.
9) 강영훈 배재식, "군함의 비호권 문제", 해양전략, 제42호, 1986, pp.52-54 참조.

명하지만, 한편으로는 각각 논리적 결함이 있거나 근거가 불충분한 부분도 있다. 이러한 점을 고려하여 종합해보면 다음과 같이 정리할 수 있겠다. 군함에 대한 면제가 인정되어 온 것은 군함이 갖고 있는 군사기관으로서의 국가의 주권과 독립을 상징하는 대표적 성격과 국가의 권력을 행사하는 수단으로서의 기능을 보호하기 위한 군사적 필요 때문이다.[10]

군함의 관할권면제는 함내의 모든 사람에 미치므로 함내의 사람은 일체 연안국의 사법권으로부터 면제된다. 따라서 함내에서 발생한 범죄에 대해서는 범인의 국적과 관계없이 군함의 기국에 재판관할권이 있으며, 연안국의 국민이 함내에서 행한 범죄를 처벌하기 위하여 기국으로 범인을 인치할 수도 있다. 이 점에 있어서 외교사절의 관할권면제와 구별된다.

이처럼 군함은 주권에 따르는 예우와 존경을 받는다. 공해상의 군함은 기국 이외의 어느 국가의 관할권으로부터 완전히 면제된다. 이러한 군함의 특성은 "공해상에서 군함은 기국이 아닌 다른 어떠한 국가의 관할권으로부터도 완전한 면책특권을 갖는다"는 해양법협약 제95조에 잘 나타나 있다. 뿐만 아니라 군함은 타국의 내수, 영해, 군도수역 및 배타적 경제수역에서도 면제권이 인정된다(해양법협약 제32조, 제43조, 제54조, 제58조 및 제95조 참조).

따라서 소유권 회복의 소송이든, 선박충돌에 의한 손해배상청구 소

---

10) Roland J. Stanger, *Criminal Jurisdiction over Visiting Armed Forces*, U. S. Naval War College International Law Studies 1957~1958, vol.52, U. S. Government Printing Office, 1965, pp.58-59. 세관선 · 경찰선 · 기상관측선 · 과학조사선과 같은 군함 이외의 공선도 국가의 공권력을 행사하는 국가기관이라는 의미에서 외국의 영해나 항만에 있을 때 관할권면제를 가지나 보통 직무수행의 범위에 한정되며 더구나 군함과 같은 불가침권을 갖지 못한다. 공선의 승무원이 상륙한 경우 군함의 승무원과 같은 관할권 면제는 인정되지 않는다.

송이든 또는 해난구조에 따른 보수청구 소송이든 기타 어떠한 소송도 군함에 대하여 제기할 수 없다.[11]

군함의 부속단정도 군함의 정박중 모선으로부터 떨어져 있는 경우 동일한 특권을 갖는다. 또한 군함은 외국의 영해를 통항함에 있어서 연안국의 법령을 준수할 의무가 있지만, 이에 위반하는 경우에도 다른 선박과는 달리 연안국은 군함을 나포하거나 기타의 강제조치를 취할 수 없고, 다만 영해로부터의 퇴거를 요구할 수 있을 뿐이다(동 제30조).[12]

그리고 해양법협약 제302조는 "본 협약의 어떠한 규정도 본 협약상 의무이행에 있어서 어느 당사국에게 발표될 경우 자국의 안보이익에 반하는 정보를 제공하도록 요구하는 것으로 간주되지 않는다"고 규정하고 있다. 이 규정은 대부분의 군함의 건조, 장비, 무장, 인원배치 및 성능에 대하여 명백하게 적용되며, 그것은 군함의 위치, 활동 및 임무에도 적용된다.[13]

또한 해양법협약은 협약의 해석 및 적용에 관한 분쟁 해결을 위한 국제해양법법원 등의 강제적 해결절차를 설정하고 있으나, 군사활동에 관한 분쟁에 관해서는 체약국이 강제절차의 적용 배제를 선언할 수 있도록 규정하고 있다(협약 제298조 1항(b)). 이는 자국 군대를 어떠한 형태

---

11) 강영훈 · 배재식, "군함의 비호권 문제", *op. cit.*, p.54.

12) 강영훈, "국제법상 군함의 지위", *op. cit.*, pp.101-102. 그러나 유엔해양법협약은 국제해협 및 군도수역에서 통과통항 또는 군도항로대통항중인 군함이 통항에 관한 연안국 법령을 준수하지 아니하는 경우에는 연안국이 그 군함에 대하여 퇴거를 요구할 수 있는 권리가 명문으로 규정되어 있지 않아 해협연안국 및 군도국가가 직접 강제조치를 취하여 통항을 제한 또는 부인할 수 있는 것인지의 여부에 대해 해석상의 대립이 있을 수 있다. 그러나 협약의 규정에 비추어 볼 때, 주권면제를 향유하는 군함(군용기 포함)에 대해서는 해협연안국이나 군도국가의 권한이 미치지 못하므로 이들 국가는 군함의 퇴거를 요구할 수 없고 다만 이들의 법령위반으로 손해가 발생한 경우 그 기국에게 책임을 물을 수 있을 뿐이라고 보는 것이 타당하다.

13) *Ibid.*, p.102.

의 외부적 규제에도 복종하지 않게 하려는 국가의 요구를 반영한 것이다.[14]

군함의 관할권 면제를 인정한 대표적인 사례로는 '스쿠너 익스체인지號사건'(The Schooner Exchange v. McFaddon, 1912)이 있다. 사건의 개요는 다음과 같다. 미국인 McFaddon이 소유한 범선 익스체인지號는 1810년 프랑스 관헌에 의해 공해상에서 나포되어 포획심검소의 판정을 거치지 않고 프랑스 해군에 편입되었다.

1911년 동 선박이 해난으로 필라델피아항에 입항하자 McFaddon은 동 선박의 소유권을 주장하고 연방지방법원에 해사소송을 제기하였다. 이와 관련하여 지방법원에서는 원고청구 각하, 항소법원에서는 원고청구 인정 그리고 대법원에서는 1심판결을 확인(청구 각하)하였다. 법원은 청구각하 이유로 다음과 같은 근거를 제시하였다.

무장공선은 사선과 달리 당해 국가의 군사력의 일부를 구성하고 주권자의 직접적인 지휘하에 행동하며 국가적 목적을 위해 주권자에게 사용되는 바, 주권자는 관련 목적이 외국의 간섭에 의해 좌절되는 것을 방지하려고 하는 강한 의사를 가지며 또한 무장공선의 입항을 인정하는 묵시적 허가는 영영국의 관할권으로부터의 예외를 포함하고 있는 것으로 해석된다.

이러한 판단에 따를 경우, 익스체인지號는 미국과 평등관계에 있는 외국의 공선이기 때문에 외국항에서 우호적으로 행동한다면 당연히 동 선박은 영토국의 관할권에서 면제된다는 묵시적 약속하에 미영역에 들어왔다고 인정되어야 한다는 것이었다.[15]

---

14) *Ibid*.
15) 장신(편), 국제법판례 요약집, 전남대학교 출판부, 2004, pp.87-89 참조.

IV. 군함승무원의 지위

외국군함의 승무원의 법적 지위가 문제되는 것은 주로 승무원이 연안국에 상륙하여 범죄를 행한 경우 재판관할권을 행사하는 주체는 누구인가? 즉, 기국에게 있는가 아니면 영토국에 있는가 하는 것이다.

일반적으로 승무원은 영토국의 동의 없이 상륙할 수 없으며, 동의없이 상륙한 경우에는 어떠한 특권도 인정되지 않는다. 그렇지만 영토국의 동의를 얻어 상륙한 경우에는 公務중이었는지 아니면 私務중이었는지가 재판관할권 행사주체의 결정에 있어 핵심요인이다. 만약 영토국의 동의를 얻어 상륙하여 공무집행 중에 행한 범죄에는 관할권면제가 인정되며, 공무외의 범죄에 관하여는 연안국의 재판관할권이 미친다.[16]

이러한 입장은 국제법학회의 결의에도 그대로 반영되어 있다. 국제법학회는 1898년 헤이그에서 '외국항에 있는 함선 및 승무원의 단속에 관한 규칙'(제18조)과 1928년 스톡홀름에서 '평시 외국항에 있는 함선 및 승무원의 단속에 관한 규칙'(제20조)을 결의로 채택하였다. 이 두 결의는 거의 동일한 원칙에 입각해 있으며, 특별한 조약상의 규정이 없을 때에는 스톡홀름 결의의 원칙이 주로 적용되었다. 동 결의에 의하면, ① 군함 승무원의 육상범죄가 공무집행중의 범죄가 아니라 私務중인 범죄인 경우에는 영토국이 재판권을 가지나 범인의 체포는 군함에

---

16) C. J. Colombos, *op. cit.*, p.184. Colombos는 군복을 착용하고 군함에 부여된 임무에 관련된 공적인 자격으로 상륙한 승무원에게는 영토국의 관할권이 면제되지만, 사복을 착용하고 있거나 사적 활동중에 있을 경우에는 영토국의 관할권에 복종해야 한다고 본다. 비공무중의 불법행위에 대해 영토국은 군함의 승무원을 기소할 권리가 있지만, 경미한 범죄의 경우 국제예양상 함장에게 인도하여 기국으로 하여금 처리케 하는 것이 일반적이다. 그러나 영토국에게 자국 군함 승무원의 인도를 요구할 기국의 권리는 없다. *Ibid.*

통고해야 하며, 군함지휘관은 범인의 인도를 요구하지 못한다. ② 범인이 체포되지 않고 귀함한 경우에는 함내에서 범인을 체포하지 못하나 기국의 법률에 의한 소추의 결과를 통보받을 권리가 있다. ③ 공무집행 중의 범죄인 경우에는 군함지휘관이 재판권을 포기하지 않는 한 군함에 재판관할권이 있다. 영토국은 범인을 체포할 수 있으나 범인을 군함에 인도하여야 한다. 그러나 영토국은 범인의 소추 및 그 결과에 대해 통고를 받을 권리가 있다.[17]

관련 판례로는 1942년의 '트리안다필로우水兵事件'(Triandafilou v. Ministre Public Case, Egypt v. Greece, 1942)과 '영국수병강도사건'(The Case of Smith and Stenner, Japan v. Great Britain, 1952)을 들 수 있다. 전자는 2차 세계대전 중 그리스 수병 트리안다필로우가 공무로 이집트에 상륙하여 만취한 상태에서 이집트경찰에게 상해를 가한 사건인데, 1942년 7월 29일 이집트 법원은 그의 상관이 발행한 증명서에 의해서 범인이 공무중이었음을 인정하고 재판관할권을 면제하였다. 후자는 1952년 영국군함 벨파스트號(S. S. Belfast)의 수병(Smith and Stenner)이 고베항에 공무외로 상륙, 강도죄를 범한 사건에 관하여 고베지방법원과 大阪고등법원이 범인에게 3년의 집행유예를 선고하고 국제예양상 범인을 군함에 인도한 사건이다. 이처럼 영토국에 상륙하여 私務중 불법행위를 저지른 경우 영토국이 관할권을 행사하는 것이 원칙이지만, 실제로는 영토국이 재판관할권을 행사하지 않고 범인을 군함에 인도하

---

17) 강영훈, "외국 군함의 법적 지위 문제", *op. cit.*, p.60. 한편, 공무로 상륙중인 군함 승무원의 면제를 부인하는 소수 학자들도 있는데 이들의 견해는 승무원에게 면제를 인정해야 할 이론적 근거가 되는 군사적 필요란 그들이 함상에 있는 경우에만 존재할 수 있다는 견해에 근거하고 있는 것으로 생각되며, 적어도 승무원의 일차적인 기능은 함상에서 수행되므로 그들의 면제를 위한 군사적 필요는 그들이 함상에 있을 때 더욱 분명한 것은 사실이다. 반면에, 승무원의 면제를 인정하는 다수 학자들의 견해는 승무원이 공무수행중에 있는 한 그들이 육상에 있는 경우에도 면제를 인정할 기능적 근거가 있다고 본다. *Ibid.*, p.61.

거나 관할권을 행사하더라도 형식적인 수준에 그치는 경우가 허다하였다.[18]

그리고 군함승무원이 탈주한 경우에 함장은 그를 연안국 육상에서 체포하려고 해서는 안 되며, 그 본국의 영사를 통해 지방당국에 체포를 요청하여야 한다. 이러한 문제는 보통 양국간의 협정에서 규정되는 것이 일반적이지만 협정이 없는 경우 그 탈주승무원을 군함에 인도하는 것이 일반적인 관행이다.

V. 결론

군함은 정부의 권한과 통제에 복종하는 공선의 일종으로서 군사적 임무를 수행하는 국가기관이며, 또한 역사적으로 해상에서 국가의 권력을 행사하는 주요한 수단이었다. 이와 같은 점에서 군함은 국가를 대표하는 어떤 것보다도 국가의 주권과 독립을 온전히 상징하기 때문에 군함에 대한 기국의 관할권은 배타적인 것이며, 군함에 대한 외국의 어떠한 간섭행위도 전쟁행위가 된다.[19]

또한 군함은 이러한 재판관할권 면제와 불가침권 인정으로 타국 관할수역에서 불법적으로 무력을 사용하지 않는 한 그 연안국의 강제조치의 대상이 되지 않으며, 공해상에서는 불법혐의 선박(상업용 정부선박 및 사선)의 기국이 어디이든 임검권과 추적권을 행사할 수 있으며 불법행위가 확인되는 경우 인치하여 처벌도 할 수 있다.

---

18) 이병조 이중범, 국제법신강, 일조각, 2003, pp.277 주)8 및 298 주)3 참조.
19) C. J. Colombos, *op. cit*., p.171.

이러한 특권과 면제를 갖고 있기 때문에 군함은 작전과정에서 타국 선박(군함 및 비상업용 정부선박 포함)과 의도하지 않은 물리적 충돌을 가져올 수 있다. 이는 오늘날 해양에서의 경제적 및 군사적 이익을 둘러싼 각국간의 해양갈등이 점차 격화되고 있어 더욱 신중해야 할 문제이다. 군함은 국가의 주권과 독립을 상징하는 국가기관으로 그 행위로 인하여 발생되는 모든 법적 책임은 국가책임이 되기 때문이다.

따라서 군함은 그 작전의 합법성을 보장하기 위해 제반 상황 처리시 관련 국제법규를 준수해야 함은 물론, 향후 국가간의 해양분쟁 발생시 군함이 취한 조치의 합법성을 증명하기 위해 관련 법정기록물을 철저하게 기록·유지하여야 하고, 현장지휘관은 현장에서 판단하기 곤란한 사항은 지휘계통 의거 신속히 보고하여 상부의 건전한 판단으로 항시 최선책을 강구하도록 노력하여야 할 것이다.

〈표 1-1〉 각 수역에서의 군함의 법적 지위

구 분		내 용
의의		ⓐ 국가의 군대에 속하는 선박으로 국가의 군함임을 표시하는 외부표지 게양, 정부에 의해 정식으로 임명되고, 그 성명이 군적 또는 이와 대등한 명부에 기재되어 있는 군장교의 지휘, 정규군율에 복종하는 승무원이 배치된 선박(해양법협약 제29조). ⓑ 군함은 국가소유 선박일 필요가 없으며, 해군 이외의 타군에 소속되어 있어도 무방하며 무기장착 여부에 관계없이 군함이 될 수 있음.
권한		ⓐ 자국의 주권, 주권적 권리 및 관할권을 침해한 선박에 대해 승선, 검색, 나포 및 사법절차 조치(해양법협약 제2조, 제33조, 제56조, 제77조). ⓑ 자국 또는 자국민에 대한 불법 또는 급박한 침해에 대해 일정한 한도내에서 자위권 행사(유엔 헌장 제51조). ⓒ 연안국 영토보전, 정치적 독립 및 유엔헌장상의 국제법원칙을 침해하지 않는 범위내에서 군사훈련/기동 및 비행 가능(해양법협약 제88조, 제301조). ⓓ 공해상에서 국제위법행위를 한 선박에 대해 임검권(해양법협약 제110조 1항)과 추적권(해양법협약 제111조) 행사. ⓔ 전시 적선이나 중립국선박 및 화물에 대해 해상포획권 행사(파리선언 제1항, 런던선언 제39조).
지위	불가침권	ⓐ 연안국당국은 함장의 동의없이 함내에 들어갈 수 없음. ⓑ 보통범죄인에 대한 비호권 비보유(인도불응시 퇴거 요청). ⓒ 정치범죄인에 대하여는 위험의 중대성과 긴급성을 요건으로 비호 가능 (군함은 정치범죄나 정쟁의 근거지가 되는 것을 방지할 의무 있음).
	자국영해/공해	기국의 관할하에 있음(해양법협약 제95조).
	타국내수	ⓐ 허가없이 타국 내수 통항 및 항구 입항 불가. ⓑ 허가되어 타국의 내수 또는 항구에 있는 동안 특권, 면제 향유.
	타국영해	ⓐ 무해통항권 향유(해양법협약 제17조) : 학설/관행상 대립. ⓑ 연안국의 모든 민, 형사재판관할권으로부터 면제(해양법협약 제30조). ⓒ 함내에서 발생한 범죄는 범인의 국적에 관계없이 군함의 기국이 재판관할권 행사/범인처벌을 위해 기국으로 인도 가능. ⓓ 연안국 경찰권에는 복종하지 않으나, 통항과 관련한 항해, 위생, 경찰에 관한 연안국법령을 준수할 의무가 있음. 그러나 연안국은 위반 군함을 처벌할 수 없고 다만 퇴거 요구할 수 있음(해양법협약 제30조). ⓔ 군함이 연안국 법령이나 국제법규를 위반함으로써 야기된 손해에 대해서는 당해 기국이 국제책임을 짐(해양법협약 제31조).
	국제해협	국제해협에서 통과통항권 향유(해양법협약 제38조 1항).

제2장 해상무력분쟁에서의 군함의 법적 지위

I. 서론

해상무력분쟁에서 일반적으로 군함은 중립국의 영역을 벗어난 해상에서 적국의 해상, 공중의 표적을 공격, 포획 및 파괴하기 위하여 금지되지 않은 전투수단과 방법을 사용할 수 있다. 따라서 보조함을 포함한 적군함은 중립국의 영역외에서 공격, 파괴 및 포획의 대상이 된다.

그리고 항복한 적군함에 대한 공격은 금지 되는데. 군함이 일단 그 기를 내리거나 백기를 게양하거나 잠수함의 경우 부상하거나 엔진을 정지하고 공격자의 신호에 따르거나 구명정에 의지하면서 명백하게 항복할 의사를 나타내면 공격행위를 중단하여야 한다.

파괴되거나 포획된 적군함의 장교 및 승무원은 전쟁포로가 되며, 군사적 긴박사태가 허용하는 한 교전후에는 지체 없이 조난자를 수색하여 구조하고, 사망자를 발견하기 위해 가능한 한 모든 조치를 다 취하여야 한다. 포획된 군함과 해군 보조선은 포획과 동시에 포획국 정부에 소유권이 이전된다.

이하에서는 해상 무력분쟁에서의 군함의 법적 지위에 대해 보다 구체적으로 살펴 보고자 한다.

Ⅱ. 해전중립법규상 군함의 지위

국제법상 일반원칙으로 교전국은 중립국의 주권적 권리를 존중하고 중립국 영토 및 영수에서 중립위반을 구성하는 일체의 행위를 삼가야 하며(해전중립협약 제1조), 교전국 군함이 중립국 영수에서 포획, 임검, 수색 기타 일체의 적대행위를 행하는 것은 중립위반이며(동 제2조), 중립국의 영토내 뿐만 아니라 영해에 있는 선박내에도 포획재판소를 설치할 수 없고(동 제4조), 교전국은 중립국의 항구 및 영수를 작전근거지로 삼거나 무선전신국이나 교전국 병력과의 통신에 사용되는 장비를 설치할 수 없다(동 제5조).[1]

그리고 중립국은 교전국이 중립영역을 군사작전기지 또는 피난처로 사용하지 못하게 할 의무가 있는데, 만일 중립국이 불가침의 권리를 효과적으로 행사할 수 없거나 하지 않을 경우, 권리를 침해당한 교전국은 군함 및 군용기를 포함한 적군의 불법적인 중립영역 사용에 대하여 중립영역에서의 교전행위에 호소할 수 있으며 교전국은 중립영역에 있는 동안 공격받거나 공격의 위협이 있을 때 또는 중립영역으로부터 공격 또는 위협을 받았을 때 자위행동이 허용된다.[2]

또한 교전국 군함은 중립국항에서 항행의 안전에 필요한 정도 이상으로 그 파손을 수리하거나 또는 어떠한 방법에 의하든간에 그 전투력

---

[1] 중립국은 자국 영수내에서 교전국 선박이 무장하는 것을 방지하여야 한다. 중립국은 교전국 일방에 대한 순라의 용도에 제공되고 또는 적대행위에 참가하리라고 믿을만한 상당한 이유가 있는 선박이 자국의 관할내에서 장비, 의장 또는 무장하는 것을 방지하지 않으면 안되며, 또 교전국의 일방에 대하여 그러한 의도로 어느 선박이 자기의 관할외로 출발하는 것을 방지하기 위하여 동일한 형태의 감시를 하지 않으면 안된다(해전중립조약 제8조).

[2] N. Ronzitti, *The Law of Naval Warfare*, Martinus Nijhoff Publishers, 1988, p.218 참조.

을 증강할 수 없으며(동 제17조), 군수품이나 무장을 변경 또는 증강시키거나 승무원을 보충하기 위하여 중립국의 항구, 정박지 또는 영수를 이용할 수 없다(동 제18조). 그리고 가장 가까운 본국 항에 도달하는데 필요한 한도 이상의 연료를 중립국의 항에서 적재하거나 또는 중립국의 동일의 항에서 3개월 이내에 재차 연료를 적재할 수 없으며(동 제19조 및 제20조), 교전국 군함이 중립국 관헌의 통고가 있음에도 불구하고 퇴거치 아니할 때에는 중립국은 당해 군함을 전쟁이 계속되는 동안에는 출항할 수 없도록 억류할 수 있다(동 제24조).

반면에 중립국은 교전국의 군함 또는 그가 포획한 선박의 단순한 중립영수의 통과 및 정박을 허용할 수 있으나 교전국 쌍방에 대해 공평하게 적용한다는 전제하에서 이를 금지 또는 제한할 수 있다(동 10조).

정박을 허용할 경우 파손 또는 해난상태의 경우를 제외하고는 원칙적으로 24시간을 초과할 수 없으며(동 제12조), 동일한 항에 동시에 정박할 수 있는 교전국 군함의 수는 각각 3척을 초과할 수 없고(동 제15조), 교전국 쌍방의 군함이 동시에 동일한 항에 정박하는 경우에는 일방의 군함의 출발과 타방의 군함의 출발 간에는 적어도 24시간의 간격을 두어야 한다(동 제16조).

그리고 중립국은 포획물을 중립국 항으로 인치하는 것을 방지하여야 한다. 불가항력의 경우와 억류의 경우를 제외하고 교전국 군함은 포획한 선박을 중립국의 항에 인치할 수 없으며(동 제21조), 포획된 선박이 이러한 조건에 의하지 않고 인치된 경우 중립국은 이를 석방하여야 한다(동 제22조).

Ⅲ. 상선에서 변경된 군함의 지위

상선의 군함으로의 변경에 대한 정당성 여부 문제는 1870년 보불전쟁시 주요한 논쟁대상으로 제기되었다. 그 당시 북독일연방은 소수의 군함만을 보유하고 있었으므로 프러시아王은 상선을 군함으로 변경하려는 계획을 세웠다. 한편 프랑스는 이러한 계획은 상선포획을 금지하는 1856년 파리선언의 위반이라면서 영국에 중재를 요청했다. 그러나 영국은 그러한 계획이 상선포획과 같은 성질의 것이 아님을 선언하고 중재요구를 거절했다. 프러시아의 계획이 결실을 보지 못했지만, 이후 각국은 전쟁발발시 상선을 군함으로 변경하는 확립된 관례를 따르게 되었다.[3]

러일전쟁(1904~1905)시 중립국 선박을 나포토록 러시아 상선을 군함으로 변경한 것과 관련하여 1907년 제2차 국제평화회의에서 주요안건으로 토의되었으며, 그 결과 회의 참가국들은 무력분쟁시에 상선을 전투함대에 편입하기 위한 조건을 규정하였다(헤이그 제7협약).

동 협약에서 규정하고 있는 조건은 6개로 다음과 같으며, 이러한 조건을 충족하는 경우 변경된 상선은 군함으로서의 법적 지위를 향유한다.

첫째, 군함으로 변경된 상선은 그 게양하는 국기 소속국의 직접관리, 직접감독 및 책임하에 있지 아니하면 군함에 속하는 권리 및 의무를 향유할 수 없다(제1조). 둘째, 군함으로 변경된 상선은 군함 외부에 특수휘장을 부착하여야 한다(제2조). 셋째, 지휘관은 국가의 근무에 복무하며 또한 당해 관헌에 의하여 정식으로 임명되고 그 성명은 함대의 장교명

---

3) 해군본부(역), 전쟁법규집, 1988. 8, p.91.

부에 기재되어야 한다(제3조). 넷째, 승무원은 군기에 복종하여야 한다(제4조). 다섯째, 군함으로 변경된 일체의 상선은 전쟁의 법규관례를 준수하여야 한다(제5조). 여섯째, 교전국은 상선을 군함으로 변경한 것을 가급적 속히 그 변경을 군함목록에 기입하여야 한다(제6조).

그러나 동 협약은 2가지 점에서 명확하지 못하다. 하나는 시간과 장소에 관계없이 상선을 군함으로 변경할 수 있느냐 하는 점이다. 협약 전문에서도 체약국들이 군함으로의 변경을 공해에서 행할 수 있느냐에 대하여 합의할 수 없어 변경장소는 문제 외로 한다는 것을 밝히고 있다. 다른 하나는 변경된 선박이 분쟁 종료 이전 다시 상선으로 재변경 가능하느냐 하는 점이다.

변경 장소 및 시기를 제한하지 않을 경우 이러한 권한을 남용하게 되어 배신적 행위가 증가하게 될 것이며, 이는 결국 더 큰 희생을 낳을 수도 있다는 비판이 제기될 수도 있다. 그러나 군함으로의 변경은 교전국과 그 동맹국의 관할지역내에서 가능하며(중립국 관할지역 제외), 적대행위 도중 어떠한 재변경은 금지되어야 마땅하겠지만 교전 직후 바로 보호를 받게 되는 비전투선으로 지위를 변경할 수 있다고 보는 것이 타당하다.[4]

---

4) G. Venturini, "1907 Hague Convention VII Relating to the Conversion of Merchant Ships into Warships", N. Ronzitti(ed.), *The Law of Naval Warfare*, Martinus Nijhoff Publisher, 1988, pp.122-124 참조.

IV. 해상포획권 행사

1. 의의

해상포획이란 전시에 있어서 교전국이 적국 또는 중립국의 선박이나 화물을 해상에서 포획하고 적국과의 교통을 차단함을 말한다. 이는 육군에 의한 적국의 점령 및 공군에 의한 폭격과 함께 중요한 전투방법이다.

근대전이 전면전의 성질을 띠고 경제전의 양상을 나타냄에 따라 해면은 교전국에 대한 보급로로서 경제전의 무대가 되어 해상포획은 그 중요성을 더하게 되었다.[5] 그런데 해상포획은 중립국의 이익에 중대한 영향을 미치는 것이므로 과거 수세기간 교전국과 중립국간의 분쟁원인이 된 경우가 많았다. 이러한 분쟁으로부터 교전국의 전쟁수행의 필요와 중립국의 통상자유의 주장과의 타협으로 약간의 법규가 성립되었다. 이와 같은 법규의 종합을 해상포획법이라고 부른다.[6]

해상포획법에 따라 교전국은 적선과 적화를 포획할 수 있는 권리, 봉쇄선을 설정하여 적의 해상교통을 차단하고 봉쇄선을 침파하는 선박을 처벌할 수 있는 권리, 전시금제품을 지정하고 해상에서 이의 수송을 억제할 수 있는 권리 및 군사적 방조를 방지할 수 있는 권리 등을 갖는다.

---

5) 해상포획은 적국을 목적지로 한 전쟁물자(선박, 재화) 및 금제인(禁制人)을 해상에서 차단하여 적국의 전력증강을 억제하는 전쟁수단이다. 근대전쟁은 국민 대 국민(volk gegen volk)이라는 총력전쟁의 특성을 갖고 있으므로, 해상을 통한 전시금제품과 기타 군사방조를 차단하는 해상포획은 전쟁의 승패를 좌우하며, 또한 준전시 또는 냉전 상태에서는 적국의 해군력 증강을 둔화시키는 주요한 해전행위라고 할 수 있다. 조기성, "전시금제품의 이전과 해상포획, 포획재판소의 기능에 관한 연구", Strategy 21, vol.3, no.2, 2000, pp.136-137.
6) 이한기, 국제법강의, 박영사, 2006, pp.775-776.

2. 해상포획법의 발달과정

교전국 군함은 해상에 있어서 적성을 갖는 선박과 화물을 나포하여 이를 몰수할 수가 있으며, 따라서 해상에 있어서의 교전국의 사유재산은 육전에 있어서와 달라 적국으로부터 소탕을 당하게 된다. 그러면 이와 같이 육상에 있어서 사유재산이 원칙적으로 보호 존중되는데 반하여 해상에 있어서의 사유재산이 가혹하게 취급되는 이유는 어디에 있는가? 이것은 육상에 있어서의 사유재산은 원칙적으로 사인이 그 일상생활을 향유하기 위한 것이 보통이므로 이를 몰수하면 그 반향으로서 적국민의 격렬한 적개심을 일으켜 전쟁수행상 얻는 이익이 적음에 반하여, 해상에 있어서의 사유재산은 이를 몰수하더라도 그러한 염려가 적고, 동시에 효과적으로 적의 경제력을 약화시킬 수 있기 때문이다.[7]

해상포획에 관한 각국의 실행은 반드시 일치된 것은 아니었다. ① 적선은 선박과 함께 화물(중립화 포함)도 몰수하고, 중립선은 중립화와 함께 비몰수를 원칙으로 하나 중립선내에 적화가 있을 때에는 적화와 함께 중립선도 몰수한다는 프랑스(1543, 1584, 1690년의 칙령) 및 스페인 등에서의 敵性感染主義, ② 적선은 적화(중립화 제외)와 함께 몰수하고, 중립선에서는 적화만을 몰수하고, 중립선과 중립화는 몰수하지 않는다는 프랑스(1650년) 및 영국 등에서의 콘솔라테 델 마레(Consolate del Mare)주의, ③ 적선은 적화 및 중립화와 함께 몰수하고, 중립선은 적화나 중립화와 함께 몰수하지 않는다는 프랑스(1778년) 및 미국의 '자유선박,

---

7) 박관숙 최은범, 국제법, 문원사, 1998, p.369. 최근 총력전 및 경제전의 경향으로 전쟁과정에서 국가와 개인을 구별할 필요성이 절대적으로 감소하였으며, 제1차 세계대전 이후 절대적 금제품과 상대적 금제품의 구별 곤란 및 금제품의 확대 등으로 인하여 해상사유재산의 포획 및 몰수는 한층 강화되고 있는 실정이다.

자유화물', '적성선박, 적성화물'식인 국기주의, ④ 적선은 적화(콘솔라 테 델 마레주의처럼 중립화 제외)와 함께 몰수하고, 중립선은 화물(국기주의처 럼 적화 포함)과 함께 몰수하지 않되 전시금제품만은 예외로 취급하도록 한 파리선언, ⑤ 해상사유재산 포획권 폐지주의 등이 해상포획에 관한 주요 연혁을 이루어 왔다. 이중에서 가장 중요한 것은 파리선언인데, 이는 콘솔라테 델 마레 이래 허다한 변천을 거듭해 오면서 이루어진 것 이었다.

그러나 장기간에 걸쳐 유효했던 파리선언도 연속항해주의의 채용과 전시금제품의 범위확대로 그 효력이 감퇴하였고, 이 경향은 제2차대전 후 더욱 심해졌는데, 이는 파리선언 자체가 전쟁으로 인한 중립국의 해 상무역의 피해를 극소화하는 목적으로 중립국에 유리하게 작성되었다 는 점을 상기할 때, 중립국이 거의 존재하지 않고 중립제도 자체가 동 요하게 된 오늘날에 와서는 오히려 당연한 경향이라고 지적되고 있다.[8]

포획제도는 전통적으로 선박 대 선박의 전형적 해전을 전제로 하여 형성되고 발전해 온 것인데, 최근에는 선박 대 전투기라는 새로운 무력 분쟁 형태가 일반화하고 있으므로 이전부터 내려오는 국제법 규칙으로 충분히 대응할 수 있을지는 의문이다.[9]

3. 포획 대상과 절차

가. 포획 대상

적선 및 적선내의 적화는 해상에서 포획·몰수할 수 있다. 적국의 사

---

8) 김정균·성재호, 국제법, 박영사, 2006, p.763; 이한기, op. cit., pp.777-778 참조.
9) 노석태(역), 현대국제법의 지표, 부산대학교 출판부, 2002, p.371.

유재산도 포획의 대상이 되며, 일정한 요건 아래서는 파괴할 수도 있으나 승무원의 보호 및 선박과 화물의 안전조치를 취하지 않고 무경고격침을 행하는 것은 허용되지 않는다.

그러나 중립국 기를 게양한 선박에 적재한 적국의 화물은 전시금제품(contraband of war)[10]을 제외하고는 이를 포획할 수 없으며, 적국 기를 게양한 선박에 적재한 중립국 화물은 전시금제품을 제외하고는 이를 나포할 수 없다. 즉, 중립선내의 전시금제품인 적국 화물과 적선내의 전시금제품인 중립국 화물의 포획을 허용하고 있다.[11]

즉, 중립선상의 적화 또는 적선내의 중립화는 전시금제품만 몰수될 뿐이다. 적선은 물론 적선내의 적화는 몰수할 수 있다. 바로 이 점이 미국이 파리선언에의 가입을 거부하였던 이유중의 하나이다. 미국은 적상선을 몰수할 수 없다는 원칙을 인정하지 않는다면 포획사선의 폐지에도 찬성할 수 없다면서 해전에서 사유재산은 보장되어야 하는데, 이러한 파리선언에서 규정하고 있는 포획제도는 후진 해군국의 지위를 약화시키기 위한 수단이라고 비난하였다.[12]

---

10) 전시금제품은 군용에 공급되는 물품으로서 중립국의 국민에 의해 일방의 교전국에 공급되는 것을 타방의 교전국이 해상에서 그 수송을 방지하고 포획 및 몰수할 수 있는 것을 말한다. 중립국 국민은 전시에 있어서도 교전국과 자유로이 통상할 수 있는 권리를 향유함을 원칙으로 하나, 이러한 권리는 결코 무제한적인 것이 아니어서 일정한 제한이 가해지는데, 전시금제품도 그러한 제한제도의 일종이다. 김정균 성재호, *op. cit.*, p.778.

11) 1856년 '해상법에 관한 선언'(파리선언 제2조 및 제3조)참조. 파리선언에서 규정하고 있는 전시금제품 포획관련 규정은 Crimean 전쟁을 계기로 발전된 것이다. 동 전쟁이 발발하기 수 세기 전부터 유럽 여러 국가들에 의해서 받아들여진 해상법칙에는 중립국의 선박이나 화물과 구분하여 적국의 선박과 화물의 대우가 대체로 반영되지 못했다. 1854년 크림전쟁의 발발과 함께 모든 분쟁국은 私掠船을 인정하지 않는다고 선언하였다. 부가해서 프랑스나 영국 같은 연합국은 해상에서의 선박나포에 대한 서로 다른 규칙에 대하여 이를 일치시킬 필요성을 느꼈다. 마침내 프랑스는 적국 선박에 실린 중립국의 화물에 대한 나포를 책임지지 않는다고 선언하였고, 영국은 중립국 선박에 실린 적국 화물에 대한 나포에 책임을 지지 않는다고 선언하였다. 해군본부(역), op. cit., p.28.

12) 한형건, "해전시 포획권 행사에 의한 해상통상의 저지", 법률행정논집 제13집, 고려대학교

이처럼 전시금제품은 敵貨이든 中立貨, 적선상에 있든 중립선상에 있든 무력분쟁중 중립국 영수 이외의 해상에서 언제든지 포획되어 몰수된다. 전시금제품의 소유자에 속하는 동일 선박내에 있는 화물도 몰수된다(런던선언[13] 제42조).

전시금제품을 수송하는 선박이 석방될 때에는 각국 포획심검소의 검색절차 그리고 검색중 당해 선박 및 그 적재화물의 보존에 있어서 포획자가 지출한 비용은 그 선박이 부담한다(동 제41조).

그리고 선박이 전쟁의 사실 또는 그 화물에 대한 전시금제품 선언을 알지 못하고 항해중에 해상에서 군함을 조우한 경우에는 전시금제품인 물품은 배상을 지불치 않고서는 몰수할 수 없다. 선장이 전쟁의 개시 또는 전시금제품에 관한 선언을 알고 있어도 또 전시금제품인 물품을 양륙할 수 없을 때에도 또한 같다.

중립항의 소속국에 대하여 적당한 시기에 있어서 전쟁개시 또는 전시금제품 선언의 고지가 있은 후 선박이 그 항구를 출발한 때에는 상기 선박은 전쟁상태 또는 전시금제품의 선언을 알았던 것으로 간주한다. 또한 전쟁개시후 적항을 출발한 때에도 그 선박은 전쟁상태를 알았던 것으로 간주한다(동 제43조).

또한 전시금제품을 수송하고 있다는 이유로 정선을 명령받았으나 분량 관계상 몰수되지 않은 선박은 선장이 교전국 군함에 금제품을 인도한다면 사정에 의하여 그 항해를 계속함이 허가될 수 있다. 전시금제품

법률행정연구소. 1976, pp.88-89.
13) 런던선언은 영국의 제안으로 10개 주요 해운국이 모여 개최된 국제회의(1908. 12-1909. 2)에서 채택되었다. 동 선언은 해상교전권과 중립권과의 관계에 있어서의 포획법규를 규정한 것으로 봉쇄, 전시금제품, 군사적 원조, 중립선의 파괴, 군함의 호송 및 임검 등에 관한 내용을 담고 있다. 그러나 동 선언은 영국이 비준하지 않자 다른 나라들도 비준하지 않아 정식으로 발효되지 못하였다. 그러나 동 선언은 당시 통상적으로 인정되던 관습법을 집대성하여 정비하고 그것을 성문화하였다는 점에서 국제법 발전과정에서 높이 평가되고 있다.

의 인도가 있을 때에는 포획자는 이를 정선을 명령한 선박의 서류에 기입하며, 또한 선장은 필요한 일체의 선박서류의 인증등본을 포획자에게 교부함을 요한다. 포획자는 인도된 전시금제품을 파괴하는 권능을 향유한다(동 제44조).

또한 전시금제품이 가격, 중량, 용적 또는 운임상 전체 화물의 반을 넘을 경우에는 이를 수송하는 선박을 몰 수 있다(동 제40조).[14] 그러나 전시금제품을 수송하는 선박을 포획할 수 있는 경우는 현행중에 한정되며 이전에 이행하였거나 또는 현재 종료한 경우에는 전시금제품을 수송했었다는 이유만으로 포획할 수 없다(동 제38조).

그리고 적군함을 나포한 경우 이를 몰수하여 국가의 전리품으로 한다. 그리고 군함에 적재된 화물중 적성화물은 전리품으로 간주하여 몰수하고, 중립화물에 대하여는 의견이 대립되고 있는데, 오늘날의 통설은 이를 몰수할 수 있다는 것이다. 포획된 군함에 승선한 자는 포로로 하는 것이 원칙이나 비교전자가 이에 동승한 경우, 전쟁에 중요한 역할을 담당하는 자 또는 병역의무자를 제외한 모든 적국의 사인은 적절한 시기에 석방하여야 한다.[15]

나. 포획절차

해상포획은 공해와 교전당사국의 영해에 한하며, 중립국의 영해내

---

14) 전시금제품을 수송하는 중립국선박의 포획에는 영국주의와 대륙주의 입장이 대립하였는데, 영국주의는 선박소유자가 전시금제품의 소유자와 동일한 경우나 선박소유자가 전시금제품 수송에 악의를 가진 경우에 그 선박을 포획한다고 본 반면에 대륙주의는 선박의 적재된 화물중에 전시금제품이 타 화물과 비교하여 다량인 경우에 한하여 선박을 몰수할 수 있다고 보았다. 런던선언은 후자, 즉 대륙주의 입장을 취하고 있다.

15) *Ibid.*, p.86.

에서는 이를 행할 수 없다. 먼저 정선을 명하고 임검 · 수색 · 나포 · 인치의 과정을 거친 후 교전당사국의 포획재판소의 재판에 의해 결정된다. 적국의 군함과 그 밖의 공선은 파괴 또는 나포할 수 있지만, 나포한 경우에는 전리품으로서 포획국의 소유가 된다. 정선명령에 불응하거나 임검 · 수색에 저항하는 선박은 격침시킬 수 있다.

V. 해상봉쇄권 행사

1. 의의

봉쇄는 교전당사자가 주로 해군력에 의하여 적국 또는 적국이 점령한 지역의 항구 혹은 해안의 전부나 일부에 대하여 해상교통을 차단하는 전쟁행위[16]이다.[17] 한편 군사적인 측면에서 볼 때 해상봉쇄는 전쟁이 전에는 적국에 대하여 경제적 압력과 교통의 차단 등으로 그의 약체화를 기하고 전쟁의 참화를 방지하는 것이며, 전쟁발발 후에는 적의 무력화와 전쟁필요에 따라 적의 항만 · 해안 · 해상기동 등을 방해할 목적으로 해군력을 이용하여 차단 고립시키는 해군작전이다.[18] 이처럼 봉쇄

---

16) 봉쇄행위는 전쟁행위로서 자위권 행사를 위하여 실시하는 것이 아닌 한 전쟁의 위법화에 따라 금지되는 행위이며, 특히 1933년의 '침략의 정의에 관한 조약'도 타국의 해안 또는 항구의 봉쇄를 침략행위에 포함하고 있다.

17) T. Halkiooulas, "The Interference between the Rules of new Laws of the Sea and Law of War", Rene-Jean Dupuy and Daniel Vignes(eds.), *A Handbook of the New Law of Sea*, Vol.2, Martinus Nijthoff Publishers, 1991, p.1329; Ludwig Weber, "Blockade", in Rudolf Bernhardt(ed.), *Encyclopedia of Public International Law*, Vol.3, North-Holland, 1982, p.47.

18) 병관수, 군사학대사전, 세문사, 1964, p.46.

는 "모든 국가의 선박 및 항공기의 출입을 방지하기 위한 목적으로 행하는"(for the purpose of preventing ingress or egress of vessels or aircraft of all nations) 군사작전인 것이다.[19]

봉쇄는 교전당사자에 의하여 행하여지기 때문에 교전당사자인 국가 및 교전단체는 봉쇄의 주체가 될 수 있지만 반란단체(insurgency)는 봉쇄를 행할 수 없다. 왜냐하면 반란단체의 승인의 효과는 제3국에게 중립의무를 지우지 않기 때문이다.[20]

또한 봉쇄는 주로 해군력에 의하여 행하여지는 것이 일반적이지만 이는 반드시 함정세력만을 의미하는 것은 아니다. 해군은 공군과 육군 장거리포의 도움을 받아 봉쇄할 수도 있다. 특히 현대에 들어 항공기의 발달로 항공기에 의한 봉쇄가 주목받고 있다.[21]

그리고 봉쇄는 적국 또는 적국이 점령한 지역[22]에 대하여 행하여진다. 따라서 중립국의 항구나 해안의 봉쇄는 금지된다(런던선언 제18조).

---

19) H. Lauterpacht, *Openheim's International law*, 7th ed., Vol.2, Longmans, 1952, pp.768-769.
20) Herbert W. Briggs, *The Law of Nations: Case, Documents and Notes*, 2nd ed., Appleton, 1953, p.1003.
21) James M. Spaight, *Air Power and War Rights*, 3rd ed., London, Longmans, 1947, p.396. 한편 항공기에 의한 봉쇄는 실효성을 갖추지 못한 지상봉쇄(paper blockade)로 위법이라는 반론도 있다. Phillip C. Jessup, *A Modern Law of Nations*, Macmillan, 1948, p.119. 그러나 광대한 지역의 봉쇄를 실시키 위해 항공모함에서 발진하는 항공기 세력으로 실효적 봉쇄가 성립될 수 있을 것이다. 봉쇄지역으로 접근하는 수상함정의 통제는 무선으로 가능하며, 봉쇄침파의 혐의가 있는 함정의 수색을 위해 항공기는 혐의선박을 수상함쪽으로 유도할 수 있을 것이다. 김영구, "해상봉쇄에 관한 해전법규의 발전과 변모(Ⅱ), 해양전략 제33호, 1984, p.23. 항공기를 이용한 해상포획에 관한 전반적인 내용에 대해서는 Z. Rotocki, "Aircraft and Prize Law in Sea Warfare", 4 *Polish Yearbook of International Law*, 1977, pp.187-208 참조.
22) 일반적으로 적국이 점령한 지역이란 제3국의 영역을 말하는 것이 일반적이지만 적국이 점령한 자국(봉쇄국)의 영역일 수도 있다. 이러한 봉쇄의 사례로는 보불전쟁 당시 프랑스가 독일군에 의해 점령당한 자국 항구인 Rouen, Dieppe, Fecamp을 봉쇄한 것을 들 수 있다. H. Lauterpacht, *op. cit.*, p.773.

1909년의 런던선언도 마찬가지로 "봉쇄는 적국 또는 적국 점령지의 항구 및 연안에 한하여 이를 시행하여야 한다"(blockade must not extend beyond the ports and coasts belonging to or occupied by the enemy)고 규정하고 있다(동 제1조). 적국과 중립국 사이에 있는 항구는 중립국의 권리를 침해하지 않는 범위내에서 봉쇄할 수 있으며, 중립국의 항구나 해안에 도달할 것이 명백한 중립선은 통과를 허용하여야 한다.

봉쇄의 목적은 적국의 영토로 또는 그로부터 인원 및 물자를 수송하기 위하여 적이 적국 또는 중립국의 선박 및 항공기를 이용하는 것을 거부하는데 있다. 적국으로의 전시금제품 유입을 막기 위하여 중립국 영역외의 어느 곳에서도 행사할 수 있는 교전국의 임검 또는 수색권과는 달리 교전자의 봉쇄권은 적을 국제해역 또는 공역으로부터 분리시키기 위하여 설정, 공표된 봉쇄선을 선박과 항공기가 통과하지 못하도록 한다. 이처럼 봉쇄는 적국의 교통을 단절하는 행위로서 적의 항구나 해협을 공격하거나 점령하는 전투행위가 아니라 해상교통을 차단함으로써 경제적 저항력을 약화하는데 있다.[23]

봉쇄는 그 성립에 불가결한 요건을 사실상 갖추지 못할 때 종료된다. 교전당사자가 봉쇄를 해제하고 이를 중립국 및 봉쇄구역의 지방관헌에 고지하는 경우(동 제13조), 봉쇄부대의 대부분이 다른 방면으로 회항하는 등 봉쇄가 실효성을 상실한 경우, 봉쇄함대가 특정 중립국 또는 자국 선박에게만 봉쇄항에의 출입을 허가하는 등 차별대우를 하는 경우 및 봉쇄는 전쟁을 전제로 실행되므로 전쟁이 끝난 경우에 종료된다.

그러나 악천후로 인하여 봉쇄함대가 일시 그 장소를 이탈하거나(동 제4조), 다른 함선의 추적을 위하여 일시 그 장소를 이탈한 경우에는 실

---

23) H. Lauterpacht, *op. cit.*, p.768.

효성을 잃지 않는다. 그리고 해난으로 인하여 봉쇄구역을 출입해야 할 때에는 적화를 양륙하지 않을 것을 조건으로 예외적인 대우를 할 수 있다(동 제7조). 미해전 법규에서도 "급박한 위난에 처한 중립국의 선박 및 항공기는 봉쇄함대에 대하여 지휘관이 지시한 조건하에 봉쇄구역으로 들어오고 또한 나갈 수 있도록 허가할 수 있다"고 규정하여 런던선언과 뜻을 같이 하고 있다.[24]

2. 해상봉쇄법의 성립

노선시대의 해상봉쇄는 로마와 카르타고의 지중해에서의 패권을 차지하기 위한 포에니 전쟁에서 찾아 볼 수 있다. 제1차 포에니 전쟁에서 로마함대는 시칠리아 섬에 대하여 해상봉쇄를 실시하여 카르타고군의 고립을 기도하였다. 이때의 봉쇄는 군수적재능력의 제한으로 장기간 실시가 곤란하였다. 또한 함선은 폭풍에 취약했기 때문에 가능한 한 원거리 항해를 기피하였다. 따라서 적의 세력을 기동하지 못하게 봉쇄한다는 개념은 범선이 출현하면서 가능하게 되었다.[25]

해군력에 의한 최초의 공식적인 봉쇄는 1584년 네덜란드에 의한 스페인령 프랑드르(Flanders) 해안에 대한 봉쇄이다.[26] 이때부터 군사력의 측면에서 봉쇄를 확립하고 중립국으로부터 그 합법성을 인정받기 위해서는 어떤 요건이 요구되는가 하는 것이 문제되었다. 이후 각기 다른 국가이익들의 대립으로 이의 규제법규를 확립하지 못했음에도 불구하

---

24) The Law of Naval Warfare(NWIP-10), para.632 h(2).

25) 임동원, 해상봉쇄의 전략적 가치와 해군력 발전방안, 해군대학 졸업논문, 1996, p.8.

26) James F. McNulty, *Blockade: Evolution and Expectation*, 62 US Naval War College International Law Studies, 1980, pp.172-174. 동 봉쇄는 봉쇄선언에만 의존하여 간혹-임검하여 혐의가 있을 경우 나포할 뿐이어서 실효성을 결여한 지상봉쇄였다.

고 각국은 다양한 형태의 봉쇄를 실행하여 왔다.

해상봉쇄는 영국과 프랑스의 7년 전쟁(1756-1763)에서도 사용되었다. 개전 6개월 전인 1755년 여름 영국은 프랑스에 대하여 봉쇄를 실시하였는 바, Ushant와 Cape Finisterre에 있는 프랑스 선박에 한정하여 적용되었던 이 봉쇄의 목적은 전쟁발발전에 프랑스를 전략적으로 약화시키고자 하였던 것이다.

7년전쟁이 공식적으로 선언되기 이전 이미 영국 해군은 300척의 프랑스 상선과 6,000명이 넘는 선원들을 포획하고 있었다. 전쟁기간에 모든 프랑스 항구는 봉쇄되고, 프랑스 항구로 향하는 모든 선박은 국적에 관계없이 합법적인 전리품으로 포획될 것이라고 영국은 공표하였다. 영국 해군은 중립국 선박까지도 포함하는 이 봉쇄작전을 계속하였으며, 1758년에는 176척이 넘는 중립국 선박을 포획하였다.[27]

이러한 봉쇄는 그 당시 해양에서 경쟁자가 없었던 영국이 어떤 형태의 봉쇄를 설정하여 강제하든 인정될 수밖에 없다는 힘을 바탕으로 한 현실주의적 입장의 표출이었다.[28]

이후 계속되어온 해상봉쇄에서 봉쇄국들은 선언, 공포 또는 유사한 수단들을 이용하여 봉쇄관련 사실들을 중립국에게 고지하였지만, 종종 그 불공평으로 인하여 중립국과 봉쇄국간의 갈등 및 마찰을 가져왔다.[29] 봉쇄가 일반화됨에 따라 이전의 관행 대신에 이를 규제할 일반규칙이 요구되었던 것이다. 이에 따라 국제법학자들은 기존의 관행을 그

---

27) 김성찬(역), "봉쇄", 해양전략 제77호, 1992, pp.168-169.

28) Alfred T. Mahan, *The Influence of Seapower Upon History*, New York, Hill and Wang, 1957, p.275 참조. 프랑스 함대를 파괴하기보다는 무력화시키기 위한 이러한 영국의 봉쇄로 전쟁중이나 전쟁 후에 있어서도 프랑스는 계속 열세한 상태에 처할 수밖에 없었다. *Ibid.*, p.261.

29) James F. McNulty, *op. cit.*, p.175.

대로 인정하여 이를 정당화하기에 앞서 적의 보급선을 차단하고자 하는 교전국의 열망과 타국과의 교역을 지속하고자 하는 중립국의 이익을 조화시키고자 노력했다.

그러나 전통적인 봉쇄법의 근간이 된 것은 실질적으로 국가관행이었다. 당시까지 행해지던 봉쇄관행의 분석에서 전통적인 봉쇄법의 주요내용들을 도출했던 것이다. 중립국들은 교전국들의 특수한 봉쇄관행에 대해 침묵함으로써 묵시적으로 그에 따르기도 하고, 공개적으로 항의하거나 분쟁에 개입함으로써 그러한 관행에 대한 거부를 나타내기도 했다. 이러한 중립국과 교전국간의 대립과 타협으로 봉쇄의 설정(establishment) 및 강제(enforcement)를 규제하고 봉쇄기간 동안 상반되는 중립국 및 교전국의 권리들을 조정하는 원칙들, 즉 적절한 설정, 충분한 고지, 실효적 강제, 공평한 적용, 중립국 권리의 존중 및 봉쇄침파의 처벌이라는 일반원칙들이 확립되었다.[30]

이후 이러한 원칙들은 봉쇄의 설정 및 강제에 있어, 그리고 상충하는 이해를 조정함에 있어 기본이 되었다. 중립국들은 봉쇄를 존중하여 자국 상선에 대한 임검 및 수색을 묵인하였으며, 교전국들은 중립무역에 종사할 중립국의 권리를 존중했다.[31] 또한 봉쇄국으로서 뿐만 아니라 중립국으로서 봉쇄를 경험한 해양강대국들도 이러한 전통적 원칙들의 가치를 인정하여 이를 승인하고, 자국 포획법원에서 봉쇄의 정당성과 제3국 선박의 권리의무를 판단함에 있어 그 준거로 이러한 전통적 원칙들을 원용하였다.[32]

---

30) Michael G. Fraunces, "The International Law of Blockade: New Guiding Principles in Contemporary State Practice", 101 The Yale Law Journal, 1992., p.895.

31) Daniel P. O'Conell, The Influence of Law on Sea Power, Manchester University Press, 1975, pp.18-19.

32) 해양강국들은 제국건설이라는 공통의 목적을 갖고 있었는데, 봉쇄법은 이러한 그들의 목적

중립국 및 해양강대국의 주요원칙들의 존중은 봉쇄군의 조치와 중
립국 상선들의 조치들은 더욱 예상할 수 있게 하였고, 합리적 범위내의
봉쇄를 가능케 하여 중립국과 봉쇄국간의 갈등이 분쟁으로 발전될 가
능성을 감소시켰다.[33] 이러한 각국의 태도와 이후 형성된 관행들은 교
전국 군함과 중립국 상선간의 다양한 이익들을 조정하고 분쟁과 갈등
을 감소시킴으로서 그러한 원칙들을 국제관습법의 지위로 올려 놓았
다.[34]

그런데 제1차 세계대전 발발시까지 봉쇄의 설정 및 강제에 있어 지
침이 되었던 이러한 전통적 원칙들은 이미 17세기말부터 일반적으로
승인되고 있었음에도 불구하고 대륙국과 영국간의 매우 첨예한 의견대
립으로 1856년까지 공식적인 국제적 합의나 이들 원칙들의 적용에 대
한 국제적 승인을 받지 못했다.[35]

추구를 반영한 것이었다. 교전국들은 해외식민지 건설에 봉쇄법을 이용했다. 당시 그들은
교전국 및 중립국으로서의 자신들의 역할이 얼마나 빨리 역전되는가를 알고 있었으며, 그
리고 양자의 권리들을 존중할 가치가 있다는 것을 인식하고 있었다. Michael G. Fraunces,
op. cit., p.899.

33) *Ibid.*, p.893.
34) W. T. Mallison, *Studies in the Law of Naval Warfare: Submarines in General and
Limitted Wars*, 1966, p.61, Michael G. Fraunces, *op. cit*, p.896에서 재인용.
35) 크리미아전쟁 수세기전부터 유럽 여러 국가들에 의해서 받아들여진 중립국의 선박이나 화
물과 구분하여 적국의 선박과 화물의 대우에 대하여 대체로 반영되지 않았다. 동 전쟁의 발
발과 함께 분쟁당사국들은 해상에서의 선박나포에 대한 규정을 일치시켜야 할 필요성을 느
꼈다. 이에 1856년 2월 25일부터 4월 16일까지 파리에서 개최된 회의에 소집된 7개국(오
스트리아, 프랑스, 영국, 프러시아, 러시아, 사디니아 및 터키)대표들은 사략선의 폐지, 중
립국 선박내의 적국 또는 중립국의 화물(전시금제품 제외)의 나포 금지, 봉쇄의 유효성 요
건을 규정한 파리선언을 채택하였다. 동 선언은 해상봉쇄를 명문화한 최초의 공식문서이다.
비록 동 선언이 7개국에 의해 서명되었지만(총 가입국 51개국) 그 후 사실상 모든 해양국
들이 동의하였으며, 많은 비당사국들도 동 선언을 준수하여 국제관습법으로 받아들여졌다.
해군본부, 전쟁법규집, 1988, p.28. 당시 미국은 공식적으로는 동 선언을 승인하지 않았지
만 실제로는 미국내전과 1898년의 스페인 전쟁에서 이를 인정하였다. Herbert A. Smith,
"The Delaration of Paris in Modern War", 55 The Law Quarterly Review, 1939, p.237.

그 이후 1909년 주요 해양국들은 관습봉쇄법의 법전화를 위하여 런던에서 회합을 갖고 당시의 관행에서 도출된 원칙들을 명문화하였다. 이것이 런던선언이다. 그러나 회의 참석자들은 런던선언에 서명은 했었지만 발효에 필요한 비준은 하지 않았다. 하지만 동 선언은 전통봉쇄법의 원칙들을 집단적으로 승인한 당시까지의 관행과 각국의 입장을 확인할 수 있는 유일한 법적 문서일 뿐만 아니라 오늘날의 해상봉쇄를 규제하는 기본적인 지침역할을 하고 있다.

3. 해상봉쇄법의 내용

가. 적절한 설정

봉쇄를 설정할 수 있는 권리는 적대행위에 공개적으로 참여한 국가에게만 한정된다.[36] 봉쇄국은 이를 설정할 경우 봉쇄설정을 결정한다는 일방적 의사표시인 봉쇄선언을 행한다. 봉쇄의 선언은 종래의 국가관행으로 봉쇄요건이 아니었으나 런던선언에서 비로소 봉쇄의 성립요건이 되었다.[37] 이는 국가행위이므로 봉쇄를 설정하는 국가 또는 해군당국이 행하여야 한다.[38] 따라서 함대사령관이 재량으로 봉쇄를 선언할 수 없다. 그러나 함대사령관에게 선언의 권한이 부여된 경우 또는 선언 후 본국정부에 의하여 사후추인이 행해진 때에는 예외이다. 봉쇄의 선언에는 봉쇄개시일, 봉쇄구역의 범위 및 중립선박에 허용되는 퇴거기한 등

---

36) H. Lauterpacht, *op. cit.*, p.775.

37) L. Weber, *op. cit.*, p.48.

38) 런던선언 제9조. 1967년 5월 제3차 중동전쟁의 직접적인 도화선이 되었던 아랍연맹의 이스라엘 아카바만에 대한 봉쇄는 아랍연맹 대통령이, 쿠바미사일 위기시 해상차단 및 베트남 전쟁에서 북베트남 봉쇄는 미국 대통령이 봉쇄를 선언했다.

이 명시되어야 한다. 실제 봉쇄와 다른 봉쇄인 경우 그 선언된 봉쇄는 무효이며, 새로이 봉쇄를 선언해야 한다.

나. 충분한 고지

충분한 고치 원칙은 적절한 설정 원칙과 밀접하게 관련되어 있다. 봉쇄의 고지는 봉쇄를 결정하였다는 통지로서 고지를 하지 않은 경우에는 그 사실에 입각한 권리를 주장할 수 없다.[39]

봉쇄의 고지방법으로는 일반적 고지(general notification), 지방적 고지(local notification), 개별적 고지(special notification)의 3가지가 있다. 일반적 고지는 모든 중립국에 대한 고지로서 직접 중립국정부에게 공신을 발하거나 봉쇄를 행하려는 국가에 주둔하는 중립국의 대사·공사에게 공신을 보내어 행한다(동 제11조 1항). 지방적 고지는 봉쇄된 항구, 해안에 대한 고지로서 봉쇄함대의 지휘관이 지방관헌에 대하여 행한다.[40] 지방관헌은 가능한 한 속히 봉쇄항 또는 봉쇄해안에서 직무를 집행하는 외국의 영사에게 이를 통지해야 한다(동 제11조 2항). 미해전 법규에서도 적절한 수단으로써 모든 국가의 정부에 대하여 고지하는 것이 실례이다.

봉쇄부대의 지휘관은 항상 봉쇄구역의 지방당국에 고지를 행한다고 규정함으로써 일반적 고지는 물론 지방적 고지를 원칙으로 하고 있다.[41] 개별적 고지는 봉쇄함대에 의한 개개의 선박에 대한 고지이다.

---

39) H. Lauterpacht, *op. cit.*, pp.775-776.
40) 한편 중립국 정부에 대한 일반적 고지로 충분하며 봉쇄연안지역의 지방관헌에 대한 고지는 필요없다는 견해도 있다. 川本正昭, "현행법상의 해상봉쇄", 기술정보, 제24호, 1984. 9, p.3.
41) NWIP-10, 제632항 C.

개개의 중립선박이 봉쇄사실을 실제로 몰랐던 경우는 반증의 자유를 인정하여 반증이 성립하면 봉쇄함대 지휘관은 다시 해당선박에 고지함과 아울러 해당선박의 항해일지에 기입하게 된다.[42] 이와 같이 고지의 방법은 세 종류이지만 런던선언은 일반적 고지와 지방적 고지를 채택하고 있다.

다. 실효적 강제

전통적 봉쇄법은 봉쇄를 설정해서 종료되기까지 실효적인 강제를 요구했다. 이는 교전국이 봉쇄를 강제할 능력도 없으면서 봉쇄를 선언하는 소위 지상봉쇄(paper blockade)를 불법화하여 중립국 통상에 대한 제한을 가능한 한 줄이기 위해서였다.[43] 동 원칙은 이론적으로는 만약 봉쇄국이 적연안에 충분한 수의 군함들의 배치할 능력과 자원을 갖고 있지 못한 봉쇄에 의해 무역거래에서 방해받고 싶지 않다는 중립국의 의도를 반영한 것이다.[44] 봉쇄가 효과적이기 위해서는 적 연안에의 접근을 실질적으로 방지할 수 있을 정도로 충분한 군대에 의해 유지되어야 한다.

봉쇄의 실효성 보장방법에 있어서 대륙주의와 영미주의는 입장을 달리하였다. 대륙주의는 정박봉쇄를 주장하고, 영미주의는 순항봉쇄를 주장한다. 그러나 오늘날 함정의 고속화 및 항모의 출현 등 전투수단의 발달에 따라 정박봉쇄는 그 의의를 상실하였으며, 1856년의 파리선언(제4조)이나 1909년의 런던선언(제2조)에서 순항봉쇄(영미주의)를 채택

---

42) 川本正昭 *op. cit.*, p.3.
43) Robert W. Tucker, *The Law of War and Neutrality at Sea*, U.S. Naval War College International Law Studies No.50, 1955, p.285.
44) Francis H. Upton, *The Law of Nations affecting Commerce during War*, Methuen & Co., 1863, p.278. Michael G. Fraunces, *op. cit.*, p.897에서 재인용.

하였고, 대표적 대륙주의 지지국인 프랑스도 제1차 세계대전 이후 정박봉쇄 주장을 포기하였다.[45]

라. 공평한 적용

전통적 봉쇄법은 또한 국적에 관계없이 모든 선박에게 봉쇄를 공평하게 적용해야 할 의무를 요구했다(런던선언 제5조). 이는 무역거래를 지속케 함으로서 영국의 상업적 이익은 허용하면서도 특정항구에의 타국선박의 출입을 금지하던 18세기 및 19세기초의 불공평한 영국관행에 대한 대륙국가의 반발에서 나왔다.[46]

여기서 공평이란 국가에 대한 공평을 의미하며 선박에 대한 공평을 뜻하는 것이 아니다. 따라서 각국에 대하여 평등하게 취급하는 한 일정 종류의 선박에 한하여 출입을 허용할지라도 봉쇄의 유효성은 저해되지 않는다.[47] 즉 출입항에 대한 허용여부는 각국에 평등하게 적용되는 한 봉쇄함대 지휘관의 자유재량이었다(동 제6조, 제7조).

따라서 해난을 만난 선박이 봉쇄해역내로 일시 피난하여 재출발하는 것을 허가하여도 적화에 이상이 없는 경우는 공평을 위반한 것이 아니다(런던선언 제7조). 그리고 봉쇄항으로의 입항 또는 봉쇄항으로부터의 출항중 어느 한쪽만을 금지하는 경우도 봉쇄의 공평성을 위반하는 것이 아니다. 실제로 봉쇄되었을 때 봉쇄항내에는 중립선박은 허가된 퇴거기간에 출항하는 것에는 봉쇄선 통과가 인정되고 있으나 출항하지

---

45) H. Lauterpacht, *op. cit.*, p.780.
46) James F. McNulty, op. cit., p.176.
47) 김명기, 국제법원론(하), 박영사, 1996, p.1487.

제2장 해상무력분쟁에서의 군함의 법적 지위 **47**

않고 재항하는 것은 이를 포획할 수 있다.[48]

마. 중립국 권리의 존중

중립국 권리의 존중 원칙은 중립국과 교전국 권리 및 의무간의 매우 복잡한 관계를 나타낸다. 봉쇄군은 중립국이 봉쇄항 또는 봉쇄연안과 직접적으로 통상하는 것을 방지할 권리를 갖는 바, 중립국항에 대한 접근의 방지까지 봉쇄를 확대하지는 않는다. 즉 봉쇄는 중립항 또는 중립지역에 도달하는 것을 차단하는 것이어서는 안된다(동 제18조). 한편 적국과 중립국 사이에 있는 항구에 대해서는 관계중립국의 권리를 침해하지 않는 범위내에서 봉쇄할 수 있으며, 중립국의 항구나 해안에 도달할 것이 명백한 중립선은 통과를 허용하여야 할 것이다.

봉쇄군의 권리는 중립국의 위반행위가 행해진 위치, 즉 중립국 선박의 위치에 따라 다양하다. 봉쇄국 선박과 적연안 중간에 위치하는 수역에서는 교전국은 봉쇄연안을 출입하는 등 봉쇄침파를 시도하는 어떠한 선박을 나포(capture) 할 수 있다(동 제17조). 출항침파의 경우 봉쇄를 침파하는 선박은 봉쇄군의 선박에 의해 계속적으로 추적되는 동안 나포될 수 있다(동 제20조).

봉쇄구역 외부 및 공해에서 교전국은 적국에 전시금제품(contraband)을 수송하고 있는 것으로 의심되는 선박을 정선시키기 위하여 임검 및 수색(visit and search)의 관행에 의존해 왔다. 공해를 항행하는 교전국 군함은 모든 상선을 임검 및 수색할 권리를 갖는다. 적에게 전시금제품을 수송하는 것이 확인된 상선은 나포되어 교전국의 가까운 항으로 인치

---

48) 川本正昭, *op. cit.*, p.4.

된다. 그런 다음 교전국의 포획법원은 나포된 선박과 화물의 운명을 결정한다. 상선이 나포 또는 임검 및 수색에 저항하는 경우 봉쇄군은 추적할 수 있으며 필요하다면 그 선박을 복종하도록 하기 위하여 피해를 입히거나 파괴할 수 있다.[49]

4. 봉쇄침파 선박의 처벌

봉쇄침파(breach of blockade)란 유효하게 성립된 봉쇄선을 선박이 통과하여 봉쇄구역으로 출입하는 행위를 말한다. 봉쇄침파가 성립하기 위해서는 봉쇄선을 침범한 자가 봉쇄사실을 알고 있어야 하며(봉쇄의 인식), 중립선박이 봉쇄를 돌파하여 그 봉쇄지역을 통과하였거나 통과하기 위하여 항행하고 있어야 하며(봉쇄선의 통과), 봉쇄선을 침입한 중립선박은 현행중에 포획된 것이어야 한다(현행중).

봉쇄의 인식의 정도는 대륙주의와 영미주의가 견해를 달리한다. 대륙주의는 추정적 인식으로는 부족하고 현실적인 인식이 있어야 한다고 한다. 따라서 개별적 고지가 있어야 하며 그 후에 봉쇄선을 통과하려고 할 때에 봉쇄의 침파가 성립된다고 한다. 반면에 영미주의는 일반적 고지가 있으면 봉쇄의 사실을 알고 있는 것으로 추정하며, 부지의 사실을 선박측에서 입증해야 한다. 런던선언에서는 현실적 또는 추정적인 인식이 있어야 한다고 규정하고 있기 때문에 양 주의를 조화시킨 것으로 보인다(런던선언 제14조). 미해전법규에서도 런던선언과 같은 내용을 규정하고 있다.[50]

---

49) William O. Miller, "A New International Law for the Submarine?", *US Naval Institute Proceeding*, Oct. 1966, p.97.
50) The Law of Naval Warfare(NWIP-10), 제632항 g.

어떠한 경우를 통과의 시도라고 볼 것인가에 대하여도 대륙주의와 영미주의가 대립된다. 대륙주의는 힘이나 기계를 사용하여 봉쇄선을 통과하고자 시도하는 것이 필요하다고 한다. 반면에 영미주의는 봉쇄선 근처에서 봉쇄선을 향한 방향으로 항행하거나 또는 그 봉쇄를 고지하고 있는 항을 향하여 항행하고 있는 경우에도 봉쇄선의 통과를 시도한 것으로 인정된다.

또한 연속항행주의를 주장하여 외관상 중립국항 또는 봉쇄되지 않은 적항을 향하여 항행하는 선박이라 할지라도 다시 그 곳을 경유하여 봉쇄항으로 항행할 의도가 있을 경우에는 그 선박을 포획할 수 있다는 것이다. 런던선언에 있어서는 통과의 시도에 대한 규정이 없다. 다만 봉쇄함대는 선박이 중립국의 항구나 해안에 도착하는 것을 차단할 수 없고, 현재 봉쇄되지 않은 영해를 향하여 항해하고 있을 때에는 선박이나 화물을 포획할 수 없다고 규정하고 있다(동 제19조). 이는 연속항해주의를 인정하지 않았음을 의미한다.[51]

봉쇄의 침파는 현행중(in delicto)의 침파행위에 대해서만 성립한다(동 제38조). 그러나 미해전 법규에서는 봉쇄침파의 미수에 관하여 다음과 같이 정의했는데 "봉쇄침파는 어떤 선박이나 항공기가 봉쇄를 무효화할 의도로써 항구나 활주로를 출발한 때로부터 발생한다. 만일 궁극적인 목적지가 봉쇄구역이거나 혹은 적하에서 발견된 물건이 봉쇄구역을 통하여 다른 선박에 옮겨실을 예정이었다면, 임검 당시에 그 선박이나 항공기가 중립국의 항구 또는 비행장행이었다는 것은 문제가 안된다. 선박 및 항공기가 봉쇄지역으로의 통과지점으로 기여하는 중립국의 항구 또는 비행장행인 경우에 봉쇄침파 기도로 추정된다"고 하였다. 그러

---

51) H. Lauterpacht, *op. cit.*, pp.786-87, n.5.

면서 이러한 기도의 경우도 포획의 대상으로 규정하고 있다.[52]

또한 포획에 대해서 대륙주의와 영미주의의 학설이 대립하는 바, 런던선언은 대륙주의를 채택하고 있다(동 제17 및 제20조). 대륙주의는 함선이 봉쇄선내에서 항행중일 경우에 포획한다. 즉 이 주의는 현행중이라는 의미를 봉쇄선내에서 항행중일 때와 그곳에서 봉쇄함대에 의하여 추적되고 있는 동안을 의미한다고 주장한다. 영미주의는 출발항에서 봉쇄항을 거쳐 출발항 또는 본국으로 귀항하는 동안에 어느 때이건 포획이 가능하다. 이는 연속항해주의에 따른 개념이라 하겠다.[53]

봉쇄를 침파한 경우, 봉쇄를 선언한 교전당사자는 이를 포획, 처벌할 수 있다. 선박은 몰수된다. 그 선박이 적국의 선박이건 중립국의 선박이건 불문한다(동 제21조). 선적된 화물의 경우에 영미주의는 화주와 선주가 동일하지 않은 경우에도 화주가 화물을 선적할 때에 당해선박이 봉쇄항을 향한다는 사실을 인식한 경우에는 몰수된다. 런던선언은 화물을 선적할 때에 봉쇄의 고지가 있었음을 화주가 인식하지 못하였거나, 인식할 수 없었음을 입증한 경우 이외에는 몰수된다고 규정하고 있다. 선원에 대해서는 18세기 이전에는 선원은 사형에 처했으나, 오늘날에는 포획재판소의 결정에 따라 즉시 석방되며 포로로 할 수 없다. 그러나 적국의 선원은 대체로 포로가 된다.[54]

---

52) NWIP-10, 제632항 g(1)(2).
53) 川本正昭, "현행법상의 해상봉쇄", 기술정보, 제24호, 1984, p.6 참조.
54) H. Lauterpacht, *op. cit.*, p.790.

VI. 결론

오늘날 어떠한 국가도 경제적으로 자급자족할 수 없다. 국제분업과 협력을 통한 재화와 용역의 교환 및 배분없이 독자적으로 존립하기란 불가능하다. 무력분쟁시는 더욱 그러할 것으로 예상된다. 무력분쟁에 필요한 전투수단을 생산하기 위해서는 해외로부터의 원자재 도입이 필수적이며 이를 지속하기 위해서는 군수지원이 절대적인데, 이것도 자체의 생산만으로는 해결이 불가하며 외부로부터 수입 또는 지원되어야 한다. 이처럼 현대전에서의 승패는 경제상황에 크게 의존할 수밖에 없는 바, 이러한 현대전의 특성에 있어 해전은 그 의의가 매우 크다. 해전은 해상과 육상에서의 직·간접적인 전투와 지원을 통하여 전쟁을 승리로 이끄는데 있어서 매우 중요한 역할을 담당하기 때문이다. 영국과 미국이 2차례 세계대전에서 승리할 수 있었던 것도 전적으로 우세한 해군력 때문이었다.

여타 무력분쟁과 마찬가지로 오늘날 해전에서도 희생자가 급증하고 있다. 군함을 전투단위로 하는 해전의 특성상 단일 전투로 인해 입게 되는 피해는 육전이나 공전에 비해 규모가 더 크거나 비참한 경우가 허다하다. 불필요한 불법행위의 방지를 위해서는 군함의 전시 국제법상 법적 지위를 규율하는 규범에 대한 충분한 숙지가 요구된다. 분쟁희생자를 감소시키고 전투의 합법성을 보장받으며 불법적인 무력사용으로 인한 국제적인 비난과 제재를 사전에 예방하기 위해서는 사전에 관련 법규의 내용을 명확하게 규명하고, 이를 예하 전투원(군함 승조원)들에게 널리 보급하고 교육하여야 하기 때문이다.

제3장 해적행위의 국제법적 규제

Ⅰ. 서론

인류의 해양활동이 주로 교역을 위주로 한 이윤창출이었다면, 이러한 이윤창출과 함께 출현한 인류 최초의 해양 무질서 행위가 바로 해적행위이다. 역사적으로 해적 발생의 원인을 정의하기는 어렵다. 아마도 강력한 중앙집권적 국가에 의해 해양질서가 유지되기 이전에 해양에서 생존방법을 추구하던 이들과 갈등을 겪든 자들의 해상활동이었을 것이라고 짐작된다.[1]

해적의 '황금시대'[2] 이후 거의 한 세기 동안 해적행위는 산발적으로

---

1) 윤석준, "해적의 역사적 의미와 고찰", 해양전략, 제141호, 2009. 4, p.3 참조.
2) 17세기 말 해적들은 폭발하듯 쏟아져나왔다. 역설적으로 해적의 '황금시대'로 불린 시기는 1670년부터 1730년까지 40년 동안 이어졌다. 최악의 피해를 입은 곳은 카리브해와 아메리카 대서양 해안이었지만, 해적들은 더 멀리 특히, 아프리카 해안과 인도양까지 진출했다. 해적의 급증은 다음과 같은 환경탓이었다. 첫째, 카리브해에서 버커니어 시대의 종말은 이들에게 다른 길을 찾도록 강요했다. 1680년대에 영국과 프랑스는 그들에게 스페인을 공격하여 돈을 받도록 장려했다. 자메이카 정부는 반해적법에 따라 버커니어 출신의 많은 사람들을 해적행위로 내몰았다. 이들 중 다수가 대서양을 건너 서아프리카의 노예해안을 따라 약탈에 나섰고, 나중에는 인도양에서 선박을 약탈했다. 둘째, 영국이 한쪽에 네덜란드와 다른 한쪽에 프랑스와 일으킨 새 전쟁은 사략선을 계약하는 기회를 제공했다. 잠깐의 휴전을 제외하고 전

발생했었다. 1820년부터 미국 및 영국 해군의 적극적인 순찰과 해적 피난처들에 대한 급습으로 카리브해에서의 해적행위는 서서히 수습되었다. 악명높은 해적들이 소수 남아있긴 했었지만, 해적행위의 위협은 크게 줄어들었다.[3] 산업혁명에 이은 과학기술의 발달로 개인 위주로 실시되던 해적행위는 쇠퇴기를 맞게 되는데, 해군력이 근대화되어 해양에 대한 통제가 확대되고 근대국가의 영향력 증대에 따라 인구밀집 지역이자 대부분 해외식민지 지역인 해안지역에 대한 국가관할권 행사가 적극적으로 행사되자 해적활동은 점차 축소되기에 이른 것이다.

또한 정치적 경쟁체제였던 냉전시기에도 해적행위는 극히 미미하였다. 양대 진영 모두 해양을 중심으로 한 경제적 경쟁체제로 발전함에 따라 해양의 평화적이고 자유로운 활용을 인정하고 있었다. 이에 양대 진영간 해양에서의 질서유지를 위한 조치가 나름대로 수행됨으로써 해적 등과 같은 해상에서의 불법행위들은 정치적 냉전체제 내에 흡수되어 주로 연안국가에서 소규모 범죄행위로 간주되었다.[4]

그러나 양대 이념진영에 의거 불안하게 유지되어 왔던 해양질서가 냉전종식 이후 전 세계 지역에서의 다양한 분쟁 또는 갈등에 의해 와해되면서 극심한 해양 무질서가 출현하였다. 가장 대표적 원인이 전 세계 해역에 대한 다양한 민족, 종교 및 사회적 원인에 따라 국가조직에 대항하는 반정부 조직 등이 재원마련을 목적으로 해상에서 자행하는 해적행위이다. 특히, 이들 해적행위는 전 세계 주요 국제해협, 운하 또는

쟁기간은 20년 넘게 진행되었는데, 이 때 사략선 행위는 엄청난 이익을 올리는 기회를 만들어 주었다. 셋째, 1714년에 이룬 평화는 아메리카 항해공동체를 몰락시켰다. 전쟁이 끝나자 사략선 선원들에게 돌아온 것은 실업자가 되든지, 낮은 보수를 받는 상선에 근무하든지 아니면 해적이 되어야 했다. 많은 사람들이 해적의 길을 따랐다. 이종인(역), 해적의 역사, 가람기획, 2007, pp.140-143 참조.

3) 이종인(역), *op. cit.*, pp.229-230 참조.

4) 윤석준, *op. cit.*, pp.15, 18.

해상교통로 해역에서 발생되어 자유무역을 지향하는 세계화 추세에 따른 세계 경제발전을 저해시키는 중대한 국가안보는 물론 지역과 세계 안보를 저해시키는 주된 위협으로 인식되고 있다.[5]

Ⅱ. 해적행위의 법적 의의

1. 해적행위의 정의

가. 해양법협약

전통적으로 바다에서의 강도 또는 약탈행위와 밀접한 관련이 있는[6] 해적행위에 대해 1982년 유엔해양법협약[7](이하 해양법협약) 및 관련 국제기구는 서로 상이한 개념을 제시하고 있다. 이들 문서 및 기구들이 제시하고 있는 해적행위의 개념을 정리하면 다음과 같다.

국제관습법에서 확립된 해적의 정의를 국제법에 처음으로 도입한 것은 1958년 제네바에서 개최된 제1차 해양법회의에서 채택된 4개 협약[8]

---

5) *Ibid.*, p.20.

6) 이서항, "해적문제의 국제정치 : 소말리아 해적의 국제적 영향과 대응 동향", 해군대학, 신국제안보환경과 해군력 발전(해군대학 해로연구원 연세대 동서연구원 공동학술세미나 발표논문집), 2009. 4. 27, p.1 참조.

7) United Nations Convention on the Law of the Sea, opened for signature Dec. 10, 1982, UN Doc.A/CONF.62/122(1982), reprinted in United Nations, Official Text of the United Nations Convention on the Law of the Sea with Annexes and Inde, UN Sales No.E.83.V.5, 1983.

8) 제2차 세계대전 이후 새로이 설립된 국제연합은 국제법의 점진적 발전과 그 법전화를 장려하기 위하여(국제연합 헌장 제13조) 1947년에 국제법위원회(ILC)를 설치하였는데, 동 위원회는 1949년부터 활동을 개시하여 1960년까지 국제법 전 분야에 걸친 19개 연구과제를 설정하여 이에 관하여 연구하고 초안을 작성하였다. 그 중에도 공해 및 영해제도에 관한 문

중 '공해에 관한 협약' 제15조에서였다. 동 조항을 그대로 승계한 해양
법협약은 제101조에서 해적행위를 다음과 같이 규정하고 있다.[9]

> 해적행위라 함은 다음 행위를 말한다.
>
> (가) 私有의 선박 또는 항공기의 승무원 또는 승객이 사적목적을 위하여
> 범행하는 불법적 폭력행위, 억류 또는 약탈행위로서 다음의 것에 대하
> 여 행하여지는 것이다.
>
> ① 공해에 있어서의 타 선박, 항공기 또는 그 선박, 항공기내의 인원이
> 나 재산
>
> ② 어느 국가의 관할권에도 속하지 아니하는 장소에 있는 선박, 항공
> 기, 인원 또는 재산

제는 우선적으로 토의되어 1956년에 73개 조항에 달하는 해양법 초안이 작성되었다. 국제
법위원회는 이 초안을 총회에 보고하는 동시에 이것을 국제조약이나 기타 형식으로 명문화
하기 위한 국제회의를 소집할 것을 건의하였다. 국제법위원회의 건의에 따라 제11차 UN총
회는 제1차 유엔해양법회의를 1958년에 Geneva에서 개최할 것을 결정하였다. 이 회의는
국제법위원회가 제출한 초안에 의거해서 9주간(1958.2. 24~4. 27계속되어 해양에 관한 4
개 협약(① 영해 및 접속수역에 관한 협약(The Convention on the Territorial Sea and the
Contiguous Zone), ② 공해에 관한 협약(The Convention on the High Seas), ③ 공해의
어업 및 생물자원보호에 관한 협약(The Convention on the Fishing and Conservation of
the Living Resources of the High Seas), ④ 대륙붕에 관한 협약(The Convention on the
Continental Shelf)을 채택하였다. 이러한 4개 협약은 그때까지의 해양법에 관한 관습규칙
을 전반적으로 성문화한 것으로 해양국제법의 법전화에 신기원을 이룩하였다. 그러나 이 협
약에 있어서 영해의 폭은 영해에 있어서 핵심적 문제인데도 그것에 관한 규칙을 채택하지 못
했다는 큰 결점을 남겼을 뿐만 아니라, 자국연안에서 타국의 활동을 통제하고자 하는 연안
국의 이익과 간섭없이 타국 연안에서 자유로운 활동을 보호받고자 하는 해양 이용국간의 이
익을 조화시키지도 못했다. John R. Stevenson and Bernard H. Oxman, "The Future
of the United Nations Convention on the Law of the Sea", 88 American Journal of
International Law(AJIL), 1994, p.401.

9) 동 협약 제100조~제107조에서 해적의 규제에 관한 규정을 두고 있다. 제101조의 정의 규정
은 1958년 공해에 대한 제네바협약의 내용과 본질적으로 큰 차이가 없다. 해적행위에 대한
동 협약의 조항들은 공해상에서의 해적행위와 관련된 기존의 국제규약들을 성문화한 것이라
고 볼 수 있다.

(나) 당해 선박 또는 항공기가 해적 항공기라는 사실을 알고 그 선박 또는
항공기의 활동에 자발적으로 참가하는 행위

(다) (가)호 및 (나)호에 규정된 행위를 선동 또는 고의적으로 용이하게 하
는 모든 행위

이를 分設하여 살펴보면 해적행위를 구성하는 요건을 다음과 같이
정리할 수 있다. 첫째, 해적행위는 '사적인 목적'을 위하여 실행되어야
한다. 따라서 '공적인 목적'을 위하여 실행되는 경우에는 해적행위가
아니며, 관련 국가에 대한 불법행위에 따른 국가책임을 물을 수 있다.
둘째, 해적행위는 '사유의' 선박이나 항공기에 의해서만 이루어질 수
있다. 따라서 교전단체 등 제한적이나마 국제법상 법인격을 인정받아
타국에 대하여 국가행위의 일부를 행할 권한을 인정받은 국제법상 실
체가 행한 행위는 해적행위에 해당되지 않는다.

그리고 해적행위는 타 선박 및 타 항공기를 대상으로 하기 때문에 선
상반란 행위 그 자체는 해적행위가 아니지만,[10] 군함 및 공선(공항공기 포
함) 내에서 반란이 일어나 반란분자가 그 선박을 지배하여 해적행위를
하는 경우는 이미 그 선박은 군함이나 공선으로서의 지위를 상실한 것
이므로 사선에 의한 해적행위로 간주된다(해양법협약 제102조).

셋째, 해적행위는 당해 해적선 이외의 '다른' 선박에 대하여 행하여
져야 한다. 즉, 2개의 선박이 필요하다. 따라서 어떤 선박이나 항공기
의 승무원이 그 선박이나 항공기의 지배권을 획득하기 위하여 시도된
행위는 하이재킹이나 선상반란이 될 수는 있지만 그 자체만으로는 해
적행위가 되지 않는다. 넷째, 해적행위는 공해상[11]이나 어느 국가의 관

---

10) P. Malanczuk, *Akehurst's Introduction to International Law*, Routledge, 1997, p.189.
11) 해적행위를 공해상에서 발생하는 범죄행위로 한정한 것은 오랜 역사적 기원을 갖고 있다.

할권에도 속하지 아니하는 장소에서 이루어진 것에 한한다. 즉, 특정국가의 배타적 관할권 내에서의 불법적 폭력, 억류 또는 약탈행위는 협약상의 해적행위로 간주되지 않는다.[12]

이러한 해양법협약상의 '해적행위'에 대한 정의는 매우 협소한 편이다. 이 정의에 따르면, 해적행위는 공해 또는 국가 관할권 이외의 지역에서 선박이나 항공기, 인원 또는 재산에 대해 행하는 폭력행위 또는 억류행위로 제한하여 정의하고 있다. 또한 유엔해양법협약은 제58조 (2)항에서 "협약 제88조 내지 제115조 및 기타 국제법의 적절한 규정은 본 장(제5장 배타적 경제수역)과 모순되지 않는 한 배타적 경제수역에도 적용된다"고 규정하고 있어 제101조에서 열거하고 있는 행위가 배타적 경제수역에서 발생한 경우에도 해적행위에 해당된다.

하지만 오늘날 해적행위가 공해나 어느 국가의 관할권에 속하지 않는 지역에서만 발생하고 있는 것은 아니다. 많은 경우 영해, 해협 내측 수역 또는 해협 인접수역에서 발생하고 있으며, 심지어는 선박이 정박하고 있는 내수에서도 발생하기도 한다. 인도네시아와 같은 군도국가의 경우 군도수역(archipelagic waters)으로 분류된 해역에서도 발생할 수 있다. 영해와 마찬가지로 군도수역은 연안국 혹은 군도국가의 주권이 미치는 수역이다. 그러므로 해양법협약이 규정하고 있는 해적행위의

국제연맹 법률전문가위원회(Committee of legal Experts)는 1925년 제네바회의에서 7가지 주제에 관해 법적 기준을 심사했는데, 해적문제가 제1주제였다. 위원회에서는 해적행위에 관한 법전화 검토 결과 아무런 제안없이 다음과 같이 결론지었다. "해적행위는 공해라고 하는 광범위한 영역을 활동무대로 한다. 해적행위는 공해상 무역의 안전에 관한 범죄로서 반드시 공해에서 발생한다. 따라서 동일한 행위가 영해내에서 발생한다면 그것은 국제법적 문제가 아니라 주권국의 권한에 속한다". J. Thompson, *Mercenaries, Pirates and Sovereign : State-building and Extra-territorial Violence in early modern Europe*, Princeton University Press, 1994, pp.63-64..

12) 노영돈, "국제법상 해적제도와 관련 국내입법의 검토", 성균관법학, 제21권 제3호, 2009. 12. pp.998-1000 참조. 최종화, 현대국제해양법, 두남, 2005, p.157 참조.

관할범위를 엄격하게 해석할 경우, 영해 및 군도수역에서 발생하는 선박에 대한 공격행위는 실제로는 해적행위와 동일하지만 발생수역 조건을 충족하지 못해 해적행위에서 제외되게 된다.[13]

나. 국제기구

국제연합 산하기구인 국제해사기구(IMO : International Maritime Organization)와 국제상공회의소(ICC)의 산하단체인 국제해사국(IMB : International Maritime Bureau)은 모두 해적행위를 정의하는데 있어서 '선박에 대한 공격행위'(attack on a ship)에 초점을 맞추고 있으나 해적행위의 발생범위와 구성요소 설정 등에 관해서는 다소 차이를 보이고 있다.[14]

먼저 국제해사기구(IMO)는 1982년 해양법협약에서 규정한 '공해상 또는 연안국 관할권 이외 지역에서의 불법행위'를 해적행위의 주요 내용으로 간주하고, '국가관할 영역내에서 발생한 타 선박이나 그에 승선하고 있는 자나 재산에 대하여 가하는 불법적 행위'를 무장강도라고 정의하고 있다. 이는 해역을 지리적 및 법적인 측면에서 2개의 범주로 나누어 공해상에서의 불법적 행위는 해적행위로 분류하고, 항구(내수) 또는 영해내에서 발생하는 불법적 행위는 무장강도로 분류하고 있다.[15] 2006년 '아시아에서의 해적행위 및 선박에 대한 무장강도 행위 퇴치에 관한 지역협력협정'(ReCCAP : Regional Cooperation Agreement on

---

13) 김현수, 국제해양법, 연경문화사, 2007, pp.358-359 참조.
14) 김강녕, "소말리아 해적 위협과 우리의 대응", 해양전략, 제142호, 2009. 7, pp.161-162
15) IMO Res.A.922(22"Code of Practice for the Investigation of the Crimes of Piracy and Armed Robbery against Ships"(2001. 11. 29) 참조.

Combating Piracy and Armed Robbery against Ships in Asia)도 해적과 해상 무장강도를 구분하여 정의하고 있다.

동 협정 제1조 1항은 해적행위를 ① 민간선박 또는 민간항공기의 승무원이나 승객이 사적 목적으로 공해상의 다른 선박 또는 그 선박내의 사람이나 재산과 국가관할권에 속하지 않니하는 곳에 있는 선박ㆍ사람이나 재산'에 대하여 범하는 불법적 폭력행위, ② 억류 또는 약탈행위, ③ 어느 선박 또는 항공기가 해적선 또는 해적항공기가 되는 활동을 하고 있다는 사실을 알고서도 자발적으로 그러한 활동에 참여하는 행위 (위 3가지 유형의 교사와 고의적 방조행위 포함)로 규정하고 2항에서는 ① 일방 체약국의 관할권이 미치는 곳내에서 사적 목적으로 범하는 선박이나 그 선박내의 사람이나 재산에 대한 불법적 폭력행위ㆍ억류 또는 약탈행위, ② 어느 선박이 선박에 대한 무장강도행위가 되는 활동을 하고 있다는 사실을 알고서도 자발적으로 그러한 활동에 참여하는 모든 행위(위 2가지 유형의 교사와 고의적 방조행위 포함)를 무장강도행위라고 명규하고 있다.

이에 비해 국제해사국(IMB)은 해적행위를 발생지역과 관계없이 "무력을 사용하여 절도 및 다른 범죄를 수행할 의도로 선박에 승선하여 저지르는 행위"(the act of boarding any vessel with the intent to commit theft or any other crime and with the attempt or capability to use force in furtherance of that act)로 규정하고 있다. IMB가 해적행위를 유엔해양법협약상의 정의에 추가하여 포괄적으로 '선박에 대한 모든 무장 강ㆍ절도행위' (armed robbery against a ship)로 파악하고 있는 것은 그동안 공해상에서 뿐만 아니라 연안국의 관할권 영역(즉, 영해나 배타적 경제수역)에서도 빈번하게 발생하고 있으며 선박의 항구 정박시에도 강ㆍ절도행위가 일어나고 있는 것에서 기인하고 있는데, 이에 따라 IMB는 해적행위를 '선박에 대한 해적행위와 무장 강·절도행위'(piracy and armed robbery against ships)로 보고 있다.[16]

다. 종합

이상에서 살펴본 바와 같이 해적행위에 대해서는 국제법 및 각 국 제기구 마다 상이하다. 해양법협약이 ① 폭력, 억류 또는 약탈행위, ② 공해 또는 국가 관할권 이외의 지역에서 발생 및 ③ 사적 목적(pruvate ends)의 존재 등을 해적행위의 요건으로 들고 있는 반면, IMO는 불법 행위 발생의 지리적 구분에 따라 해적행위(공해에서 발생)와 무장강도(항 구 또는 영해에서 발생)를 구분하고, IMB는 해적행위의 목적이 반드시 사 적 목적에 한정되지 않고 해적행위 발생장소도 반드시 공해상일 필요 도 없으며 절도도 해적행위로 본다.

이들 해적행위에 대한 각 정의를 비교해 볼 때 해양법협약상의 규정 이나 IMO의 정의는 상당히 유사하고 협의의 개념이라고 볼 수 있으며, 선박의 정박·투묘 또는 항해에 관계없이 모든 사실상의 고의적인 공 격행위를 해적행위로 보는 IMB의 정의는 보다 포괄적인 광의의 개념 이다. 일반적으로 학계 및 국제해운업계에서는 IMB의 정의가 보다 현 실적인 것으로 수용되고 있는데, IMB가 말레이시아 쿠알라룸푸르에 설립한 해적방지센타는 IMB 정의에 준거하여 해적발생 통계를 연례적 으로 발표하고 있다.[17]

본 보고서에서 사용하고 있는 '해적행위' 용어의 의미도 상기에서 언

---

16) 이서항, *op. cit.*, pp.1-2. ICC IMB, *Annual Report*, 2005, p.2.
17) 이서항, *op. cit.*, p.2.

급한 해양법협약상의 협의의 정의가 아니라, 광의의 IMB 정의를 따른다. 즉, "해적행위는 절도 혹은 그 밖의 범죄행위를 행할 목적으로 하는 행위로서 강제력을 사용할 가능성을 갖고 선박에 승선하는 행위이다"라고 정의한다. 왜냐하면 해양법협약에서 해적행위의 개념을 정의하였던 1970년대 말에서 1980년대 초 당시와는 오늘날의 해상교통환경과 상황이 많은 차이를 보이고 있을 뿐만 아니라 국제협력을 통해 해적행위에 효과적으로 대응하기 위해서는 해양법협약상의 해적행위 뿐만 아니라 해상 무장강도도 포함되어야 하기 때문이다.[18]

2. 해적행위와 해상테러리즘의 비교

가. 해상테러리즘의 정의

테러리즘에 대한 개념과 정의에는 시각과 관점에 따라 차이와 이견이 있다. 동일한 사건을 보면서도 관점에 따라서는 테러리즘으로 규정되기도 하고, 또 어떤 경우에는 일반범죄로 취급하기도 하며, 특정집단에서는 애국적인 행동으로 평가되기도 한다. 따라서 테러리즘에 대한 견해는 합의적 정의를 기대하기 힘들며, 테러리즘을 연구하는 사람들

---

18) 해양수산부, 2003 해적피해 예방대책, 2003, p.47. 기존의 국제적 및 지역적 국제문서들에 의한 해적의 정의는 너무 좁고 실제 발생하고 있는 피해 양상들을 포함하지 못하기 때문에 해적에 대한 효율적인 법적 대응책을 강구하기 위한 새로운 개념 정의가 시도되어야 한다는 주장이 제기되고 있다. 구체적인 방법으로는 첫째, 해양법협약상의 정의가 정치적 목적에 의해 행해진 행위까지 포함하도록 개정하는 방안, 둘째, 해적과 다른 형식의 해상폭력에 대항하기 위해서 지역적 협약을 이용하는 방안, 셋째, 해양법협약의 정의를 확대하거나 지역적 합의를 만들어 내기 위한 시도보다는 개별 국가들이 해적에 대한 개념을 바라보는 법률적 시각을 조정하는 방안 등이 제기되고 있다. 이에 대한 자세한 설명은 오태곤, "국제법상 해적 개념 규정의 신전개", 국제법학회논총, 제52권 제3호(통권 제109호), 2007, pp.168-170 참조.

이 각자의 주장이나 이론에 따라 설명하고 있다.[19]

이는 테러리즘에 대한 정의가 매우 다의적이고 복합적이며 이중적인 가치를 내포하고 있다는 것을 보여준다.[20] 해상테러리즘에 대한 정의 도 마찬가지로 지금까지 국제적으로 공인된 정의는 없다. 테러리즘에 대한 일반적 정의가 확립되지 못한 이유 외에도 수단의 흉포화, 목적의 다양화 및 해적과의 연계 등 해상테러와 관련된 새로운 경향 등이 하나 의 정의로 제시되기 어렵기 때문이다.

해상테러리즘의 개념에 대한 일반적인 정의를 내리고 있는 국제문 서는 없다. 다만, 단순히 해상이나 선박 내에서 발생하는 특정의 불법 적 폭력행위에 대한 방지와 규제를 위한 노력이 현존하는 국제법의 주 된 내용으로 구성되어 있다. 그리고 최근의 일반적인 추세는 해상테러 리즘을 해상안전 내지 해상보안에 대한 폭력적 위해행위라는 관점에서 파악하여 광의의 개념으로 이해하는 것이 일반적인 추세이다.[21]

이러한 개념 정의를 보여주는 가장 대표적인 것이 '해상항행의 안 전에 대한 불법행위의 진압을 위한 협약'(Convention for the Suppression of Unlawful Acts against the Safety of Maritime Navigation: SUA협약)[22]이다.

---

19) 김한택, 테러리즘과 국제법, 지인북스, 2007, p.12.
20) 사전적 의미에서 테러리즘이란 단순한 개인적인 암살이라든지 사적단체에 의한 파동 등 이 아닌 권력자체에 의한 강력지배 혹은 혁명단체에 의한 대규모의 반혁명에 대한 금압 등 을 일컫는다. 테러리즘은 공통적으로 정치적 목적이나 동기가 있으며, 폭력(violence)의 사 용이나 위협(intimidate)이 따르고, 심리적 충격과 공포심을 일으키며, 소기의 목표나 요 구를 관철시키려는 것으로 집약될 수 있는 4가지 공통점을 지닌다. 즉, 현대적 의미에서 테 러리즘이란 협박 강압 공포의 유발을 통해 정치 경제 이념적 목표를 달성하기 위한 계산 된 폭력사용 또는 폭력행사의 위협을 말한다. 김두현 김정현, 현대 테러리즘의 이해, 두남, 2009, pp.11-13 참조.
21) 최응렬·이대성, "해상테러리즘에 대한 접근", 동국대학교 사회과학연구, 제17권 제2호, pp.175-176.
22) 국제해사기구(IMO)에 의해 1988년 3월 10일 로마에서 채택, 1992년 3월 2일 발효하였 다. 우리나라는 2003년 8월 12일에 발효되었다. 동 협약은 9·11테러사건에 항공기가 테

SUA협약은 '항행의 안전에 대한 불법적 행위'를 다음과 같이 규정하고 있는데, 이들 행위들은 해상테러를 포괄하고 있는 것으로 이해된다.

협약은 불법적으로 그리고 고의적으로 ① 폭력 또는 그 위협 및 그밖의 여타 형식의 협박으로 선박을 납치하거나 점거하는 행위, ② 선박내의 어떤 사람에 대하여 가하는 폭력행위로서 그 폭력행위가 당해 선박의 안전운항을 위태롭게 할 가능성이 있을 경우, ③ 선박을 파괴하거나 선박 또는 화물에 대하여 당해 선박의 안전운항을 위태롭게 할 가능성이 있는 손해를 야기시키는 행위, ④ 방법 여하를 불문하고 선박에 대해 그것을 파괴할 가능성이 있는 장치 또는 물질을 설치하거나 설치토록 하는 행위, ⑤ 해상항행시설을 파괴하거나 중대하게 훼손하는 행위나 선박의 안전운행을 위태롭게 할 가능성이 있는 가동을 중대하게 방해하는 행위, ⑥ 허위임을 알고 있는 정보를 전달함으로써 선박의 안전운항을 위태롭게 하는 행위 및 ⑦ 상기 ①~⑥ 까지의 기수 또는 미수와 관련하여 사람을 상해하거나 살해하는 행위를 규율대상으로 하고 있으며(제3조 1항), 미수범·교사범 및 기타의 공범·위협에 의한 해상항행의 안전에 대한 범죄도 처벌한다고 규정하고 있다(동조 2항).

그러나 여기서 유의할 것은 범행동기와 목적을 고려할 때 해상항행의 안전에 대한 불법적 행위(해운에 대한 불법 방해행위, 해상 사보타지 또는 선박 사보타지)가 모두 해상테러행위는 아니라는 점이다. 이러한 불법적 행

러 도구로 사용되자 선박도 테러에 활용될 우려가 제기되었고, 대량살상무기가 확산되는 것을 사전에 차단하기 위하여 2006년 2월 14일에 개정하였다. 개정 SUA협약 제3조의2는 ① 선박을 이용하여 인명을 살상하거나 재산을 파괴하는 행위, 선박을 이용하여 인명살상 또는 재산파괴를 야기하는 방향으로 폭발물, 방사성 물질 또는 BCN(Biological, Chemical and Nuclear)무기를 사용하는 행위, ②선박으로부터 유독물질, 유류, 액화천연가스 등을 방류하는 행위 및 ③선박을 이용하여 국제법상 금지된 BCN무기, 원료물질, 특수 분열물질, 특수 분열물질의 가공 사용 생산을 위하여 설계 또는 준비된 장비 물자 이중용도물자 등을 운송하는 행위를 범죄로 규정하고 있다.

위 가운데에서도 정치적 목적을 가지는 경우에만 해상테러행위라고 할 수 있다. 해상항행 안전에 대한 불법적 행위는 정치적 망명수단을 위해서도 행하여질 수 있고, 순전히 개인적인 사유에 의해서도 행해질 수도 있다. 개인적 사유로서는 몸값이나 일확천금을 위해서 결행되는 경우와 정신이상자의 소행과 같이 심리적, 정신적 불안정 상태가 원인인 경우도 있으며, 보통 범죄인이 기소 또는 처벌을 피하기 위한 경우도 있다. 물론 해상항행에 안전에 대한 불법적 행위중 피해 범위와 규모, 충격과 효과면에서 가장 중대한 것은 정치테러형이라는 점에 의문이 있을 수 없다. 따라서 엄밀히 말해 해상테러행위는 해상항행의 안전에 대한 불법적 행위의 하위개념이며, 전자는 후자에 포함된다고 볼 수 있다.[23]

한편, 민간차원의 지역간 협력에 의한 해상테러리즘 정의도 존재한다. 아시아 태평양 안보협력이사회(CSCAP : Council for Security Cooperation in the Asia Pacific)는 해상테러리즘을 ① 해양환경의 범주내에서, ② 해상 또는 항만에서 선박 또는 플랫폼을 이용하거나 이에 대하여 또는 여객이나 사람에 대하여, ③ 관광시설, 항만 및 항만과 인접한 도시를 포함한 해상시설에 대하여 행하는 테러행위라고 정의하여 단순히 해상에서 발생한 폭력행위라는 관점의 협의의 개념으로 해상테러리즘을 정의하지 않고 광의의 개념으로 정의하고 있다.[24]

---

23) 안경훈, 해상테러리즘에 관한 연구 : 1988년 로마협약을 중심으로, 경희대학교 박사학위논문, 1998, p

24) 해양수산부 안전관리실,'대터 전문가 해외파견 참가보고'(해양방제담당관실-2284), 2004 참조.

나. 해적행위와 해상테러리즘의 비교

해적행위와 해상테러리즘은 모두 국제적 범죄로서 폭력을 수단으로 하여 자신의 목적을 달성하고자 하며 피해규모면에서 점차 동일시되고 있는 등 공통점을 갖고 있긴 하지만, 해양법협약(UNCLOS)이나 아시아에서의 해적행위 및 선박에 대한 무장강도행위 퇴치에 관한 지역협력협정(ReCCAP)은 ① 해적행위의 목적은 반드시 사적 목적이어야 하지만 해상테러리즘은 정치·종교적 목적 등으로 확대되고 있어 구분되고, ② 해적행위는 민간 선박의 승무원이나 승객이 공해상에서 다른 선박 또는 거기에 승선하고 있는 사람이나 재산에 대한 범죄행위여야 하기 때문에 적어도 2척의 선박이 관여하여야 한다. 이처럼 해적행위는 공격하는 선박과 공격받는 선박이 별도로 존재하여야 하지만, 해상테러리즘은 같은 선박내에서 발생할 수 있다는 측면에서 선박의 척 수의 제한은 불필요하고,

〈표3-1〉 해적행위와 해상테러리즘의 개념 비교

구 분	주 요 내 용	비 고
해적행위	○ 유엔해양법협약 제101조 : 공해상에서의 불법행위. – 민간선박 및 항공기의 선원, 여객 등에 대한 억류, 폭력	공해상, 관할권 밖
	○ 국제해사국 : 선박 및 선원에 대한 무장강도 행위. – 무력을 사용하여 절도 및 다른 범죄를 수행할 의도로 선박에 승선하여 저지르는 행위.	영해, 공해 불문
해상 테러리즘	○ 아시아태평양안보협력이사회(ReCCAP). – 해양환경 범주내에서의 정치적목적달성을 위한 폭력행위.	

출처. 백병선, "한국의 해상교통로에 대한 초국가적 위협의 분석 및 향후 대응방향에 관한 연구", 국가전략, 제16권 3호, 2010, p.96.

③ 해적행위는 공해상에서 또는 국가관할권이 미치지 않는 장소에 위치한 선박이나 항공기에 대한 불법적 폭력행위란 측면에서 발생 해역의 위치상의 제한을 받지 않는 해상테러리즘과 구분된다.[25]

그러나 '정치적 목적'의 유무에 의해 해적행위와 해상테러리즘을 구별하는 관행은 오늘날 점차 그 설득력을 잃어가고 있다. 해적행위를 볼 때 금품을 약탈하기 위한 단순한 동기에서부터 보다 조직적인 형태의 범죄로 계속 변화해 왔는데, 이러한 변화는 해적행위가 동남아시아에서 분리독립운동 등을 주도하고 있는 과격파 및 테러리스트에 의해 행해지고 있다는 연구에 의해서도 확인할 수 있다.[26] 해상테러리즘도 정치적 목적 이외에도 다양한 목적을 위해 행해지고 있다. 테러조직이 금전적인 이익을 위해서 정치색이 없는 해적행위를 행하는 경우도 있는 것이다. 예를 들면, 필리핀 남부를 거점으로 활동하고 있는 ASG(Abu Sayaf Group)와 인도네시아로부터 분리독립을 요구해온 아체 독립운동 단체(Free Ache Movement)는 몸값을 요구하기 위해 납치사건을 일으키기도 하였다.[27]

더욱이 오늘날 해적행위와 해상테러리즘의 연계 가능성도 양자의 구별을 어렵게 한다. 지금까지 많은 해양안보 전문가들은 신빙성있는 증거부족을 이유로 해적조직과 해상테러조직간 직접적인 연계성에 대해 부정적인 의견을 보였었다. 그러나 최근 소말리아 근해에서 발생되고 있는 해적행위는 동남아를 거점으로 하는 알카에다 조직이 후방에서

---

25) 최석윤 외, "해상테러행위에 대한 법적 책임과 대응방안", 한국해법학회지, 제29권 제2호, 2007, p.338.

26) J. Tsunekawa, "Piracy and Terrorism in Southeast Asia and Japan Cooperative Policy", Strategy 21, Vol.8, No.1, 2005, p.184.

27) 구연태, "동아시아의 해적과 해상테러리즘", 해양연구논총(Ⅰ), 제41집, 2010. 12, p.144 참조.

지원하고 있다고 지적되고 있다. 이러한 해적과 해상테러의 연계는 향후 해적행위에 대한 국제적 대응에도 상당한 영향을 미칠 것으로 예상된다. 오늘날 해적은 경제적 빈곤, 종교문제, 민족주의 등 다양한 이유에 의해 정치적인 목적으로 자행되고 있기에 해상테러와 흡사하고, 유엔해양법협약의 적용대상에 포함되지 않는 해상무장강도의 등장도 해적행위와 유사한 성질을 가지고 있다.

해적, 해상무장강도 및 해상테러행위는 각각 해양법협약과 SUA협약에서 달리 규정하고 있으나 현재의 IMB의 보고체계 하에서는 이들이 구분되지 않고 있는 실정이다. 실제 해적행위와 무장강도행위의 혼합된 형태의 해상불법행위로 인해 선박을 나포하여 화물을 훔치거나 심지어는 인명살상과 선박 및 해안시설 파괴행위까지 자행하고 있는 실정이다. 따라서 해적, 해상테러, 해상무장강도를 포괄하는 해상안전범죄에 대한 효율적인 협약을 제정하여 법집행력을 강화함으로써 세계무역과 국제해운산업의 경제적 손실을 예방하도록 해야 한다.[28]

3. 오늘날 해적행위의 주요 특징

가. 행위 주체의 조직화

오늘날 해적행위는 주체에 있어 과거 개인적 영웅심에서 발로되었던 고대 및 중세시대의 신화적 양상에서 점차 체계적인 조직 또는 단체에 의거 자행되는 양상으로 발전하고 있다. 이해관계를 달리하는 단체간

---

28) 이윤철, "소말리아 해적문제와 우리의 대응방안", 동북아역사재단 한국해양연구원 부경대학교법학연구소, 영토 해양관련 해양법정책토론회("동북아 해양법 현안 및 우리의 대응방안" 발표자료집), 2011. 2. 18, pp.27-28.

의 연대강화로 위협의 강도도 점차 높아지고 있으며, 지불된 몸값의 상당액이 반군 또는 테러조직의 자금으로 활용되었을 것으로 보고 있다. 이는 전통적인 경제적 이익 추구를 외에도 정치적 이유를 목적으로 하는 해적행위가 증가하고 있음을 보여준다.[29]

특히, 소말리아 해적들은 인근 국가인 케냐, 사우디아라비아 등으로 피난 중인 난민들로부터 아덴만으로 이동 중인 선박의 명칭을 사전에 입수하여 해적행위에 종사하는 등 나름대로의 네트워크를 활용하여 해적행위에 종사하는 것으로 알려져 있다.[30]

나. 사용 수단의 중무장화

과거 휴대용 칼, 도끼 등과 小화기 정도였던 해적 수단들이 점차 AK-47 등의 개인화기와 M-60과 같은 중화기와 프로펠러 추진 수류탄(RPG : Rocket Propelled Grenades) 및 106mm 무반동총 수준으로까지 발전되었다. 일부는 납치한 선박을 모선(Mother ship)으로 활용하여 소형고속선박(RIB : Rigid Inflatable Boat)을 탑재하여 원해에서 해적활동을 자행하는 것으로 알려져 있다. 최근 소말리아 해적들은 GPS와 위성전화 등 첨단장비까지 갖추고 이러한 모선에 의한 소형고속선박을 이용, 원해에서 해적활동을 자행하고 있어 대응을 어렵게 하고 있다.[31]

---

29) J. Kraska and B. Wilson, "Piracy and Law", U.S. Naval Institute Proceedings, 2008. 12, p.53 참조.
30) 김동욱, "소말리아 군함파병의 법적 쟁점", 해양전략, 제141호, 2009. 4, p.69.
31) 윤석준, "해적의 역사적 의미와 고찰", 해양전략, 제141호, 2009. 4, pp.24-25 참조.

다. 대상 선박의 대형화

해적의 공격 대상은 선박의 종류와 그다지 상관없다. 피랍대상은 주로 벌크선, 일반화물선, 케미컬 탱커, 유조선 등 속력이 느린 선박에 집중되고 있다. 특히 일반화물선과 케미컬 탱커의 경우 건현이 낮은 점을 고려할 때 선박의 건현과 속력이 해적의 납치목표 주요 고려대상임을 알 수 있다. 2008년 7월 20일 Stella Maris(파나마 선적, 벌크선, G/T 30,046톤) 피랍 이전까지는 주로 5,000톤 이하의 소형선박 또는 잡종선이 대상이었으나 9월 21일 Capt Stephanos(바하마 선적, 벌크선, G/T 39,035톤) 피랍 이후 대형선박도 피랍의 대상이 되고 있다.

최근 110만 불 가치의 원유 2백만 배럴을 적재한 Sirius Star(라이베리아 선적, 사우디 국영석유회사 Aramco 소유, 길이 332 M, 162,252 GT, 승무원 25명)와 같은 대형유조선이 케냐 동쪽 450마일 해상에서 피랍되었으며, 2008년 9월 25일 오후 러시아제 T-72 탱크 30대를 싣고 소말리아 동부 인도양을 지나던 우크라이나 화물선 파이나(MV Faina)호가 해적들에게 납치되기도 하였다.[32]

라. 발생 해역의 확대

해적행위는 선박 통항이 많고 경제적으로 소득 수준이 낮은 해역에서 집중적으로 발생하고 있다. 전통적으로 해적행위 발생 건수가 가장 빈번했던 곳은 말라카 해협과 그 인근 동남아 해역이었다. 말라카 해협은 유럽과 아시아를 잇는 주요 해상교통로로서 통항량이 많을 뿐만 아니라 수심이 낮고 폭이 좁아 해적공격 시도나 공격 후 도피에도 용이하

---

32) 김동욱, *op. cit.*, pp.71-72 참조.

였기 때문이다.

이후 해적행위의 주요 무대는 동남아시아 지역에서 아프리카/홍해 지역과 아라비아해로 옮겨졌다. 아프리카/홍해 지역에서 해적행위 발생 다발지역은 아덴만/홍해, 소말리아, 나이지리아 및 탄자니아 등인데, 운항 선박의 피해가 급증하고 있을 뿐만 아니라 단순한 도검류나 소총류로 무장했던 과거의 해적들과는 달리 중무장한 해적들이 활개를 치고 있다. 아라비아해에서는 소규모 선박의 공격이 증가하고 있다.

또한 최근 소말리아 해적들은 소말리아 東岸에서 1,000마일까지 (2007년에는 200마일 정도였음), 홍해 남부와 오만 東岸까지 활동해역을 확대해 가며 해적활동의 강도를 높여가고 있다. 이는 해적들이 다국적 연합해군이 초계하는 구역을 피하여 목표를 선정하고 있다는 것을 보여준다.[33]

마. 해적 전술의 변화

소말리아 인근 해역 및 아덴만에 근거지를 두고 있는 해적들은 CTF-151 등 지역기구 및 개별국가들에 의한 다국적 해군의 초계활동이 강화되고 선박 자체의 해적예방을 위한 장치 등이 보완됨에 따라 해적행위 전술을 변화시키고 있다. 즉, 어선이나 피랍된 선박 등을 모선으로 활용하고 소형 고속정을 이용하여 공격을 시도하고 있다. 본 선에 오르기 어려운 유조선, 콘테이너선의 침투 방법도 다양해지고 있으며, 모선과 소형 고속정을 활용하여 기동성을 보유하고, 외국 어선을 납치하여 모선으로 활용하거나 다국적 호송지원 함대의 호송작전 개시 직

---

33) 김석수. "소말리아 해적의 현대적 함의", 글로벌정치연구, 제3권 2호, p.127 참조.

전이나 종료 직후에 매복 공격하는 등 다국적 함대의 검문 회피를 위한 교묘한 방법 등이 이용되고 있다.[34]

Ⅲ. 해적행위의 국제법적 규제

1. 규제 근거

가. 공해자유원칙의 예외

해양법협약은 국가 관할수역에 관한 전통국제법을 대폭 수정하여 내수, 영해 및 공해와 같은 전통적인 해양체제 외에 다양한 수역(zones), 즉 군도수역, 배타적 경제수역, 심해저 등을 포함하는 새로운 해양체제를 확립함으로써 연안국의 해양관할수역은 확대되고 반대로 공해는 크게 축소되었다. 이처럼 국제해양법은 해양강대국과 연안약소국의 이해의 대립과 조정으로 연안국의 국가권력이 미치는 수역은 확대 및 분화되었고, 공해에 관한 법체계는 항행과 어업의 자유를 포함하는 공해자유원칙에 기초하여 발전해 왔다.[35]

전통적인 의미에서의 공해자유는 Roma법이래 해양법상 장기간 기본원리로서 인정되어 왔다.[36] 그러나 공해자유가 실질적으로 확립된 것

---

34) 최영석, "해적행위 대응과 해상운송로 확보", 계간해양수산, 제1호, 2011. 2, p.159.
35) 이민효, "공해의 군사적 이용과 공해자유원칙의 제한", 성균관법학, 제16권 제1호, 2004, pp.651-652.
36) Roma법 중 The Institute of Justinian과 Digesta에 의하면 해양이 공유물이라는 것은 통설로 되어 있었으며, 공해는 어떤 특정인의 소유물이 될 수 없고 공기와 같아서 분할 소유할 수도 없으며, 만인에게 그 사용이 개방되었다. 이영준, "해양의 평화적 이용에 관한 연구: 국제법상 해양오염방지를 위해 나타난 일반원칙에 관한 고찰", 평화연구, 제2권 제1호,

은 영국을 비롯한 강대국들의 실력을 배경으로 19세기에 들어서이다. 영국은 1878년 영수조례(territorial Waters Jurisdiction Act)를 발표하여 공해자유의 원칙을 채택하였다.[37] 20세기에 이르러 공해자유의 원칙은 제1차 세계대전 후 미국에 의하여 확인되었고(1918년 윌슨 대통령의 평화 14개 원칙 중 공해상 절대적인 항행의 자유), 제2차 세계대전 중 대서양헌장에서도 재확인되었다.[38]

공해자유는 귀속으로부터의 자유와 사용의 자유를 그 핵심내용을 하고 있다. 먼저 공해는 어느 국가에도 귀속하지 않는다. 즉 공해는 국가의 영역권으로부터 자유이며, 이에 복종하지 않는다. 따라서 어떤 국가도 공해의 일부를 자국의 주권하에 두는 것을 유효하게 주장할 수 없다(해양법협약 제89조). 이처럼 공해는 모든 국가에게 개방되며 따라서 어느 국가도 공해의 일부에 대한 계속적인 점유와 지배에 기초한 영역주권을 취득하다든지 속지적인 국가관할권을 행사하여서는 안된다는 국가에 의한 영역권원의 취득(national appropriation)의 금지를 중심내용으로 하고 있다.[39]

그러나 공해자유가 인정된다고 해서 무제한의 자유가 허용되는 것은

1983. 2. p.118. 이처럼 해상교통이 그리 활발하지 않았던 고대 로마시대에는 해양은 공기처럼 공유물로 보고 만인에게 자유로이 개방된 것으로 생각되었다. 그러나 이러한 해양관은 해양 영유사상에 대항하기 위해 등장한 오늘날의 공해자유와는 다른 것이었다. 즉, 그것은 해양의 자연적 자유를 의미하는 것이었다. 강영훈, "공해상의 선박에 대한 관할", 해양연구논총, 제9집, 1992, p.251.

37) 스페인 · 포르투갈을 제압한 영국은 해양자유사상이 영국해에서의 자국 어업독점이익에 상충되므로 해양폐쇄론에 입각하여 네덜란드와의 해양논쟁(예컨대, 1635년 셀던의 폐쇄해론)을 전개하였다. 그 후 영해의 범위에 관한 Bynkershoek의 착탄거리설이 점차 제국에 의해 채택되어 영해와 공해의 분화현상이 명백히 나타나고, 네덜란드가 해양경쟁에서 패퇴하자 18세기 이후 영국은 다시 해양자유의 기수로 복귀하였다. 김현수 · 이민효, 국제법, 연경문화사, 2010, pp.193-194.

38) *Ibid.*, p.194.

39) 박배근(역), 국제법, 국제해양법학회, 1999, p.434.

아니다. 개인의 권리가 그 남용이 금지되고 공익에 의해 제한되듯이, 국가의 권리도 타국(국제사회) 이익의 존중 및 '평화적 이용'[40]이라는 합리적 범위내에서 허용될 수밖에 없다. 그렇지만 이러한 제한은 국제관습법의 형태로 발전되어 왔기 때문에 그 내용에 있어 불명확한 점이 많고, 해양법협약은 물론 항행, 해운, 어업 및 해양환경과 같은 문제들에 관한 지역적 또는 보편적 다자조약들도 예상되는 공해이용의 모든 형

---

40) 제3차 유엔해양법회의에서 '평화적 이용' 조항이 의미하는 구체적 내용과 관련하여 논란이 있었다. 해양강대국들은 '평화적 이용'이 국제연합 헌장 제2조 4항의 특별조항을 의미하는 것으로 해양법과 관련해서 어느 국가의 영토보전이나 정치적 독립에 대한 위협이나 무력사용만을 금지한다고 보았다. 미국은 해양에서의 활동이 평화적 목적을 위하여 수행되어야 한다는 것은 지지하나 '평화적 목적'이란 말은 일반적으로 군사활동을 배제하는 것이 아니며, 평화적 목적을 위한 군사활동은 국제연합 헌장 및 기타 국제법의 원칙에 완전히 일치하는 것이다. 그리고 군사활동에 관한 특정한 제한문제에 대해서는 무기규제의 합의를 위한 협상을 요구할 것이며, 그와 같이 복잡한 과제에 회의의 관심을 돌리려고 하는 시도는 해양법협약을 합의하기 위한 현재의 노력을 종식시킬 것이라고 주장하였다. Third United Nations Conference on the Law of the Sea, Official Records, vol. V, p.62 참조. 한편, 구소련은 해양에서의 평화를 강화하고 평화 및 안전수역을 창설하며 해군기지 등을 배제하는 문제의 해결은 국제연합 기구 내에서 또는 군축, 국제안전 및 세계평화의 문제를 다루는 기타 국제회의에서만이 가능할 것이라고 하였다(Ibid., p.59). 반면에 개발도상국들은 '평화적 이용'이란 해양의 이용을 평화적 목적에만 제한시킬 의무를 수반하는 규범적인 의미를 포함하며 따라서 군사활동 자체가 금지된다고 보았다. Ibid., pp.54-68; M. A. Morris, Expansion of Third-World Navies, St. Martin's Press, 1987, p.117; 한국국방연구원, 유엔해양법협약 발효에 따른 국방정책방향 연구, 1997, p.40 참조. 이러한 개발도상국의 입장은 다음을 그 논거로 하고 있다. '평화적 이용'이란 협약상의 조항이 관습국제법과 국제연합 헌장하에서 합법적인 함대의 활동에 영향을 미친다고 해석하는 것은 비현실적이며, 도리어 군함은 완전한 면제권과 법집행상의 독점권에 있어 특권적 지위를 누리고 있기 때문에 불법적 봉쇄, 항로상 기뢰부설, 무력위협이나 무력사용 및 교전행위 등과 같이 공격적인 행위의 범주에 들어가는 군사활동은 그 자체가 금지된다. F. Francioni, "Peacetime Use of Force, Military Activities and the New Law of the Sea", 18 Cornell International Law Journal, 1985, pp.222-223. 공해의 '평화적 이용'이 의미하는 것은 공해의 군사적 이용을 제한하는 것이기는 하지만, 모든 군사활동을 금지하는 것이 아니라 국제연합 헌장에 규정된 국제법의 제원칙과 양립하거나 국제연합 헌장 제51조의 '개별적 및 집단적 자위권'과 양립하는 군사활동까지 금지하는 것은 아니라고 보아야 할 것이다. J. Prawitz, "Naval Arms Control History and Observations", R. Fieldhouse(ed.), Security at Sea Naval Forces and Arms Control, SIPRI/Oxford University Press, 1990, p.52.

태와 한계를 다루고 있지 못하며, 그나마도 추상적으로 규정하고 있어 불분명한 경우가 많다. 공해의 군사적 이용 문제는 더욱 그러하다.[41]

나. 기국주의원칙의 예외

공해상의 선박은 그 기국의 배타적 관할권에 복종한다는 것은 국제법상의 확립된 원칙이다.[42] 이를 기국주의(Flag State Jurisdiction, 선적국주의라고도 함) 원칙이라 한다. 공해에 있는 선박에 대한 관할권은 그 선박의 국적국만이 행사할 수 있다는 것이다. 이는 공해자유원칙의 당연한 논리적 귀결로 어떤 국가도 공해상에서 타국 선박을 나포하거나 억류하는 등의 국가권력을 행사할 수 없는 것이 일반원칙이다.[43]

모든 국가는 선박에 대한 자국의 국적 허용, 자국영해내에 있어서의 선박의 등록 및 자국의 국기를 게양할 권리에 관한 조건을 정하여야 한다. 선박은 그 국기를 게양할 권리를 가진 국가의 국적을 가지며, 국가와 선박간에는 '진정한 관련'(genuine link)이 존재하여야 한다(해양법협약 제91조 1항). 이와 같이 해양법은 공해에 있어서의 선박에 대한 관할권

---

41) 이민효, "공해의 군사적 이용과 공해자유원칙의 제한", *op. cit.*, p.652.
42) R. Jennings and A. Watts(ed.), *Oppenheim's International law*, 9th ed., vol. I, Longmans, 1992, pp.734, 736. 일국 선박상에서 발생한 범죄에 대하여 타국이 자국의 기준을 원용하여 입법관할권의 역외적용을 시도하는 일은 있지만, 강제조치를 수반하는 집행관할권과 사법관할권의 행사 자체는 원칙적으로 그 기국에 유보된다. 박배근(역), *op. cit.*, p.440.
43) 小田 滋, *海洋法の源流を探る : 海洋の國際法構造*, 有信堂, 1989, p.37. 小田滋 교수는 공해의 지배를 금지하고 타국권력의 불간섭의무를 규정하고 있는 공해자유원칙은 공해에서 무엇이 행해지고 있는지에 무관심했으며, 공해상에서 행해지는 일반행위에 대해 어떤 법적인 평가를 부여하지도 않는다고 비판하고 있다. *Ibid.*, pp.37-38 참조. 기국주의원칙은 1927년 프랑스와 터키간의 로터스호사건(The Lotus Case, 1927년) 이후 1952년 형사재판관할협약(제1조), 1958년 공해협약(제6조) 및 1982년 해양법협약(제92조)을 거쳐 확립되었다.

의 전제로서 선박의 국적을 명시하고 있을 뿐만 아니라 국적 부여를 위한 핵심적인 조건의 하나로 '진정한 관련'을 규정하고 있다. 이것은 공해조업선에 대한 국적부여권을 위시하여 어업허가권, 법령위반에 대한 단속권과 같은 입법·행정관할권은 물론 재판관할권까지 기국이 행사하는 이른바 기국주의원칙을 선언하고 있는 것으로 해석된다.[44]

기국주의원칙은 이러한 선박에 대해 모든 국가는 행정적, 기술적 및 사회적 사항에 관하여 자국의 국기를 게양하는 선박에 대하여 자국의 관할권과 통제권을 효과적으로 행사할 수 있으며(동 제94조 1항), 공해상에서 충돌 또는 기타 항해사고가 발생한 경우 그 선박의 선장 또는 기타의 자에 대한 형사 또는 징계소송절차는 당해 선박의 기국 또는 그들의 국적국의 사법 및 행정 당국만이 제기할 수 있고(동 제97조 1항),[45] 선박의 나포 또는 억류는 비록 수사상의 수단으로서 행하여지는 경우라도 선박의 기국 이외의 어느 누구도 이를 명령할 수 없다(동 제97조 3항)는 사실에서도 알 수 있다.

그러나 기국주의원칙에는 일정한 예외가 인정되고 있다. 모든 국가는 타 국가의 이익과 심해저 활동에 관하여 유엔해양법협약에 규정한 권리에 대하여 정당한 고려를 하면서 공해자유를 행사하여야 한다(동 제87조 2항). 그리고 공해는 평화적 목적을 위하여 유보되어야 하기 때문에(동 제88조) 공해에서의 군사활동과 핵실험 등 일정한 사항에 대하여 제한을 받는다.[46] 또한 각국은 공해의 법질서 확립 및 위반선박 처벌

---

44) 최종화, "공해 조업선박에 대한 관할권 문제와 기국의 책임", 국제법학회논총, 제39권 1호, 1994. p.186.
45) 징계문제에 대하여는 선장의 증명서, 자격증 또는 면허증을 발급한 국가만이 정당한 법적절차를 거친 후에 이러한 제증명서의 철회를 선언할 권리를 가진다. 이 경우에 있어서 그 증명서의 소지자는 반드시 증명서를 발급한 국가의 국민임을 요구하지 아니한다(제97조 2항).
46) 이에 대한 자세한 설명은 이민효, "공해의 군사적 이용과 공해자유원칙의 제한", *op. cit.*, pp.668-672 참조.

을 위해 해양법과 기타 국제조약[47]이 인정하는 범위 내에서 외국선박에 대하여 관할권을 행사할 수 있다.

2. 규제 내용

해적은 옛날부터 '인류 공동의 적'(hostes humani generis)으로 취급되어 왔으며, 어떤 국가도 해적에 대해 국가권력을 행사할 수 있음(보편적 관할권[48])은 오래 전부터 확립된 국제법 원칙이다.[49]

해적범죄에 대한 보편적 관할권을 인정하게 된 초기 사건 중의 대표적인 것은 1705년 스코틀랜드 해사고등법원(High Court of Admiralty)에서 심리 되었던 'Thomas Green 사건'이다. 이 사건은 스코틀랜드나 스코틀랜드법과 형사적으로 아무런 관계가 없어 스코틀랜드법원의 관할권이 문제가 되었다. 그러나 피고가 스코틀랜드인도 아니고, 그의 선박도 스코트랜드 선적도 아니었으며, 또 어떠한 행위도 스코틀랜드에서 행해지지 않았을 뿐만 아니라 피해자도 스코틀랜드 국적이 아니었음에도 불구하고 이 사건은 동 법원에서 심리하게 되었다. 이는 보편적

---

47) 국제조약이 정하는 경우란 공해어업과 해양생물자원 보존 및 관리에 관하여 어업협정에서 규정하는 국제적으로 합의된 犯則漁船의 공동단속권 행사를 의미하는 것으로 해석된다. 이에 대한 자세한 설명은 최종화, op. cit., pp.181-194 참조.

48) 보편적 관할권의 본질은 범죄와 속지적, 속인적 관련성이 없이 범죄의 성질이 '모든 인류의 적'으로 인정될 만큼 중대한 국제적 의무 위반이기 때문에 모든 국가의 역외 사건과 사람에 대해 관할권을 갖는다는 역외적 관할에 관한 원칙이다. 이를 다르게 표현하면 외국인이 외국에서 외국인을 상대로 저지른 범죄에 대하여 기소하고 처벌할 수 있는 한 국가의 관할권을 말한다. 따라서 보편적 관할권은 자국민이 아닌 '외국인'에 대한 형사관할권에 관한 것이며, 전적으로 '외국에서' 이루어진 행위와 관련이 있으며, 법정지국(forum State)의 사람 또는 재산에 실제적인 피해가 없는 경우에 적용되는 관할권을 말한다. 박병도, "국제범죄에 대한 보편관할권", 국제법학회논총, 제49권 제2호(통권 제99호), 2004, p.179.

49) A. Cassese, International Law, Oxford, 2002, p.261.

관할권의 특징과 내용을 단적으로 표현하는 것이었다.[50]

모든 국가는 공해 또는 어느 국가의 관할권에도 속하지 않는 기타 수역에서 해적선·해적항공기 또는 해적행위에 의해 탈취되거나 해적의 지배하에 있는 선박 또는 항공기를 나포하고 선박 또는 항공기내에 있는 사람을 체포하고 재산을 압류할 수 있다. 나포를 행한 국가의 법원은 부과할 형벌을 결정하며, 또한 그 선박, 항공기 또는 재산에 대하여 취할 조치를 결정할 수 있다. 단, 선의의 제3자의 권리는 보호되어야 한다(해양법협약 제105조).

해적행위에 대한 개별국가의 보편적 관할권 행사와는 별개로 각국은 해적행위의 진압을 위해 협력하여야 한다. "모든 국가는 가능한 최대한도로 공해 또는 어느 국가의 관할권에도 속하지 않는 기타 장소에서 해적행위를 진압하는데 상호 협력하여야 한다"(동 제100조). 이는 해적범죄에 대해 모든 국가에게 보편적 관할권이 인정된다는 것에서 한걸음 나아가 보다 적극적으로 각국에 해적범죄의 진압에 대한 협력의무를 부과함으로써 인류공동의 적인 해적범죄의 단속에 실효를 거두기 위하여 국제사회의 의지를 강조한 것이라 하겠다.[51]

그러나 해적선 또는 해적항공기를 나포할 수 있는 권한을 갖는 선박과 항공기는 제한된다. 해적행위를 이유로 한 나포는 군함, 군용항공기 또는 기타 정부역무에 종사하는 것이 명백히 표시되고 식별되며, 이에 대한 권한이 부여된 선박이나 항공기에 의하여서만 행사할 수 있다(동 제107조).

한편, 해적행위는 공해 또는 어느 국가의 관할권이 미치지 않는 수역에서 발생하는 불법행위이기 때문에 해적행위가 영해내에서 행하여지는

---

50) 노영돈, *op. cit.*, pp.999-1000 주 22).
51) *Ibid.*, p.1000.

경우는 그 연안국의 국내법상의 범죄가 될 뿐이며, 선박내부에서 불법행위가 일어나는 경우도 해적행위가 성립되지 않고 선박소유국의 국내법에 의해 처벌된다.

3. 규제 수단 : 임검권

공해자유원칙과 기국주의원칙에 따라 군함과 정부선박이 간섭할 수 있는 것은 자국선박에 한정된다. 그러나 공해상에서 국적이 판명되지 않은 선박에 대해서는 예로부터 '접근권'(right of approach)을 행사하는 것이 인정되어 왔다.[52] 하지만 피접근 선박이 자신의 국적 공개를 거부하거나 도주하는 경우 접근선은 국적확인을 위해 피접근 선박을 정선시켜 승선한 후 서류확인 등과 같은 조치를 취할 수 있는지에 대해 논란이 있었다. 영국이 접근선박의 이러한 그러한 권리를 적극적으로 인정한 반면 프랑스와 미국은 이를 소극적으로 해석하여 부인하였다. 이러한 논쟁은 1958년 공해협약 제22조(임검권)의 규정에 의해 일단락되었다.[53] 그 후 동 규정은 해양법협약 제110조(임검권)로 승계되었다.[54]

---

52) 이창위(역), 일본의 해양법정책, 두남, 2005, p.133. 19세기 초 유명한 마리안나 플로라호 (The Marianna Flora) 사건에서 미국연방최고재판소 Story 판사는 '선박의 진정한 성격을 확인하기 위한 접근권은 정당하고도 현명한 권한 행사이지만, 군함은 자기의 위험부담하에 그것을 행사하여야 한다'고 하였다. 이는 국제법상 접근권을 인정하면서도 공해상에서 접근을 받는 선박측이 정선하고 그 접근을 기다릴 의무를 지는 것은 아니라는 취지이다. *Ibid*.

53) 山本草二, "海上犯罪の규제に關する條約方式の原型", 山本草二　杉原高嶺(編), 海洋法の歷史と展望, 有斐閣, 1986, p.256. 국제관습법상 임검권은 그 선박이 해적행위에 종사하고 있든가 군함과 동일한 국적을 가지고 있음에도 불구하고 외국의 국기를 게양하거나 또는 국기의 제시를 거부한 경우 그리고 접속수역 또는 추적권의 법리에 의한 경우에 한정되었었으나, 그 뒤 일반조약에 의해 노예매매, 무허가 방송 및 무국적 선박 등으로 확대되었다. 박배근(역), *op. cit.*, p.442.

54) 1958년 공해협약 제22조 1항에 의하면, 공해상의 외국 선박에 대한 임검이 허용되는 경우로서 적대행위, 노예거래 또는 자국 국적이라는 것을 의심할 만한 충분한 근거라는 3가

동 조의 내용은 다음과 같다.

제110조 (임검권)

① 간섭행위가 조약에 의하여 부여된 권한에 의거하는 경우를 제외하고
는 제95조 및 제96조에 따라 완전한 면책특권을 가진 선박을 제외한 외
국선박을 공해상에서 조우한 군함은 다음 사항에 해당하는 어떤 혐의에
대한 합리적 근거가 없는 한 그 선박을 임검하는 것은 정당화되지 아니
한다.

가. 그 선박이 해적행위에 종사하고 있을 것

나. 그 선박이 노예거래에 종사하고 있을 것

다. 그 선박이 무허가방송에 종사하고 있고 그 군함의 기국은 제109조에
따라 관할권을 가지고 있을 것

라. 그 선박이 국적이 없을 것, 또는

마. 그 선박이 외국의 국기를 게양하고 있거나 또는 그 선박의 국기를 제
시함을 거절하였으나 실질적으로는 그 선박이 군함과 동일한 국적을
가지고 있을 것

② 제①항에 규정된 경우에 있어서 군함은 해당 선박이 그 국기를 게양할
권리를 가지는가를 확인할 수 있다. 이러한 목적을 위해서 군함은 혐의

지 유형을 정하고 있었다. 동 조를 승계한 1982년 유엔해양법협약 제110조 1항은 그 외에
도 무허가방송 및 무국적선박을 추가하고 있다. 특히, 동 제110조 제1항 (d)에 의하면, "당
해 외국 선박이 국적을 갖지 않을 것"을 이심할 충분한 근거가 있는 경우에는 임검의 권리
를 행사할 수 있다. 이는 공해상의 용의 선박이 2개 이상의 국기를 적당히 사용하여 항행
하는 경우(동 협약 제92조 2항)를 포함하여, 선명이나 선적항 및 국적을 속이고 또한 국적
을 숨기고 밝히지 않는 선박에 대하여, 이른바 기국의 보호를 포기한 '무국적선박'으로 간주
하여 공해상의 임검권의 대상으로 취급할 것을 허용하는 규정이다. University of Virginia
School of Law, UN LOS Convention Commentary Vol. Ⅲ, 1995, p.245: 이창위(역),
op. cit., p.134에서 재인용.

가 있는 선박에 대하여 장교에 지시하에 「보트」를 파견할 수 있다. 서류를 검색한 후에도 여전히 혐의가 있는 경우에 군함은 그 선박내에서 재차 조사를 행할 수 있는데 그 검사는 가능한 한 신중히 행하여야 한다.

③ 혐의가 근거없는 것으로 판명되고 또한 임검을 받고 있는 선박이 혐의를 정당화하는 어떠한 행위도 범하지 않았을 경우에는 그 선박은 지속 가능성이 있는 손실 또는 손해에 대하여 보상을 받는다.

④ 제①항내지 제③항의 규정은 군용항공기에 준용된다.

⑤ 제①항내지 ③항의 정부역무에 종사하는 것이 명백히 표시되고 식별되는 정당한 권한이 부여된 기타 모든 선박 또는 항공기에도 적용된다.

이처럼 공해상의 선박은 旗國의 배타적 관할하에 있지만, 공해상의 법질서를 위하여 예외적으로 군함과 공선 또는 군용항공기와 공항공기는 범법선박을 임검·수색할 수 있다. 이 경우 공선 또는 공항공기는 정당한 권한이 부여되고 공식표식이 뚜렷하여야 한다. 외국선박에 대한 간섭에 관하여 별도로 조약이 체결되어 있는 경우에는 체약국은 그 조약규정에 따라 간섭할 수 없을 수도 있지만, 기타의 경우에는 국제관습법에 의해 인정되는 경우에만 임검·수색할 수 있다. 이를 규정하고 있는 해양법협약 제110조는 국제관습법화된 것을 성문화한 것으로 보아도 무방하다.[55]

임검 방법은 우선 신호기(야간에는 백등)와 기적에 의하고, 이것으로 충분하지 못하거나 또는 신호에 불응할 때는 공포를 발사하고, 그래도

---

55) 김현수·이민효, *op. cit.*, p.201 참조. 해양법상 평시 공해상의 선박에 대한 기국의 배타적 관할권 행사에 대한 예외적 조치인 임검권(right of visit)의 대상으로는 해적행위외에도 노예거래행위, 무허가방송, 무국적선 또는 외국국기를 게양하거나 또는 국기제시를 거절하는 선박이 있다.

완강히 불응할 때에는 실탄을 발사하며, 실탄 발사에도 응하지 않을 때에는 포격을 가하되 마스트로부터 점차 선체에 이르는 단계적인 표적을 서서히 선택해야 한다.[56]

임검 결과 혐의가 있을 경우에는 적재된 화물이나 선박을 실제로 수색할 수 있다. 수색은 임검장교가 선장 또는 그 대리자 입회하에 행하며, 폐쇄된 곳은 선장으로 하여금 개방하도록 하되 불응시 또는 혐의가 확인될 경우 선박을 나포할 수 있다.[57]

IV. 해적행위의 예방과 처벌을 위한 국제사회의 대응조치

1. 국제사회의 대응조치

가. 국제해사기구

국제해사기구(IMO)가 해적문제에 적극적으로 대응하기 시작한 것은 1980년대 들어서이다. 1980년대 초반 해상에서 발생하는 상선에 대한 해적행위 및 해상무장강도의 습격이 문제가 되자 IMO는 이러한 피해를 방지하고자 해당 연안국과 관련한 권고문을 결의·채택하였다. 그렇지만 이러한 소극적 대응은 그다지 효과적이지 못했다.[58]

---

56) 김정균·성재호, 국제법, 박영사, 2006, p.481.
57) *Ibid.*
58) 최석윤 외, "해적행위에 대한 법적 책임과 대응방안", 한국항해항만학회, 해양기술의 국제협력연구를 위한 한국-일본 공동 심포지움 2005 발표집(2005. 2. 25 27, 목포해양대학교), p.289 참조.

하지만 1990년대 말 이후 동남아 해역을 중심으로 해적 피해가 급증하고 해적행위가 점점 대형화되고 수법도 잔혹화되면서 국제적인 범죄조직과의 연루 가능성이 우려되자 IMO는 정부적·국제적인 대응체계 및 협력방안을 구축하고자 노력하였다. 2000년 동경회의(해적 및 해상무장강도 퇴치에 관한 모든 해사 관련 정부 및 민간단체 국제회의, 3.28~3.30) 및 2001년 싱가폴회의(해적방지를 위한 전문가회의, 3.15~3.16)에 이어 IMO는 2002년 12월 12일 해상보안(maritime security)을 강화하기 위하여 기존의 해상인명안전협약(SOLAS : International Convention for the Safety of Life at Sea)[59]의 제5장 및 제11장을 개정하고 국제해상보안규칙(ISPS Code : International Ship and Port Facility Security Code)[60]을 채택하였다(2004년 7월 1일 발효).

SOLAS 협약의 개정을 통해 선박의 항행안전과 테러방지를 위해 선박자동식별시스템(AIS : Automatic Identification System)을 탑재하도록 의무화하였다. AIS는 선박정보, 운항정보 및 보안정보를 통신으로 선박과 선박 또는 선박과 육상간 송수신하는 장치이며, 연안해역 광역통

---

59) 선박의 안전에 관한 가장 일반적인 협약인 SOLAS는 1912년 4월 1513명의 생명을 앗아간 타이타닉호의 침몰을 계기로 1914년 영국 런던에서 개최된 '해상에서의 인명안전에 관한 국제회의'에서 채택되었다. 첫 항해를 한지 불과 4일만에 빚생한 타이타닉호 침몰사건은 조사과정에서 선내 방송설비가 없어 승객들에게 상황전달이 지연되었고, 사고지점 인근에 있던 선박에서는 휴식중인 통신사가 조난신호를 접수하지 못하는 등 해상안전 확보에 관한 여러 문제점이 노출되었다. 이런 점들을 감안해 SOLAS에서는 모든 선박에 선내 방송설비 완비, 일정 수량의 방수복 비치, 구명정에 전체 혹은 부분적으로 밀폐된 공간 마련, 해상의 모든 선박은 24시간 조난감시 상태 유지, 미끄럼식 비상탈출 장치 구비, 탈출 및 화재 훈련 등에 대한 규정 등을 의무화하였다.

60) SOLAS협약 제11장을 개정하여 제11-2장을 신설하면서 채택되어 협약의 일부로 발효된 ISPS 코드는 2001년 미국의 9.11테러 사건 이후 수출입 무역 분야에서 일어날 수 있는 테러에 대비한 글로벌 해상안전체계로써 선박과 항만시설을 보호하기 위해 마련된 국제안전기준으로 ISPS 코드가 적용되는 선박은 국제여객선, 총톤수 500t 이상 화물선 및 이동식 해상구조물 등에 그리고 항만시설은 국제항해 선박들이 이용하는 항만(우리나라는 28개 무역항이 이에 해당됨)에 대해 강제 적용된다..

제, 수색, 구조지원, 레이더와 별개의 해상교통관제(VTS : Vessel Traffic System) 수단을 제공하며 레이더보다 한 단계 발전된 개념의 관제시스템이다. 여객선과 300톤 이상의 국제항행선박은 2004년 7월 1일까지, 500톤 이상의 선박은 2008년 7월 1일까지 탑재토록 하였다.

그리고 ISPS Code는 국제취항의 모든 여객선과 500톤 이상의 화물선 및 동 선박들이 이용하는 항만시설 등에 대한 보안위협 평가, 보안사고 예방 및 국제적 협조체제 구축을 위해 정부, 해사 당국 및 선박회사 등이 취해야 할 의무사항을 규정하고 있다. 동 코드는 해적이나 해상테러를 방지하는데 필요한 기본적인 내용을 담고 있다. 우선적으로 국제항행에 종사하는 선박에 보안계획서를 설치하도록 요구하여 유사사태에 대처할 수 있도록 하고, 해적들이 습격하거나 습격이 일어날 징후가 있는 경우 인근선박이나 지역 국가에 경계경보를 통보할 수 있는 시스템을 설치하도록 의무화하는 등 다양한 해적 방지대책을 요구하고 있다.[61]

국제항행에 이용되는 선박과 그 선박이 이용하는 항만시설의 보안에 관한 사항이 구체적으로 정해지면서 국제항해와 관련된 해적 및 보안상의 위협을 효과적으로 방지할 수 있게 되었다. 해상보안 관련 국제적 협조체제를 구축하고 보안환경 변화에 대응하기 위한 계획과 절차를 수립함으로써 각종 위협에 대한 예방 및 적절한 보안조치의 신뢰성이 보장되었다. 그러나 ISPS Code의 목적은 선박, 항만의 보안강화를 통해 해상테러의 발생을 방지하는 것이며, 이 규칙의 선박보안 평가 및 보안체계 수립 등의 의무화는 실제 해적피해 예방에 큰 효과가 없다. 오히려 선사와 선원들에게 선박안전평가 실시 등의 불필요한 부담만

---

61) 최재선, 원양어선 납치사건을 계기로 본 해적 문제, 해양수산동향, Vol.1216, 2006. 4. 21, p.5.

가중시킨다는 혹평에 따라 향후 적절한 개정이 필요하다.[62]

또한 IMO는 2005년 소말리아 연안에서의 선박에 대한 해적행위 및 해상무장강도에 관한 총회 결의(A.979(24))를 채택한 후 소말리아 해역에서의 해적행위의 예방에 상당한 주의를 기울여 왔다. 그러한 노력의 하나가 영국 해사무역기구(UKMTO : Royale Maritime Trade Organization) 등과 2008년 제작한 해적피해방지 대응요령(BMP : Best Management Practice, 현재 2010. 6월 현재 제3판 발간)이다.[63] 아덴만과 소말리아 연안에서의 해적공격을 지연시키거나 회피 및 방지하기 위한 해동지침으로 24시간 견시요원 배치 및 그물망 · 철조망 · 전기울타리 설치를 권고하고 있는 동 대응요령은 위험평가, 선사의 통항계획 수립, 통항 전 항행계획 및 선박 자율방어조치, 해적공격 임박시 · 본선진입 시 및 함정작전 개입시에 선사들이 취해야 할 사항들을 체계적으로 확인하고 있다. 또한 해적정보 상시 확인, BMP 이행계획 수립 · 시행(교육 · 훈련 포함), 취약선박의 함정호송에의 적극 참가, 선박의 자체 보호 · 대응 수단 강화, 연합함대 등과 연락망 유지, 선원대피처(citadel) 운영 등에 대해 이행 및 관리를 요구하고 있다. 선사에 권고사항인 BMP는 해운업계가 해적피해의 방지를 위해 다양한 자구책을 강구하도록 유도한다. 한편, BMP 시행에 대해 각국 정부가 해적대응 의무를 선사 및 업계에 전가한다는 지적도 있다.[64]

다음으로 IMO는 2009년 1월 서인도양, 아덴만 및 홍해지역 7개국

62) 최영석, op. cit., p.165.
63) 국토해양부는 BMP를 토대로 국내 현실에 맞게 보강해 2009년 5월부터 선사들에 '해적대응요령 A부터 Z까지'를 지침서로 배부하였다. 2011년 4월 21일 소말리라 해적에게 피랍되었으나 해적들이 자진 포기함에 따라 몇 시간만에 구출된 한진텐진호의 경우 해적들이 사격을 통해 위협하자 엔진을 멈추고 citadel에 피하는 등 이 지침서를 충실히 준수함으로써 피해를 예방할 수 있었다.
64) Ibid., pp.166–167.

이 참가하는 회의를 지부티(Djibouti)에서 개최하여 '서인도양 및 아덴만 지역의 선박에 대한 해적 및 해상무장강도의 억제에 관한 행동규칙'(Code of Conduct concerning the Repression of Piracy and Armed Robbery against Ships in the western Indian Ocean and the Gulf of Aden, 2009년 1월 29일 발효. 이하 행동규칙이라 함)을 채택하였다.

행동규칙은 동 지역의 해적문제의 심각성 분석을 기본으로 모든 당사국은 해적 및 해상무장강도의 방지 및 진압을 위해 최선의 노력을 다하여 협력하고, 이를 위해 행동규칙에 따른 정보공유센터 및 전담연락창구를 통해 관련정보의 보고 및 공유, 선박에 대한 해적행위에 종사하고 있음이 의심되는 해적선의 방해, 해적행위의 실행 및 그 시도자에 대한 체포 및 기소 그리고 선원이나 여객의 적절한 배려, 치료 및 본국송환 등을 이행하기 위해 최대한 협력하여야 한다는 것을 주요내용으로 하고 있다.[65]

최근 국제해사기구는 2011년 세계해사의 날 주제를 'Piracy : orchestrating the response'(해적문제에 대한 조화된 대응)로 설정하고 ① 해적에 의해 납치된 인질의 석방을 위한 압박 증대, ② 주관청 및 선원을 위한 IMO 지침을 개선하고, 선박이 취해야 하는 방어조치 준수, ③ 해군 지원확대 요청, ④ 해적방지를 위한 기국, 지역체, 기구 및 산업계간 공조체제 강화, ⑤ 해적출몰지역의 기국이 해적을 자체적으로 처벌하고 줄일수 있는 역량 배양 및 ⑥ 해적에 납치되었다 석방되어 어려움을 겪고 있는 사람들에 대한 배려 등 6개 항의 행동계획을 밝혔다.

---

65) 이윤철, "소말리아 해적문제와 우리의 대응방안", 동북아역사재단 · 한국해양연구원 · 부경대학교법학연구소, 영토 · 해양관련 해양법 정책토론회("동북아 해양법 현안 및 우리의 대응방안"발표자료집), 2011. 2. 18, p.15.

나. 국제연합

2000년대 중·후반 이후 소말리아 인근 해역에서의 해적행위의 급증으로 해양안보 및 국제해상운송이 크게 위협받자 국제연합은 다각적인 대응책을 강구하기 시작하였다.

국제연합은 2006년 3월 15일 안전보장이사회 의장성명(S/PRST/2006/11)을 통해 소말리아 인근 해역에 군함(군용기 포함)을 파견한 회원국들에게 ① 국제법에 따라, ② 당해 해역에서 발생하는 모든 해적행위 철저 감시 및 ③ 인도적 원조 목적의 운송을 포함한 통항 선박의 보호를 촉구하면서 소말리아 해적문제에 관심을 갖기 시작했다.

국제연합이 소말리아 해적문제에 적극 나서고 있는 것은 소말리아 해적문제를 그대로 방치할 경우 유엔의 식량원조 프로그램 운영에 차질이 빚어질 수 있고, 피랍선박이 늘어남에 따라 국제적인 압력이 커졌으며, 국제교역에 미치는 악영향을 최소화할 필요가 있었기 때문이다.[66] 이러한 일반적인 이유외에도 국제연합이 소말리아 해적문제에 적극적으로 대응하기 시작한 것은 불법적인 해적행위에 대한 사법권을 과연 어느 국가가 행사해야 되는지가 불분명하고, 관련 국가들은 해적 나포 후 자국 영토내로 송환하여 사법권을 행사하는 것을 꺼리는 등 해적에 대한 사법권 행사의 복잡성도 이유의 하나이다.[67]

2008년 10월 7일 국제연합 안전보장이사회는 결의 1838호를 채택하여 이 지역을 통하여 해상운송을 실시하는 국가들에 대하여 해적활동을 저지, 퇴치할 군사지원을 요청하기에 이르렀다. 이러한 과정을 거치며 현재 소말리아 해적에 대한 대응 문제는 국제사회의 초미의 관심

---

66) 최재선, "소말리아의 해적, 소말리아의 비극", 독도연구저널, 2008 겨울, p.79 참조.
67) 이서항, "해적문제의 국제정치 : 소말리아 해적의 국제적 동향과 대응 방향", 주요국제문제분석, 통권 제13호, 2009, p.279 참조.

사로 대두하였다.[68]

국제연합은 소말리아 해적 퇴치를 위해 2008년 이후부터 최근까지 20개의 결의를 채택하면서 까지 해적행위의 근절과 소말리아의 정치적 안정을 위해 노력하고 있다. 이러한 결의들은 국제사회가 소말리아 인근 해역의 해적피해를 예방하기 위해 회원국 간 협력체제를 구축하고 필요한 경우 소말리아 영해 및 영토내에서도 군사적 조치를 취할 수 있다는 법적 권한을 인정하고 있다는 점에서 중요한 의미를 갖는다.

다. 군사적 대응

국제연합은 일련의 결의를 통해 소말리아 해적 퇴치를 위해 소말리아 영해 진입 및 영토내에서 모든 필요한 조치를 허용하고 회원국들에게 군함 및 군용기의 적극적인 참여를 요청했다.

이러한 국제연합의 요청의 따라 NATO, EU 등 국제기구와 말레이시아, 러시아, 인도 등 개별국가들은 해적퇴치와 자국선박 보호를 위해 아덴만에 해상전력을 파견하기로 결정하였다. 특히, NATO는 2008년 10월 9일 국방장관회담에 따라 NATO 해군 제2전단(SNMG2 : Standing Naval Maritime Group 2)을 소말리아 근해로 파견하여 WFP(World Food Program) 운송선박 호위활동을 시작하였다(작전명 Allied Protector). 이에 EU도 안정된 에너지 공급을 위한 해상교역로 보호와 자국민 안전을 목적으로 소말리아 해역에 프랑스, 스페인 등 8개국 7척의 함정으로 구성된 EU 해상전투단을 창설, 2008년 11월 아덴만에 파견하였다(작전명 Atalanta). 유럽 국가들의 적극적인 대해적 활동 참가에 자극을 받은

---

68) 이재민, "해적에 대한 보편주의 관할권 행사와 국내법 규정", 국제법학회논총, 제56권 제2호, 2011. 6, p.142.

미국은 2009년 1월 1일 인도양과 소말리아 주변해역에서 대테러 작전을 주임무로 수행하면서 대해적 작전을 병행 실시하던 연합해군사 소속 CTF-150을 재편하여 대해적작전 전담부대인 CTF-151을 신설하였다.[69]

또한 지역기구 이외에 세계의 주요 국가들도 개별적으로 군사력을 파견하여 해적퇴치와 자국 선박 보호활동을 벌이고 있는데, 현재까지 소말리아 해역에 해군 함정(평균 1~2척)을 파견한 국가는 우리나라를 비롯해 중국, 러시아, 일본, 인도, 말레이시아, 태국, 이란, 싱가폴 등이 있다.[70]

우리 정부는 2009년 1월 20일 국무회의를 통해 소말리아 인근 해역에서 우리 선박을 보호하고 국제해상안전을 주도하고 있는 미국의 연합해군사(CMF : Combined Maritime Forces)의 해양안보작전(MSO : Maritime Security Operation)에 참여하기 위해 해군 함정 및 대해적 작전 부대를 파병하기로 결정하였다. 이후 2009년 2월 19일 '국군의 소말리아 파병안'이 국회국방위 전체회의에서 의결되고 그리고 3월 2일에는 국회 본회의에서 가결되어 청해부대(3월 3일 창설)를 3월 13일 파견하였다. 청해부대는 아덴만을 왕복하면서 우리선박을 호송하고 연합함대의 해상안보작전을 수행한다.

소말리아 해적퇴치를 위한 각국의 해군 함정 파견은 한편으로는 주

---

69) 소말리아해역호송전대, 청해부대 1진 파병성과 및 교훈, 합동참모본부, 2009, pp.5-6. 이러한 국제사회의 적극적인 참여는 자국선박 보호라는 1차적인 목적과 함께 국제사회에서의 책임있는 국가로서의 역할을 다하고자 하는 각국의 의지가 반영된 것이라 볼 수 있으며, 유럽과 인도양을 연결하는 선박 통항의 주요 해역인 아덴만을 해적의 위협으로부터 보호하고자 하는 국제사회의 관심과 노력의 표현이라 할 수 있다. 참가 국가 및 전력들이 상호 협력과 공조가 전제된 작전에 경쟁적으로 참가한 이례적인 사건이다. Ibid., p.6.
70) 이서항, "해적문제의 국제정치 : 소말리아 해적의 국제적 영향과 대응방향," 외교안보연구원, 주요국제문제분석 No.2009-10, 2009. 4. 16, pp.13-14.

요국 해군력의 증강명분과 동시에 이들간 협력의 잠재력도 만들어 주고 있다. 아직은 상호신뢰가 돈독하지 못한 국가의 해군들이 아덴만에서 공히 해적퇴치 임무를 수행하고 있는 것이다. 미국, 중국, 일본, 러시아, 인도의 복잡한 관계가 그렇고 NATO와 SCO(상해협력기구) 주도세력인 중국과 러시아가 그렇다. 그런가하면 미국 주도 다국적 연합해군사령부가 있고, EU 차원에서는 EU NAVFOR가 보통 5~6척의 군함을 배치하고 있다.[71]

또한 동북아 해양협력을 촉진하는 계기가 될 수도 있을 것이다. 동북아 역내질서의 안정과 상호번영을 위해 한중일 3국간에 내셔널리즘적인 갈등을 넘어 상호 신뢰구축 및 협력확대가 긴요하다는 점은 재언을 요하지 않는다. 특히, 동북아 각국 간에는 군비증강 및 해역을 둘러싼 잠재적 갈등요인들이 남아 있어 어느 분야보다도 해상에서의 군사적 신뢰구축과 상호협력이 요청되고 있다.

이미 한국 해군과 일본 해상자위대 간에는 수차례에 걸친 해상수색구조훈련과 주요 지휘관의 교환방문을 통해 신뢰와 협조체제를 구축하고 있다. 한국 제2함대와 중국 북해함대 간에도 상호 핫라인 구축을 통해 초보적인 단계에서의 군사적 신뢰조치를 취하기 시작했다. 이러한 시점에서 주요 해상교통로를 공유하는 3국이 소말리아 해역에의 함정 파견을 통해 해적퇴치를 위한 정보교환과 연합훈련 등에 공동으로 참가한다면 동북아 해양협력 심화를 위한 계기가 될 수 있을 것이다. 이런 점에서 해군 함정의 파견은 우리의 해상교통로를 보호함은 물론 동북아 역내 국가들과의 폭넓은 해양협력을 증진시킬 수 있을 것이다.[72]

---

71) 정은숙, "소말리아 해적문제에 대한 국제사회의 대응," 세종논평 No.213, 2011. 1. 31, p.1.

72) 박영준, "소말리아 해군함정 파견, 동북아 해양협력 계기로 삼아야," 미래전략연구원, 이슈

2. 대응조치의 발전방향

가. 예방조치

⑴ 해적행위에 대한 새로운 개념 정립

해적행위의 개념에 대한 '합의된 정의의 결여'(lack of agreed definitions)는 해적행위의 예방과 규제에 있어 각국 정부 및 국제기구 등 관련 주체들간 합의된 대응책 수립을 어렵게 한다. 따라서 국제협력을 통해 해적행위에 효과적으로 대응하기 위해서는 무엇보다 국제적으로 통일된 개념이 정립될 필요가 있다. 그러한 개념 정의의 핵심은 협약에 규정된 해적행위뿐만 아니라 해상무장강도도 포함하는 것이어야 할 것이다.

또한 기존 국제법규상 해적은 공해상에서 발생한 행위로 국한되는데, 이로 인해 현실적인 문제들이 발생한다. 예컨대 동일한 불법행위임에도 불구하고 연안국이 인위적으로 설정해 놓은 3해리 또는 12해리와 같은 영해 한계선을 경계로 해적행위 여부가 갈라지고 그에 따라 국가들의 보편적 관할권 행사 가능성 여부도 결정되어진다. 이러한 영해와 공해라는 공간적 구분에 따른 관할권의 한계를 극복하기 위해 안보리 결의를 통해 영해의 진입을 허용하는 등의 노력이 경주되어 왔다.[73] 하지만 이러한 결의는 (모든 경우에는 아니지만) 당사국의 동의를 필요로 하는 경우가 있고, 안보리에서 상임이사국의 어느 한 국가라도 반대하는 경우 성립될 수 없다는 문제점이 있다. 따라서 발생해역에 따라 해적행위 성립 여부를 구분하는 현재를 한계를 극복할 수 있는 새로운 개념

와 대안, 2009. 2. 13, p.2.

73) 박영길, "유엔해양법협약상 해적의 개념과 보편적 관할권," 서울국제법연구, 제18권 1호, 2011, p.78.

정립이 요구된다.

(2) 해적퇴치 조치의 다변화

이제까지의 소말리아 해적퇴치는 국제적 차원에서의 제도적 · 군사적 대응 중심이었다. 그렇지만 이러한 조치들은 발생 건수가 감소하는 등 일정 부분 효과를 보이기는 했지만 해적행위의 근원적인 해결에는 미흡했다.

따라서 제도적 · 군사적 대응과 동시에 소말리아 사회의 질서 회복 및 경제안정화를 필요로 한다. 소말리아는 1991년 이래 중앙정부가 부재한 가운데 남부는 이슬람, 북부는 해적의 온상이 되었다. 국제적으로 승인된 과동정부가 올 해 총선을 실시할 예정이다. 2010년 12월 국제연합 안보리는 2011년 9월까지 소말리아내 평화재건 및 치안강화를 위해 아프리카연합 주둔군을 현재 수준 12,000명에서 18,000명으로 확대하고 국제기금도 늘리기로 하였다.

국제연합은 1992년 내전과 기근에 시달리는 소말리아 주민들에게 구호물자 호송 목적의 PKO를 파견한 바 있으나, 무장민병들의 극심한 폭력으로 인해 1995년 철수한 바 있다. 향후 소말리아 해적퇴치를 위한 방안은 글로벌 차원에서 지속적으로 또 다각적으로 모색되어야 할 것이다. 아덴만 주둔 각 해군의 공동작전, 선박에 대한 새로운 보호 및 안전조치, 해로 조정, 지하 무기시장 및 국제조직범죄 차단, 해적에 대한 철저한 법적 책임과 처벌 부과 그리고 보다 장기적 해결책으로는 효율적 정부, 법치, 신뢰받는 치안기구 그리고 소말리아 주민의 고용기회 증진 등이 추진되어야 할 것이다.[74]

---

74) 정은숙, "소말리아 해적문제에 대한 국제사회의 대응," *op. cit.*, p.2.

(3) 지역적 기구 및 협정의 활성화

과거 아세안 국가들은 주권이 행사되는 자국 영해에서의 해적행위 진압에 대해 민감하게 반응함으로써 적극적인 대응조치 합의를 어렵게 하였는데, 그것은 주권 관련 문제 외에도 역사 · 정치상황이 복잡하게 얽혀있었기 때문이었다. 따라서 해양안보 문제에 대한 아세안의 접근 방식은 임기응변적인 것으로 "필요시 정부간 최소한으로만 간섭하는" 것이었다고 볼 수 있다. 이는 해적행위 발생시 각국간의 통합적이고 광범위한 협력을 방해하였으며, 이로 인해 동남아 국가들의 해적행위에 대한 심각한 문제인식에도 불구하고 이에 대한 효과적인 지역 협정이 체결되지 못했었다.[75]

오늘날 해적행위와 같은 비군사적 해양안보 위협 쟁점들은 국경을 초월하여 발생하는 특성을 갖기 때문에 한 국가의 노력에 의해 해결되기보다는 여러 국가의 협력을 필요로 하는 속성을 갖고 있다. 이러한 이유로 최근 전 세계 대부분의 국가들은 지역적 단위로 해적위협 대응에 긴밀하게 협력하고 있고, 국제연합 또한 해적퇴치를 위한 지역적 수준의 협력과 노력을 요구하고 있다.[76]

지역 국가들의 한계를 극복한 주요 사례로는 2004년 동경에서 채택된 '아시아에서의 해적행위 및 선박에 대한 무장강도 행위 퇴치에 관한 지역협력협정'(ReCCAP : Regional Cooperation Agreement on Combating Piracy and Armed Robbery against Ships in Asia, 2004년 11월 11일 채택, 2006년 9월 4일 발효. 우리나라는 2006년 4월 7일 가입)[77]이 있다.

---

75) 이성민, 말라카 해협의 해적 및 해상테러리즘에 관한 연구 : 1991-2004, 연세대학교 석사학위논문, 2005. 12, p.55 참고.
76) 박정우, 소말리아 해적위협 분석 및 대응정책 발전방안, 해군대학 졸업논문, 2009, p.23.
77) 동 협정은 유엔해양법협약이 규정하고 있는 해적(공해상에서 사적인 목적으로 행하는 범죄)에 한정하지 않고 관할국의 영해 등 관할수역에서 발생하는 무장강도행위도 함께 규율

동 협정은 아시아지역 국가들간의 다각적 협력 증대를 목표로 채택된 최초의 정부간협정으로 해적 및 해상무장강도의 방지 및 진압을 위한 국제협력의 증진을 위한 이행방안으로 국가간 유기적인 정보교환망의 구축과 그 운영방안을 마련함으로써 체계적이고 조직적으로 국제협력의 실효성을 확보하고, 해적방지 및 진압에 있어 연안국가의 해적퇴치 능력 배양을 위한 회원국들의 협력을 도모함을 목적으로 하고 있다.

　　이러한 지역적 기구 및 협정의 활성화는 해적행위 감소에 영향을 미친 유일한 요인은 아니지만 상당히 효과적이었다. 전세계적으로 해적행위의 발생은 1990년대 말 동아시아 지역의 외환위기에 따른 경제악화 여파로 인해 2003년 정점을 보이다가 2004년 이후 감소되었다. 이는 연안국가들의 해적 감시활동이 효과적이었고, 국제사회의 지원과 지역 통항선박의 꾸준한 해적 예방활동 등도 한 몫을 했다고 평가된다.[78]

하고 있다(제1조 2항)는 점에서 의의가 있다. 동 협정의 채택과정 및 내용에 대한 자세한 설명은 오공균, "아시아지역 해적방지협력협정과 해적퇴치 국제공조체제의 발전 방향", 해양한국, 제361호, 2003. 11, pp.42-52 참조. 가입국은 방글라데시, 브루나이, 캄보디아, 중국, 인도, 일본, 한국, 라오스, 미얀마, 노르웨이, 필리핀, 싱가폴, 스리랑카, 태국 및 베트남이다.

78) 김강녕, "소말리아 해적위협과 우리의 대응," 해양전략, 제142호, 2009. 7, pp.170-171 참조. 말라카해협을 중시으로 한 동남아 지역에서의 해적문제 해결은 관련 연안국(특히 인도네시아 및 말레이시아자체의 입법 및 해양경찰력 강화, 관련 연안국간 정보 교환 및 양자 순찰 강화, ReCCAP협정 체결과 같은 지역협력 및 지원강화에 힘입은 바가 크며, 세계 어느 곳에서든지 해적퇴치를 위해서는 결국 국내적(national) 조치의 수립과 양자간(bilateral) 및 다자간(multilateral) 역내협력이 중요하다는 것을 시사해주고 있다. 이서항, "해적문제의 국제정치", 신국제안보환경과 해군력 발전(해군대학·해로연구회·연세대 동서연구소 공동학술세미나 자료집), 2009. 4. 27, pp.13-14.

나. 처벌조치

(1) 체포 해적의 처벌을 위한 국가별·국제차원의 법제도 정비

항행 선박에 대한 해적 사고를 효율적으로 방지하기 위해서는 국제적 협력이 필요하나 아프리카 국가들은 적절한 해양경찰력을 보유하지 못하고 있는데다 일부 국가는 공동 해상감시·순찰과 해적에 대한 수사협력 및 범죄인 인도와 같은 사법공조를 주권침해 또는 내정간섭으로 보는 시각을 갖고 있어 효율적인 해적행위의 단속이 이루어지지 않고 있다.[79]

이러한 법적 허점은 해적들에게 많은 자유를 부여하고 있다. 상당수 국가들이 해적을 기소할 수 있는 국내법적 근거를 두고 있지 않아 해적을 체포하고서도 처벌하지 못하고 석방하고 있으며, 석방된 해적들은 이를 이용해 계속해서 그 세력을 확장하는 등 악순환이 계속되고 있다. 국제연합도 안보리 결의 1918(2011. 4. 27)에서 모든 국가에게 해상에서의 해적 및 해상무장강도 행위를 범죄로 규정하는 국내법의 정비를 요청하고 해적들을 처벌할 수 있는 절차체계를 갖출 것을 요청한 바 있다.

국제적 차원에서는 해적행위 및 해상무장강도와 같은 해상안전범죄를 망라하는 포괄적 협약을 채택하고, 동 협약에 각 범죄에 대한 재판관할권을 설정하여 대응공백을 최소화해야 한다. 해적행위가 발생할 경우 최우선적으로 연안국의 관할권을 인정하나, 연안국의 처벌능력이 부족하거나 처벌을 회피하는 경우에는 국제기구의 주재관이 파견되거나 양자 또는 다자간 협약이 체결된 국가에 한해 국제기구 또는 협약체결국인 피해 선박의 기국, 피해선원의 국적국에 2차적 관할권을 인정하여 해적소탕의지가 미약한 일부국가의 역할공백을 메우도록 하는 것

---

79) *Ibid.*, p.6.

이 바람직하다.[80)

그리고 체포된 해적 석방을 방지하기 위한 방법으로서 '체포한 국가 또는 제3국가로 인도가 가능한 지역적 수준의 협정'이 필요하다. 對해적작전 참가국과 소말리아 인근 국가들은 체포한 해적처리에 대한 중요성을 인식하고 협조체계를 구축해 나가야 한다. 한국-예멘간 '체포 해적 인도에 관한 양해각서'(해적 체포시 예멘 해양경비대 또는 연합해군사 파견 예멘 해경 연락장교를 통해 인계절차를 협의, 해적 인계는 예멘 연해 내 또는 항구에서 실시. 2009. 4. 3), 일본-지부티 간 '해적대책 관련 지위협정', 영국-케냐간 '해적 처벌에 관한 양해각서', EU·미국-케냐간 '해적인도 조약' 등과 같은 국가간 협조체제가 대표적 예이며, 이를 지역적 및 국제적 수준으로 확대해야 할 것이다.[81)

(2) 해적 처벌을 위한 법원(해적특별법원) 설립 검토

해적의 적극적 처벌을 위해 국제사회가 모색할 수 있는 보다 본질적인 대안은 해적처벌을 위한 상설적인 국제사법기구(특별법원)를 도입하는 것이다. 각국이 해적 처벌에 소극적인 이유는 처벌과 관련된 여러 실무적, 행정적 어려움 때문이라는 점을 고려하면 이들 처벌을 위한 국제사법기구는 현명한 대안일 수 있다. 그리고 이를 통해 해적행위의 개념 정의와 처벌을 위한 방안도 보다 현실성있게 도입할 수 있을 것이다.[82)

---

80) 이윤철, *op. cit.*, p.28.
81) 박정우, *op. cit.*, pp.34-35. 2009년 5월 18~19일 쿠알라룸프에서 개최된 '해적 및 해상범죄에 관한 국제회의'에서도 양자협정을 통해 이루어지고 있는 현재의 해적처벌제도의 한계 및 비인도적 처벌 가능성을 이유로 다자간 국제 사법협력을 통한 해적의 실효적 처벌이 강조되었다.
82) 이재민, "소말리아 해적사건에 대한 국제법적 고찰," 소말리아 해적사건과 국제인도법(제30회 국제인도법세미나 발표자료집), 2011. 11. 18. p.92.

실제 국제사회에서는 해적을 체포한 국가들이 자국으로 송환해서 재판해야 하는 부담을 덜고 신속하고 효율적인 재판을 진행하기 위해 이미 오래전부터 해적을 전담하는 해적특별법원 설립에 대한 논의가 있어 왔다. 최근에는 유엔 안보리의 노력으로 국제형사재판소와 같은 국제법원의 형태는 아니지만 소말리아 해적을 전담할 특별법원의 설립이 가시화되고 있다.[83]

2010년 8월 안보리 결의를 통해 소말리아 해적문제를 총체적으로 파악하기 위해 유엔 사무총장으로 하여금 특별자문관을 임명하도록 하였고, 그에 따라 자크 랑(Jack Lang)이 임명되어 2011년 1월 24일 보고서를 제출하였다.[84] 동 보고서를 검토한 후 안보리는 4월 11일 모든 국가에 해적활동을 불법화하고 해적활동 발생장소와 상관없이 어느 국가에서든 기소해야 할 의무 부과, 해적활동에 영향을 받는 선박회사 및 각국 정부에 해적들에 대한 구금 및 기소를 진행할 수 있도록 경제 지원 촉구 및 사무총장에게 해적들이 특별법원을 통해 처벌받을 수 있도록 이들을 기소하는 방법에 대한 보고서 제출을 요청하는 동시에 소말리아 해적 처벌을 위한 특별법원 설치 제의를 핵심내용으로 하는 결의(결의 1976)를 채택하였다.

이러한 특별법원을 창설하는 경우 동 법원과 해적을 체포한 국가의 국내법에 의한 재판 관할권이 경합 또는 충돌하는 사태가 발생될 수도 있다는 우려가 제기될 수 있다. 하지만 특별법원의 관할권을 해적 체포국이 관할권 행사를 포기하거나 해적을 특별법원에 인도하는 경우에

---

83) 유엔 등 국제적 차원에서 제기되고 있는 해적처벌 관련 법원 창설방안 및 각 방안에 대한 평가에 대해서는 김태성, "해적의 발생원인과 대응에 관한 연구 : 소말리안 해적을 중심으로," 해양전략, 제149호, 2011. 4, pp.217-219 참조.
84) 박영길, *op. cit.*, p.69.

행사할 수 있다는 보충적 개념으로 운영한다면 양자의 관할권 문제는 자연스럽게 해결될 수 있다. 오히려 개별국가 외에도 특별법원에 의한 처벌 가능성을 병행토록 하면 보다 효과적인 법집행을 보장할 수 있을 것이다.

⑶ 실효성있는 군사작전의 전개

현재 아덴만과 소말리아 동부 인도양에서의 해적행위 예방과 진압을 위해 회원국에게 소말리아 인근 공해 해역에 해군함정 및 군항공기 등의 파견을 요청한 2008년 10월 7일 안보리 결의(제1838호)에 따라 각국은 해군 함정을 파견하여 對해적 퇴치작전을 수행하고 있다. 이 작전에 참여하고 있는 세력은 중국, 일보 및 러시아 등 개별파병국 외에도 연합해군(CTF-151), EU함대(CTF-465) 및 NATO해상전투단(CTF-508)으로 구분된다.

아덴만에서의 對해적작전 강화로 해적들이 활동구역을 소말리아 동부 해역으로 이동함에 따라 연합해군사도 이 해역에서의 효과적인 해적퇴치를 위해 전술변화를 시도하고 있다. 과거 아덴만이 해적활동의 중심지였을 때는 국제권고통항로상 구역경비를 통한 해적퇴치를 실시하였으나, 이제는 해적 모기지 근해에 경비함정을 배치하여 해적행위를 위해 이동하는 모선 및 자선을 집중 감시하고 나포함으로써 해적행위를 원천적으로 봉쇄하고자 노력하고 있다.[85] 그 결과 한국 해군의 '아덴만 여명작전'[86]을 비롯한 각국에서 파견된 해군 함정들의 군사작전

85) 김명성, "해적 전술 변화와 청해부대 對해적작전," 합참, 제44호, 2010. 6, p.78-79.
86) '아덴만 여명작전' 및 체포 해적의 재판과 관련한 국제법적 문제에 대한 자세한 분석은 김동욱, "아덴만 여명작전의 법적 검토," 해양전략, 제149호, 2011. 4, pp.71-88: 김세진, "소말리아 해적 문제와 군의 역할에 관한 국제법적 고찰," 서울국제법연구, 제18권 1호, 2011. 6, pp.1-46: 이정렬, "소말리아 해적 사건 수사에 관한 소고," 제18회 해군작전법회의 발표

으로 인해 소말리아 지역에서는 2009년 217건에 이르던 해적행위가 2010년에는 192건으로 감소하는 등 군사작전은 그 실효성이 입증되고 있다.

하지만 감시지역이 지나치게 광범위한데다 소말리아 해적은 군사활동의 경계망을 피하기 위해 오히려 인도양을 포함한 원양으로 까지 활동범위를 넓히는 경향까지 보이는 등 수그러들지 않고 있어 국제적 차원에서 이뤄지는 군사적 대응의 한계를 노정하고 있다. 또한 소말리아 해적들을 포함, 세계 많은 지역의 해적들이 로켓발사 수류탄 및 견착식 대공포까지 포함하는 중무기를 사용하는 추세를 보이고 있어 이에 효율적으로 대응할 수 있는 적절한 군사적 대비태세가 필요하다.[87]

이를 위해 운용측면에서는 감시해역내 모든 통항 선박의 24시간 위치추적과 해적정보 제공, 해적대응요령 교육과 실전적 훈련, 작전세력간 공조체계 유지, 공통 교전규칙 제정 및 단일화된 연합지휘체계 확립 등 복합적인 과제가 동시에 추진되어야 하고, 참가세력 측면에서는 해양차단작전 수행 능력을 갖춘 수상세력 확보, 해적선 제압·피랍선박 구출·정보 수집·광역감시에 적절한 장비를 구비한 항공전력 등이 확보되어야 할 것이다.

이외에도 對해적 군사작전의 효율적 전개를 위해서는 해적 관련 국제법(국제협약)이나 국제조치를 효과적으로 현실화할 수 있는 조직이 필요하다. 이를 위해서는 먼저 문제해역에 대한 지속적인 해양감시 및 정찰활동을 강화할 수 있는 기존의 분권화된 조직을 통합지휘하는 연합해상세력 및 국제적으로 공인된 조직으로 세계 어느 곳에서나 해적행위에 대한 조사 및 정보수집, 사법권을 행사할 수 있는 국제해양경찰

집, 2011. 10, pp.47-60 참조.
87) 이강녕, *op. cit.*, pp.181. 184.

(Maritime Interpol)의 창설을 검토할 필요도 있다.[88]

V. 결론

1. 해양법협약을 통해 해적 개념을 정의하였던 당시의 해상교통 환경과 현재의 상황은 많은 차이가 있다. 동 협약이 규제 대상으로 하고 있는 해적행위는 공해상이나 어느 국가의 관할권에도 속하지 않는 곳에서 발생하여야 하기 때문에 항구 또는 영해 내에서 발생하는 해적행위는 협약이 정의하는 해적행위에 포함되지 않는다. 실제로 해적행위는 공해뿐만 아니라 영해와 항구 또는 정박지에서도 발생하고 있어 해양법협약으로는 해상에서 발생하고 있는 모든 해적행위에 대응할 수 없는 문제점이 있다. 이러한 이유로 협약의 해적 관련 규정은 '해적행위를 효과적으로 제압할 수 없는 장애 요인' 또는 '해적단속을 저해하는 시대에 동떨어진 규정'이라는 비판도 있다.

또 다른 해양법협약 규정이 안고 있는 문제로는 임검권 행사과정에서 임검에 불응하고 도주하는 피의 선박에 대해 어떤 경우에, 어느 정도의 무력을 사용할 수 있는가 하는 것에 대해 아무런 규정도 없다는 점이다. 군함 등에게 임검권이 부여된 이상, 이러한 권한을 실효적으로 행사하기 위해서는 무력 이외의 다른 어떤 실제적 수단의 사용이 불가피한 경우 합리적으로 필요한 무력사용은 허용되어야 한다. 왜냐하면 임검을 효과적으로 수행하기 위하여 이에 상응하는 무력을 사용할 수

---

88) 김현수, "해적행위의 국제적 규제," 해양법연구보고서 '01-8, 2001. 8, p.38 참조.

없다면 이 경우의 임검권은 무의미해지기 때문이다.

이 문제에 대해서는 '추적권 행사 과정에서의 무력사용' 문제를 원용할 수밖에 없다. 1999년의 M/V Saiga 사건에 대한 국제해양법법원(ITLOS)은 '추적권 행사과정에서의 무력사용'에 대해 주목할 만한 기준을 제시하고 있다. ITLOS는 판결문에서 비록 해양법협약이 도주 선박의 나포시 사용할 수 있는 무력에 대해서는 명백한 규정을 두고 있지 않지만, 국제법상 무력의 사용은 가능한 한 회피되어야 하며, 회피할 수 없는 경우에도 '당시 상황에 합리적이고도 필요한'(reasonable and necessary in the circumstance) 정도를 초과하여서는 안된다고 판시하였다. 또한 다른 국제법 분야에서 그러한 것과 마찬가지로 인도주의에 대한 고려가 반드시 되어야 한다고 강조하였다.

법원은 더 나아가 바다에서 선박을 정지시키는 통상적인 관행으로서 첫째, 국제적으로 인정되는 청각 또는 시각신호를 하여야 한다. 둘째, 신호에 의해 선박이 정선하지 않는 경우 선수방향에 사격 등의 조치들을 취할 수 있다. 셋째, 이상의 적절한 조치들이 실패한 경우 최후의 수단으로서 무력의 사용이 가능하지만, 반드시 사전에 경고하여야 하며 인명이 위험하지 않도록 모든 노력을 기울여야 한다고 했다.[89]

특정한 경우의 무력사용 정당화 문제는 피의 선박의 위반행위의 성질, 피의 선박과 관련된 증거의 비중 및 나포 거부의 강도 등에 달려 있다. 따라서 특정상황에서의 적절한 무력사용 조치에는 피의 선박 선수에 대한 일제사격이나 극단적인 경우 도주능력을 상실케 할 정도의 사격도 포함될 수 있다.[90] 또한 연안국이 피추적선을 고의적으로 침몰시

---

89) The M/V "Saiga"(No.2 Case, Judgement of 1 July 1999, paras.155-156.
90) 김현수, "공해상에서의 무력사용에 관한 국제법적 고찰", 전투발전연구, 제2호, 1997, p.286.

킬 수 있는 권리를 포함하지 않으며, 다만 나포과정에서 우발적인 침몰은 합법적일 수 있다.[91]

또한 연안국은 범죄의 결과가 연안국에 미치거나, 범죄가 연안국의 평화나 영해의 공공질서를 교란하는 경우, 혹은 외국 선박의 선장이나 기국의 외교관 또는 영사가 현지 당국에 지원을 요청하는 경우 자국 영해내에 있는 외국선박에 대해 형사관할권을 행사할 수 있다(제27조).

이처럼 해양법협약은 해적행위를 규제하고 처벌할 연안국의 안보관할권을 적법하게 부여하고는 있지만, 내수·영해 및 그 밖의 연안국의 관할권내에서의 해적행위 및 해상무장강도행위에 대해 명확한 규정을 두고 있지 않다. 이는 영해와 같은 국가의 관할영역 내에서 행해진 폭행·억류·약탈행위는 그 관할국가가 규제·진압할 권한과 책임이 있기 때문이며, 결국 각 연안국이 적절한 국내법을 제정함으로써 해적 및 해상무장강도와 같은 안보위협에 효율적으로 대처하여야 한다. 또한 해적행위(해상무장강도)가 외국선박 내에서 발생한 경우 그에 대해 관할권을 행사할 수 있지만 영해내에서 발생하는 모든 해적행위(해상무장강도)에 연안국의 관할권이 당연히 행사되는 것은 아니라 일정한 요건이 충족되는 경우에만 가능하기 때문에 그 실효성은 제한적일 수밖에 없다.[92]

2. 인류의 생존과 발전을 위협하는 국제적 수준의 전통적 안보위협으로는 영유권분쟁, 해상경계분쟁 및 자원소유권분쟁 등을 들 수 있다. 이들 문제들은 독립적으로 또는 상호 연계되어 지역적 및 국제적 차원에서 국제평화와 안전을 위협하는 원인이 되기도 한다. 국제사회의 규

---

91) P. Malanczuk, *op. cit.*, p.187: 김정건, 국제법, 박영사, 1998, p.346.
92) 임채현·이윤철, "연안국 해양안보관할권에 관한 국제법적 고찰", 해사법연구, 제20권 제1호, 2008. 3. p.414 참조.

범이나 제도 등 국제안보레짐도 이들 문제에 초점을 맞추고 있다.

그러나 오늘날 과거와는 달리 새로운 위협요인들이 등장하여 해양안보가 크게 위협받고 있다. 이름하여 비전통적(non-traditional) 혹은 비재래적(non-conventional) 위협이다. 이에는 해적행위, 해상테러리즘, 해양을 통한 대량살상무기 확산, 마약유통, 불법어업 및 해양환경 오염 등이 해당된다. 하지만 이러한 새로운 요인들은 아직 전통적 해양안보 위협요인에 비해 그다지 주목을 받고 있지 못하다.

이들을 지역적(양자적) 또는 일부 국가의 개별적 문제로 인식되어 국제적 차원에서의 대응체계 확립에는 이르지 못하고 있다. 그 연유에는 이들 위협요인들에 대한 일반적으로 통용되는 개념 정의가 합의되지 못했다는 점과 각각의 성격 차이로 인해 단일의 수단을 통해 일률적으로 대응할 수 없다는 점 외에도 기존 국제규범과 제도의 경직성 및 변화된 현실과의 괴리를 좁혀줄 국제사회의 노력 부족 등이 복잡하게 얽혀있다.

이러한 위협인식과 대응체계에 있어 현실적 한계에도 불구하고 이들 새로운 요인들, 특히 해적행위는 그 자체만으로 해양안보를 극도로 위협하고 있을 뿐만 아니라 폭력적인 국제테러조직과의 연계를 통해 국제안보를 위협할 수 있는 무차별적이고 동시다발적인 해양테러리즘의 전위로 변질될 가능성도 점증하고 있다. 따라서 해적행위를 지엽적 수준의 위협이라고 보는 인식은 잘못된 것으로 해적행위의 보다 근원적 해결을 위해서는 해양안보를 위협하는 주요원인이라는 인식과 함께 그 예방 및 처벌을 위한 다각적인 접근이 적극 활용되어야 할 것이다.

해적행위의 근절을 위해서는 다양한 예방 및 처벌조치가 확립되어야 하고, 이들 조치들은 실효성이 발휘되도록 유기적으로 작동되어야 한다. 이를 위해 해적행위 예방조치에 있어 발생해역에 구분없이 모든 해적행위를 포괄할 수 있는 새로운 해적행위 개념을 확립하고, 해적행위를 해양안보의 新위협요인으로 재평가하여야 하며, 기존의 제도적·군사적 조치외에 해적퇴치를 위한 대응조치를 다변화할 뿐만 아니라 지역적 기구 및 협정을 활성화하여 신속하게 예방활동에 임할 수 있도록 하여야 한다.

그리고 발생된 해적행위의 신속한 체포 및 엄정한 처벌을 위해서는 국가적·국제적 차원의 법제도가 정비되어 관할권의 공백을 없애고, 해적 처벌을 위한 국제사법기구(해적특별법원)를 설립하여 해적을 체포하고서도 국내사정으로 인해 처벌하지 않고 석방해버리는 상황을 사전에 방지할 필요가 있으며, 실효성있는 군사작전을 전개할 수 있을 정도의 함정 및 항공 작전세력이 확보되어야 할 것이다.

그러나 무엇보다도 중요한 것은 해적행위를 반드시 처벌해야 할 인류공동의 적으로 받아들여 해적예방과 처벌을 위한 국제사회의 조치에 적극적으로 참여해야 한다는 개별국가의 인식전환이다. 그렇지 않고서는 국제적 차원의 제반 조치들에도 불구하고 광대한 해역에서 빈번하게 발생하고 있는 해적행위를 근원적으로 차단하고 처벌하는 것은 불가능할 뿐만 아니라 해상테러와의 연계를 통해 지금까지와는 전혀 다른 차원의 해양안보를 위협하는 요소로 진행되는 상황을 미연에 방비할 수도 없을 것이기 때문이다.

제4장 해상무력분쟁의 국제법적 규제

Ⅰ. 서론

1. 해상무력분쟁법 발전 역사

전쟁법규는 일반적으로 강대국과 약소국간 또는 교전국과 중립국간의 긴장과 갈등의 과정에서 발전되고 성문화되어 왔다. 이는 해전법규도 마찬가지였는데, 해전에 관한 고전적 견해는 바다에 있어서는 오직 강자의 법만이 지배한다는 입장이었다. 이러한 태도는 과거 제해권을 독점 장악하였던 국가들이 우월적인 입장에 서서 여타 국가들에게 해전법규를 강요했던 것에서도 잘 알 수 있다.

강대국, 특히 영국과 프랑스는 그들의 우세한 해군(양)력을 제한하는 해전법규의 발전을 못마땅하게 여겨 해양에서 가능한 한 많은 행동의 자유를 교전자에게 남겨두기를 주장했으며, 반면에 약소국들은 당연히 반대입장을 견지하여 가능한 한 방해받지 않고 교전단체와 중립국사이에 무역을 지속할 수 있기를 원했다. 이러한 양 입장의 타협으로 전쟁 (해전)법규는 발전되고 성문화되었지만 현실에 있어서는 강대국들의 입장이 많이 반영될 수밖에 없었다.[1]

그러나 일단 해전이 개시되면 이로 인해 입게 되는 피해는 교전당사국 뿐만 아니라 중립국에게도 막대한 영향을 미치므로 많은 국가들은

---

1) A. Cassese, *International Law in a divided World*, Clarendon Press, 1986, pp.257-261.

해전에 있어서의 군사필요성의 한계를 설정하고자 노력해왔다.[2] 그 결과 1856년 '해상법에 관한 선언'(파리선언)을 시작으로 개별적인 해전법규들이 제정되었는데, 1907년 제2차 국제평화회의(헤이그)에서 채택된 '개전시 적국상선의 지위에 관한 협약'(제6협약), '상선을 군함으로 변경함에 관한 협약'(제7협약), '자동촉발수뢰의 부설에 관한 협약'(제8협약), '전시 해군포격에 관한 협약'(제9협약), '해전에서의 포획권 행사의 제한에 관한 협약'(제11협약) 및 '해전에 있어서의 중립국의 권리 및 의무에 관한 협약'(제13협약) 등이 그것들이다.

특히 1908년부터 1909년에 걸쳐 런던에서 개최되었던 해양법회의에서는 그 때까지 유효하였던 해전에 관한 국제관습법을 성문화한 '런던 해양법선언'(런던선언)을 채택함으로써 육전법규에 비견할 수 있는 해전법규의 제정을 시도하기도 했었다. 그 후 '1930년 4월 22일 런던조약 제4장의 잠수함전 규칙에 관한 1936년 런던의정서', '해상에 있어서 군대의 부상자·병자 및 조난자의 상태개선에 관한 1949년 제네바 제2조약'[3], '1994년 해상무력분쟁에 적용되는 국제법에 관한 산레모 매뉴얼'이 채택되어 해전에 적용될 국제법규는 보다 충실해 졌다.[4]

---

2) 한형건, "해전시 포획권 행사에 의한 해상통상의 저지", 법률행정논집, 제13집, 1976, p.68.

3) 1949년 제네바협약의 채택과정에 대한 자세한 설명은 G. Best, *War and Law since 1945*, Oxford, Clarendon Press, 1996, pp.80-114 참조.

4) 이들 해전관련 국제문서들의 원문 및 주석에 대해서는 N. Ronzitti(ed.), *The Law of Naval Warfare*, Martinus Nijhoff Publishers, 1988; D. Schindler & J. Toman(ed.), *The Laws of Armed Conflicts*, Sijthoff & Noordhoff/Henry Dunant Institute, 1981; Louise Doswald-Beck(ed.), *San Remo Manual on Internbational Law Applicable to Armed Conflicts at Sea*, Cambridge University Press, 1995; Fleiner-Gerster and Meyer, "New Developments in Humanitarian Law in Challenge to the Concept of Sovereignty", 34 *International and Comp. L. Q.*, 1985, pp.267-270 참조.

2. 해상무력분쟁의 규제 필요성

해전은 육전과 같이 적군의 전멸이나 적국의 직접적인 점령과 같은 극단적이고 최종적인 결정적 전투행위를 담당하지는 않지만, 해상과 육상에서의 직·간접적인 전투와 지원을 통하여 전쟁을 승리로 이끄는 데 있어서 매우 중요한 역할을 담당한다. 영국과 미국이 두 차례 세계대전에서 승리할 수 있었던 것은 전적으로 우세한 해군력 때문이었다.

물론 해전도 육전 및 공전과 마찬가지로 적을 제압하여 자신의 의지를 강제시키고 이를 보장토록 적국을 강제하는 것이 근본적인 목적이다. 그렇지만 해전은 전투목적과 방법에 있어 타 전투와는 상당한 차이가 있다. 해전은 경제전을 위한 특정의 가교적 역할을 담당하고 있다. 이러한 경제전은 한편으로는 적국과 중립국의 해상 통상과 교통의 차단을 통해, 다른 한편으로는 자국 상선 및 해상교통로의 보호를 통해 수행된다.

이러한 해전의 경제전적 특성상 해전법규에서는 군사목표의 범위 및 대상 확정이 무엇보다도 중요하다. 적선과 관련하여서는 적선의 일반적 지위와 적선중 비군사목표로 인정되는 선박의 유형 및 이들 적선이 공격으로부터 면제되기 위해 갖추어야 할 조건과 공격면제가 상실되어 군사목표가 되는 경우, 중립선과 관련하여서는 일반적 상황하에서는 공격목표가 되지 않는 중립선이 공격면제 지위를 상실하고 공격 및 파괴의 대상이 되는 경우를 검토하여 법적 가이드라인을 제공할 필요가 있다. 또한 다양한 전투수단과 방법의 합법적 사용범위 및 한계를 명확히 할 필요가 있다.

한편, 오늘날 무력분쟁은 전투수단과 방법의 비약적인 발달과 총력

전적 양상의 강화에 따라 대규모의 분쟁희생자를 낳고 있다. 이러한 현대 무력분쟁의 특징은 해상무력분쟁(해전)에서도 예외가 아니다. 분쟁희생자를 위한 최선의 인도적 방법은 분쟁 자체의 발생을 사전에 철저히 예방하는 것이지만, 국제사회의 합의로 설립된 제반 정치적·법적 분쟁관리 시스템에도 불구하고 오늘날 세계 도처에서 비인도적 상황은 끊임없이 계속되고 있으며, 이들 분쟁들에서 희생자들이 양산되고 있다. 따라서 해전의 결과 발생된 희생자, 특히 상병자 및 조난자는 인도적으로 대우되어야 하며, 이들을 간호하거나 보호하는 것을 주된 임무로 하는 자와 그 장비도 그 고유한 임무와 기능에 종사하는 경우에는 존중되고 보호되어야 함이 당연하다. 이들에게 불필요하게 피해를 가중시키거나 확대하는 것은 교전자와 군사목표, 민간인과 비군사목표를 엄격하게 구분하고 무력공격은 전자에게 한정되어야 한다는 군사목표 구별원칙을 핵심원칙으로 하는 국제인도법을 위반한 매우 엄중하게 처벌되어야 마땅한 불법행위이다.

무엇보다도 무력분쟁의 희생자를 예방하고 전투의 합법성을 보장받으며 불법적인 무력사용으로 인한 국제적인 비난과 제재를 사전에 예방하기 위해서는 사전에 해전법규의 내용을 명확하게 규명하고, 이를 관련 당사자들에게 널리 보급하고 교육하여야 할 것이다.

II. 해전에서의 군사목표 구별

1. 군사목표 구별의 의의

전투수단과 방법의 제한을 위한 국제규범의 중심에는 무력분쟁에 있어 전투수단 및 방법을 선택할 분쟁당사국의 권리는 무제한적이지 않다는 '전투수단과 방법의 선택권 제한 원칙'이 놓여 있다. 동 원칙은 정당한 전쟁목표의 신속한 달성을 위해 필요한 정도의 군사력 사용은 허용되어야 한다는 '군사필요원칙'(principle of military necessity)[5]과 교전당사자에게는 군사목표를 달성하기 위한 모든 전투수단과 방법이 허용되는 것이 아니라 '문명과 인도주의'(civilization and humanity)에 따른 제한이 부과된다는 '인도주의원칙'(principle of humanity)의 갈등과 조화를 통해 유지, 발전되어 왔다. 이러한 양 원칙의 조화로서 무력분쟁에서 전투수단과 방법의 사용이 적법한 것이었는가를 판단하는 준거로써 그리고 무력분쟁법상의 일반원칙으로 표현된 것이 '군사목표 구별원칙'이다.[6]

군사목표로 분류될 수 있는 것은 예컨대 군함, 군용차량, 무기, 탄약, 연료 저장소 및 요새와 같은 엄밀한 군사목표외에도 가정의 미래 시점

---

[5] 군사필요원칙은 실제 무력분쟁에서 사용된 군사력과 관련하여 4가지 기본요소, 즉 ① 사용자에 의해 규제될 것(규제성), ② 가능한 신속하게 상대 교전국을 부분적 또는 완전하게 제압하는데 필요한 정도내일 것(필요성), ③ 상대 교전국을 제압하기 위해 필요한 것보다 그들의 인명과 재산에 대한 피해가 지나치게 크지 않을 것(비례성), ④ 국제법상 금지되지 않을 것(합법성) 등을 포함하는 개념이다. U.S., Department of the Air Force, "International Law : The Conduct of Armed Conflict and Air Operations", *AF Pampglet 110-31*, 1976, pp.5-6 참조.

[6] 이민효, "해전에서의 군사목표 구별원칙에 관한 연구", 해양연구논총, 제36집, 2006, p.104. 군사목표 구별원칙의 역사적 발전과정에 대해서는 Judith G. Gardam, *Non-Combatant Immunity as International Humanitarian Law*, Martinus Nijhoff Publishers, 1993, pp.1-9 참조.

이 아닌 그 당시 상황에서 이러한 기준을 충족하는, 예컨대 수송과 통신체계, 철도, 비행장, 항만시설 및 무력분쟁에 있어서 기본적인 중요성을 갖는 산업과 같은 군사작전에 대하여 행정 및 후방지원을 제공하는 활동도 포함된다. 또한 군사목표가 '군사활동에 효과적으로 공헌'하는 것이어야 한다는 것이 전투행위와의 직접적인 관계를 요구하는 것은 아니기 때문에 민간물자가 전투행위와 단지 간접적으로 결부되더라도, 분쟁당사국의 전체적인 전쟁 수행능력 중의 군사적 부분에 효과적으로 공헌하도록 사용되면 군사목표가 되어 공격으로부터 면제되지 않는다.[7]

그리고 군사목표에 대한 공격이 군사목표를 오인하거나 군사목표에 명중했지만 그 영향이 군사목표에 한정되지 않고 확대되어 다른 사람이나 물건에 부수적인 사상이나 손해를 야기하였다고 해서 무조건 동 원칙을 위반한 것은 아니다. 왜냐하면 어떠한 전투방법이나 수단도 100퍼센트 정확히 기능하는 것은 아니며, 일반적으로 발사체가 표적에 명중할 확률은 꽤 낮다. 그러므로 부수적 손해가 일어날 가능성이 있다고 해서 무력공격을 불법적인 것으로 만드는 것은 아니다.[8]

---

7) 해상무력분쟁에서의 군사목표는 선박만이 아니라 심해저 등에 설치된 고정 시설물(무기 탐지 및 통신 장치등 해전수역내의 어느 곳이나 포함되며, 교전국이 이용하는 해저 전선 및 관선도 합법적 구사목표물이 된다. T. Treves, "Military Installations, Structures and Devices on the Seabed", 74 *AJIL*, 1980, pp.809, 819 참조.

8) 국제법에서 금지하고 있는 것은 민간인 및 민간물자를 직접적인 공격대상으로 하는 경우이다. 민간인 또는 민간물자를 직접 공격대상으로 하지 않는 전투행위로 인하여 민간인의 희생, 예컨대 유탄에 의하여 민간인이 사망하는 경우 또는 군사목표에 대한 폭격 또는 포격에 의하여 그 군사목표물에 인접하고 있는 민간주택이나 민간재산이 파괴되는 경우에는 공격측에 아무런 법적 책임이 귀속되지 않는다. 한편, 1996년 핵무기 위협 및 사용의 합법성에 대한 ICJ 권고적 의견에서 Higgins 재판관은 반대의견(Dissentung Opinion)을 개진하면서 "어떤 무기가 비록 부수적 피해(collateral damage)가 생기더라도 오로지 군사목표물만을 공격목표로 삼을 수 없다면 그 무기는 그 자체 위법한 것이 된다"고 하였다. *ICJ Report*, 1996, p.588-589, para.24.

2. 해전에서의 군사목표 구별

군사목표 구별원칙이 해전에 적용된다고 명확하게 언급하고 있는 조약 규정은 현재 존재하지 않는다. 다만 육전법규의 내용을 원용하여 해전에 적용하고 있을 뿐이다. 하지만 불필요한 파괴와 분쟁희생자의 인도적 보호를 핵심내용으로 하고 있는 해전법규도 비록 불완전하기는 하지만 공격할 수 있는 자와 없는 자, 공격할 수 있는 목표(대상)와 없는 목표(대상)간의 구별원칙을 그 법체계의 본질적인 요소로 하고 있다.

전시에는 교전당사국은 물론 제3국(중립국)의 통상도 극도로 제한될 수밖에 없는데, 이 경우 무원칙한 중립국 통상의 제한이나 중립국 선박에 대한 공격은 국제사회의 여론을 악화시켜 전쟁 목적의 달성을 어렵게 할 수도 있다. 그러므로 무차별적인 공격으로 야기될 수 있는 국제사회의 비난을 사전에 방지하고 불필요한 분쟁희생자를 예방하기 위해서는 무력공격은 군사목표에 한정되어야 할 것이다.

해전에서의 무력공격은 군사목표에 대하여 또는 군사목표인 적선 및 적항공기에 의해 수행되는 것과 기능상 구별되지 않는 임무에 종사하는 제한된 중립국 선박과 항공기를 목표로 하여야 한다.

해전에서 적군함 및 그 보조선박은 합법적 군사목표물로서 인정되어 당연히 공격대상이 된다. 즉, 모든 적군함은 군사목표물이다. 교전국 군함은 공해 또는 교전국의 영수내에서 조우하는 적국 군함 또는 공선을 즉시 공격할 수 있으며, 나포할 경우 이는 전리품으로서 나포한 국가에 귀속되며 승조원은 포로가 된다. 또한 해전수역내에서 공격 및 격침 될 수 있으며, 이러한 공격은 무경고로 그리고 적 승조원의 안전에

관계없이 행해질 수 있다.[9]

그러나 적군함과는 달리 모든 적선이 공격대상이 되는 것은 아니다. 인도적 및 학술적 임무에 종사하는 선박이나 기타 민간선박을 비롯한 적 전투능력의 증강이나 전쟁지속력을 강화시키는 것이 아니므로 이들에 대한 공격은 신중하게 고려될 필요가 있다.

적선이지만 병원선,[10] 연안구조활동에 사용되는 소주정(small craft) 및 기타 의료수송선, 교전국간 합의에 의해 안전통항권(safe conduct)[11]이 부여된 선박, 특별보호하에 있는 문화재를 수송하는 선박, 민간인 수송 여객선,[12] 종교 · 비군사적 학술 또는 박애임무를 수행하는 선박, 연안

---

9) 모든 적군함은 군사목표물이다. 군함은 모든 군용부수물, 즉 어뢰정, 수상함 또는 잠수함 및 군대에 직접적 지원임무(어뢰나 군수품 수송 등)를 수행하는 보조선을 포함한다. 적군함은 해전수역내에서 공격 및 격침 될 수 있으며, 이러한 공격은 무경고로 그리고 적 승조원의 안전에 관계없이 행해질 수 있다. W. J. Fenrick, "Legal Aspects of Targeting in the Law of Naval Warfare", 29 *CYIL*, 1991, pp.269-279 참조.

10) 병원선은 특별히 그리고 오로지 군인 및(또는민간인 상병자 또는 조난자에 대한 원조제공을 유일한 목적으로 분쟁당사국에 의해 건조되었거나 설비된 선박(제네바 제2협약 제22조 및 제1추가의정서 제22조), 각국의 적십자사나 적신월사 및 공식적으로 승인된 구호단체나 사인(私人)에 의해 사용되는 동일한 성질을 갖는 선박(제네바 제2협약 제24조 및 제1추가의 정서 제22조. 이 경우 동 선박의 기국인 분쟁당사국이 이들 선박에 공식적으로 임무를 부여하고 있을 것을 조건으로 한다) 및 중립국, 중립국 적십자사나 적신월사, 공식적으로 승인된 구호단체, 중립국의 사인 또는 공평한 국제적 인도단체에 의해 사용되는 동일한 성질을 갖는 선박(제네바 제2협약 제25조 및 제1추가의정서 제22조. 분쟁당사국의 허가 및 사전에 자국 정부의 동의를 얻어 분쟁당사국의 어느 일국의 관리하에 있을 것을 조건으로 한다)을 말한다.

11) 안전통항권은 교전국이 부여하는 서면에 의한 허가로서 적국민이나 기타의 자가 특정의 목적을 위하여 특정의 장소로 항행하는 것을 허용한다. 안전통항권은 주로 포로의 수송에 지정되거나 그 수송 등에 종사하는 카르텔선, 민간주민의 생존에 불가결한 물자를 수송하는 선박 및 구호활동 및 구조활동에 종사하는 선박을 포함한 인도적 임무에 종사하는 선박 등에 교전국간 합의에 의해 부여된다.

12) 민간 여객선이라 할지라도 그것이 군사목적에 사용될 경우 공격대상이 된다. 제2차 세계대전중 독일은 정보수집에 사용되고 있다는 이유로 영국 여객선을 공격하였는데, 이와 관련하여 D nitz는 영국 상선을 공격했다는 이유로 기소되었으나 무죄판결을 받았다. 왜냐하면 영국 상선도 가능한 경우 보트를 공격하거나 잠수함을 발견하는 즉시 보고토록 명령받았다는 것이 법정에서 사실로 인정되었기 때문이었다. *Judgement of the International*

어업용 어선 및 지방적 연안무역에 종사하는 소형 선박, 항복선,[13] 구명정 또는 구명보트 및 오로지 해양오염사고에 대처하도록 건조 또는 개조된 선박은 공격으로부터 면제된다.

그러나 이들 적선도 항상 공격이 면제되는 것은 아니다. 첫째, 분쟁당사국 어느 일방의 선박이 무력분쟁에서 적의 공격으로부터 면제되기 위해서는 통상적 임무에 무해하게 종사해야 한다. '통상적 임무'에 종사한다는 것은 항행의 형태가 통상의 방법으로 행해진다는 것을 의미하며 그리고 '무해'하게 종사한다는 것은 본질적으로 선박이 공격에 가담하거나 또는 방어적 수단으로만 사용되지 않는 군사물자의 수송 및 정보수집 등과 같은 적대행위를 행하지 않는다는 것을 의미한다.

둘째, 식별 및 검색요구에 응해야 한다. 선박이 식별에 따를 의무는 식별이 요구되었을 때 자기를 명확하게 하는 것을 의미하며, 검색에 따라야 할 의무는 검사관이 승선하여 선박을 수색하는 것을 인정해야 한다는 것을 의미한다. 이러한 요구조건은 공격면제 대상 선박이 군사적 목적에의 이용 여부가 의심되는 경우 취할 수 있는 조치로서, 교전자로 하여금 그러한 선박이 실제로 통상의 임무에 종사하고 있다는 것을 확인할 수 있게 하여 군사목적에 이용되지 않는 선박에 대한 공격을 사전에 예방하는 기능을 담당한다.[14]

셋째, 전투원의 이동을 고의적으로 방해하지 않아야 하며 그리고 정선 및 퇴거요구가 있을시 이를 준수해야 한다. 이러한 의무는 교전자

Military Tribunal for the Trial of German War Criminals, 108-109.

13) 항복의 의도를 확인하는 하나의 합의된 통일된 방법은 없지만 일반적으로 승인된 방법으로는 기의 강하, 백기 게양, 잠수함의 경우 부상, 기관정지 및 공격자 신호에 대한 응답, 구명보트에 이승 및 야간의 경우 정선과 등화의 점화 등이 있다. NWP9A, The *Commander's Handbook on the Law of Naval Operation*, 1987, para.8.2.1.

14) L. Doswald-Beck(ed.), *op. cit.*, p.137.

가 필요로 하는 군사행동의 실행을 확보하기 위한 것으로, 교전당사자는 진정으로 필요한 경우에만 그러한 명령을 발하여야 하고 가능한 한 이들 선박의 통상적 업무에 대한 간섭을 피하기 위하여 노력하여야 한다.[15] 공격면제 선박은 이러한 조건을 모두 준수하는 경우에만 공격으로부터 면제되며, 이들 선박이 이러한 조건의 비준수로 군사목표로 인정될 경우 공격대상이 되는 여타 선박과 동일한 지위를 같게 되어 공격이 가능하다.

또한 공격면제 선박이 면제조건들 중 어느 하나를 위반하여 보호를 상실하더라도 자동적으로 당해 선박이 공격을 받는 것은 아니다. 비록 요구되는 조건을 준수하지 않더라도 즉각적으로 또한 자동적으로 공격해서는 안되며, 공격전에 희생을 최소화하기 위하여 요구되는 절차 및 고려요소를 존중하여야 한다. 이들 선박을 나포 또는 공격할 경우에는 일정한 절차와 기준이 충족되어야 하는 바, 침로변경 또는 나포가 불가능한 경우, 군사적 통제를 행사하기 위한 다른 방법이 없는 경우, 선박이 군사목표물이 되었거나 될 것으로 합리적으로 추정할 수 있는 비준수 상황이 매우 중대한 경우 및 부수적 사상 또는 손해의 정도가 기대되는 군사적 이익에 비례하여야 한다.

---

15) *Ibid.*, p.138.

Ⅲ. 전투수단 및 방법의 제한

1. 제한원칙

가. 전투수단 및 방법의 선택권 제한

무력분쟁에 있어 전투수단 및 전투방법을 선택할 분쟁당사국의 권리는 무제한적이지 않다. 동 원칙의 기원은 19세기에 개최된 여러 회의와 논의들에서 확인되고 있는 바, 1874년 브뤼셀 회의에서의 무력분쟁에 관한 문서(브뤼셀선언) 제12조에 처음으로 반영되었고, 그 후 1907년의 Hague 육전규칙에서 제22조로 조문화되었으며, 1977년 제1추가의정서 제35조 1항 및 1980년 특정재래식무기협약 서문에서 재확인되었다.

전투에 관한 인도적 기본규칙의 핵심인 동 원칙은 전투수단과 방법의 규제에 있어 기초를 구성하지만,[16] 실제 상황에서 선택할 수 없는(또는 있는) 전투수단과 방법에 대해 아무런 언급도 하고 있지 않기 때문에 구체성과 명확성을 결한 추상적 · 일반적인 성격을 갖는다.

그러나 동 원칙은 이론 및 국가의 사후관행면에서 다음과 같은 역할을 행하였다. 이론면에서 볼 때 이 원칙은 '교전자에게 잔인하거나 배신적인 행위를 억지하여야 할 일반적 의무를 과하는' 역할을 행하여 왔으며,[17] 관행면에서 볼 때 (1)헤이그 육전규칙에 의하여 금지되지 않는

---

16) D. Fleck(ed.), *The Handbook of Humanitarian Law in Armed Conflicts*, Oxford University Press, 1995, p.112.
17) D. Bindschedler-Robert, *A Reconsideration of the Law of Armed Conflicts*, 1971, p.28.

무기는 그 사용이 허용된다는 추론을 배제하며,[18] (2)특정무기사용의
규제를 위한 기본적 전제[19]로서의 역할을 담당해왔다.[20]

위 원칙은 해전에 있어서의 전투수단과 방법의 선택에도 마찬가지로
적용할 수 있을 것이다. 물론 육상 무력분쟁에 적용되는 일반원칙이 해
상에서의 적대행위에도 관련있는지 명확하게 언급하고 있는 조약규정
은 현재 존재하지 않는다. 그러나 이러한 일반원칙이 해상 무력분쟁법
에 확실히 정착되었다는 것은 전체 법체계에서 볼 때 당연하다. 게다가
국제연합 총회는 1968년 12월 19일의 결의 2444(XXⅢ)[21]에서 '무력분
쟁에 있어서 전투수단 및 방법을 선택할 분쟁당사국의 무제한적 권리
불인정'을 포함한 무력분쟁법의 기초가 되는 여러 원칙들을 만장일치
로 확인한 바 있다.

---

18) A. Cassese, "Means of warfare: The Traditional and the New Law", A. Cassese(ed.),
  The Humanitarian Law of Armed Conflict, 1979, p.161. 이는 전투수단은 국제법의 다
  른 규정, 즉 전쟁에 관한 법규 및 선언에 의한 금지 또는 허용여부에 따라 결정된다는 것을
  의미한다.
19) 1974년부터 1977년에 걸쳐 개최된 '무력분쟁에 적용될 국제인도법의 재확인 및 발전에 관
  한 외교관회의'에서 동 기본원칙을 전제로 하여, 특정재래식무기를 규제하기 위한 일반적
  기준으로 불필요한 고통 및 과다한 상해를 일으키거나 무차별적 효과를 초래하거나 배신적
  효과를 갖는 무기사용의 금지라는 3개 원칙을 채택하였다. Report of the Ad Hoc Com. on
  Conventional Weapons of the Diplomatic Conf., 1st Sess.(CDDH/47/Rev.1, 1977),
  pars.21-25.
20) UN. Doc. A/9215(Existing rule of international law concerning the prohibition or
  restriction of use of specific weapons, Respect for Human Rights in Armed Conflicts),
  vol.1, 1973, p.17.
21) 국제연합의 후원하에 1968년 4월 22일부터 5월 13일까지 테헤란에서 개최된 국제인권회
  의(International Conference of Human Rights)는 인권과 국제인도법간의 관계를 확립함
  으로써 중요한 전환점을 이루었는데, 동 회의는 국제연합 총회로 하여금 사무총장에게 (1)
  모든 무력분쟁에서 국제인도법의 보다 나은 적용을 확보하기 위한 조치, (2)모든 무력분쟁
  에서 민간주민, 포로 및 전투원의 보호 및 특정 전투방법을 금지시키기 위한 국제인도법의
  개정 또는 보완을 연구토록 요구할 것을 요청했다. 이러한 요청을 받아들인 국제연합 총회
  가 사무총장에게 국제적십자위원회 등과 협력하여 이를 행할 것을 요청한 결의가 총회 결의
  2444(XXIII)이었다.

나. 마르텐스 조항

저명한 국제법 학자로서 헤이그 전쟁법회의 제2위원회 제2소위원회 의장이던 러시아 대표 마르텐스(F. F. Martens)는 1907년 '육전의 법규와 관례에 관한 헤이그협약'(Convention on Respecting the Laws and Customs of War on Land) 전문 제8항에 도입된 소위 마르텐스 조항(Martens Clause)을 기초했다. 동 조항은 1949년 제네바협약(공통조항, 제1협약 제163조) 및 1977년 추가의정서(제1조 2항)에서도 그대로 계승되고 있다. 실제 발생할 수 있는 모든 상황을 다룰 수 있는 규칙을 제정하는 것이 가능하지 않음을 확인한 동 조항은 협약에 의해 규제되지 않는 경우에도 "교전자는 인도의 법칙 및 공공양심의 명령으로부터 유래되는 문명화된 인민들 사이에 확립된 관습상의 국제법 원칙의 보호 및 지배하에 있다"라고 하여 '인도적 이익 및 점진적인 문명화의 필요성'을 강조하고 인도적 원칙이 무력분쟁에 관한 모든 법전에까지 확대된다는 것을 분명히 하고 있다. 이는 제국들이 국제인도법의 정신과 실질을 준수해야 할 의무가 있다는 것을 인정하고 있다는 것을 의미한다.[22] 따라서 마르텐스 조항은 명문의 규정이 없더라도 모든 무력분쟁에 적용되는 관습적 성격을 갖는 일반원칙이라고 볼 수 있다.

---

22) M. Lippman, "Crime Against Humanity", 17 *Boston College third World Law Journal*, 1997, pp.173. M. Lippman은 이 논문에서 '인도에 대한 죄'의 의의와 기원, 발전과정 및 관련판례를 상세하게 설명하면서 논문의 말미에서 민족적, 인종적 및 종교적 폭력과 적대에 있어서의 적대행위의 발흥은 일국 뿐만 아니라 국제사회의 안정을 직간접적으로 위협하고 있다면서 위험에 처한 민간주민을 보호하고 잔악행위를 억제하기 위해서는 '인도에 대한 죄 금지협약'의 채택이라는 과감하고 역사적인 조치를 취할 것을 촉구하고 있다. *Ibid.*, p.273.

다. 과도한 상해 및 불필요한 고통을 야기하는 무기 사용금지 원칙

과도한 상해 및 불필요한 고통을 야기하는 무기 사용금지 원칙은 간접적인 표현 형식이기는 하지만 1868년의 세인트 · 피터스버그선언 (St. Petersburg Declaration) 전문에서 처음으로 규정되었다. 즉, "국가가 전쟁기간 중에 달성하고자 노력하여야 할 정당한 목적은 적의 군사력 (military forces)을 약화하는 것이며, 이를 위하여서는 가능한 한 다수의 자를 무능력화 하는 것으로 충분하며, 따라서 이미 무능력하게 된 자의 고통을 소용없이 증대하거나 또는 죽음을 불가피하게 하는 무기의 사용은 전쟁법의 목적의 범위를 넘어선다"고 하였다. 동 원칙을 보다 명확하게 표현한 것은 헤이그 규칙과 제1추가의정서이다. 헤이그 규칙 제23(e)항에 의하면 불필요한 고통을 일으키는 무기, 발사물 및 기타의 물질의 사용을 금지하고 있으며,[23] 제1추가의정서 제35조 2항에서도 '필요 이상의 상해 또는 불필요한 고통'을 일으키는 성질의 무기, 발사물 및 전투물질과 그러한 방법을 사용함을 금지한다고 규정하고 있다.

동 원칙은 세계여론이 교전국가들의 행위의 정당여부를 평가함으로써 도덕적, 정치적 규범으로서 역할을 할 수 있다. 이 원칙의 초법적인 평가는 여론이 대중매체를 통해 정부에 영향을 주기 때문에 단순한 법적인 평가보다도 더 중요하게 나타날 수 있으므로 과소평가 되어서는 안된다. 무엇보다도 동 원칙은 각 국가가 새로운 무기를 개발하는 것을 억제하거나 그들의 사용을 금지하고자 할 때 일반적인 인도주의적 근거의 하나로 설명하기 때문에 대단히 중요한 교시의 자료로서 제공된

---

23) 동 원칙은 400g 이하의 작렬탄, 담담탄, 질식성 또는 유독성 가스 등 몇 가지 전투수단의 특수한 사용금지를 자동적인 규칙으로 만들고자 하는 것을 목적으로 하고 있다. A. Cassese, *Means of Warfare, The Humanitarian law of Armed Conflict,* Napoli, 1979, p.162.

다고 본다.[24]

그러나 동 원칙은 그 개념이 애매하고 객관성이 결여되어 있어 실질적으로 존중되지 않았으며, 각국은 편의적으로 해석하는 경향이 강하였다. 그 결과 잔인한 특성의 무기가 명백하기 때문에 누구도 그것을 부인할 수 없다거나, 동 원칙을 반복적·대규모적으로 위반한 증거가 있는 경우와 같은 극단적인 경우에만 교범적인 역할을 하고 있다.[25]

라. 무차별적인 효과를 초래하는 무기 사용금지 원칙

오늘날 교전자(전투원)와 비교전자(민간인) 및 군사목표와 비군사목표(민간물자)는 엄격하게 구별되고 있다. 동 원칙은 오늘날에 이르기까지 헤이그법의 가장 기본적인 원칙으로서 확립되어 있으며, 제1추가의정서 제48조에 의하여도 재확인되고 있고, 국제연합 총회도 일반적인 무력분쟁법 전체의 기초가 되는 약간의 원칙을 만장일치로 확인하면서 '가능한 한 민간주민을 보호하기 위하여 적대행위에 참가하는 자와 민간주민의 구성원은 항상 구별되지 않으면 안된다'고 결의한 바 있다.[26]

이 원칙은 모든 전투행위를 오직 교전자와 군사목표에 대하여만 지향하고 민간인에게는 원칙적으로 교전자격을 인정하지 않는 반면에, 민간인 및 민간물자는 최대한도로 공격대상으로부터 면제하고, 이들을 가능한 한 보호하려는데 그 목적이 있다.[27]

---

24) 임덕규, "전투수단의 국제법적 규제", 육사논문집, 제21집, 1981, p.297.
25) A. Cassese, *op. cit.*, p.163.
26) U.N., G.A., Res.2444(XXIII)(1968. 12. 19)
27) 정운장, 국제인도법, 영남대학교 출판부, 1994, pp.256~257.

마. 전멸명령 금지원칙

생존자에 대한 전멸명령과 그러한 명령으로 적을 위협하는 행위 및 생존자를 전멸시킬 목적으로 행하는 적대행위는 금지된다. 1907년의 헤이그 육전규칙 제23조(d) 및 제1추가의정서 제40조에 명시적으로 규정된 동 원칙은 상당히 오랜 역사적 과정을 거쳐 발전되었다. 다만 어떠한 조명도 허용하지 않는다고 선언하는 것을 확고하게 반대하는 입장이 확립된 것은 19세기 이후이다. 이러한 원칙은 분명히 해상에서의 부상자, 병자 및 난선자의 존중 및 보호와 밀접히 결부되어 있다. 먼저 불필요한 고통에 관한 규칙의 설명에 비추어 실제 이것은 전투원으로 보다는 물자에 대하여 주로 영향을 미치는 성질 때문에 해상작전의 수행에 직접 적용되는 원칙이라기 보다는 병자 및 난선자를 보호하는 의무의 일부로 보아야 한다. 이러한 접근은 항복하는 적의 살상을 금지하고 있는 제17조에서 조명거부를 첨부하고 있는 1913년의 해전에 관한 옥스퍼드 매뉴얼에 반영되어 있다. 해상에서의 적대행위에서 동 원칙은 제2차 세계대전후에 열린 몇몇 주요한 재판의 판결에서 그 유효성이 지속되고 있다는 것이 확인된 바 있다.[28]

바. 배신행위의 금지

배신행위(perfidy)는 적의 신뢰를 배반하려는 의도를 갖고 무력분쟁에 적용되는 국제법의 규칙들하에서 보호받을 권리가 있거나 보호할 의무가 있는 것처럼 적의 신뢰를 유발하는 행위이다.[29]

---

28) Wolff Heintschel v. Heinegg(ed.), *The Military Objective and the Principle of Distinction in the Law of Naval Warfare*, pp.11-17 참조.
29) Y. Sandoz, C. Swinarski and B. Zimmermann(eds.), *ICRC Commentary to*

이러한 배신행위는 금지되는 바, 이에는 (a) 면제되는 지위, 민간인의 지위, 중립국의 지위 또는 국제연합의 지위 및 (b) 항복 또는 조난(조난신호의 송신 또는 승무원을 구명정에 옮기는 것)을 가장한 공격,[30] (c) 군사기 · 적기 · 적군장 · 적군복 · 휴전기 · 적십자기장의 부당사용(육전규칙 제23조 1항(f)), (d) 휴전기하 또는 투항기하에서의 협상의도의 가장, 부상 또는 질병에 의한 무능화의 가장, 유엔 또는 중립국이나 기타 비충돌당사국의 표식 · 표장 또는 복장의 착용에 의한 피보호지위의 가장(제1추가의정서 제37조 1항) 등이 해당된다. 이외에 적국의 국가원수, 지휘관, 군인 등의 암살행위도 배신행위로 보는 견해도 있다.[31]

배신행위의 예로는 적십자표식을 단 구급차에서 교전지역내에 있는 미군에게 총격을 가한 사실에 대해 피고에게 유죄판결을 내린 1946년의 미군사법원의 '하겐더프사건'(The Hagenderf Case)을 들 수 있다.[32]

Additional Protocol I, Commentary on the Additional Protocols of 8 June 1977 to the Geneva Conventions of August 1949, 1987, pp.434ff 참조.

30) (a)와 (b)에 규정된 예는 당연한 것으로 그 결정적 요소는 군함이나 군용기가 보호되는 지위를 위장하고 있는 동안에 적대행위를 준비하여 실행하는 것이다. 그러므로 해상무력분쟁에 적용될 국제법에 관한 산레모 매뉴얼 채택을 위한 라운드 테이블은 과거 영국의 Q-Ships의 관행(제1차 세계대전중 영국에서는 외견상은 비무장 또는 경무장의 상선 - 대개 소형의 연안항행선- 이 실제로는 위장된 갑판실에 통상 4inch포를 숨기고 있었다. Q-Ship의 Prince charles호는 1915년 7월 헤브리데스제도(諸島)에서 독일 잠수함 U36을 격침시켰다)은 오늘날에는 인정되지 않는다는 입장을 보였다. L. Doswald-Beck, *San Remo Manual on International Law applicable to Armed Conflicts at Sea*, Cambridge University Press, 1995, p.186.

31) M. Greenspan, *The Modern Law of Land Warfare*, 1959, p.317.

32) L. Oppenheim, *International Law*, vol. II, 7th ed., London, Longman, 1952, p.362 참조. 이병조 · 이중범, 국제법신강, 일조각, 1999, p.992에서 재인용.

사. 고의적인 대규모 환경파괴 금지원칙

전투수단 및 방법은 국제법의 관련규칙을 고려하여 자연환경에 타당한 고려를 해야 한다. 군사적 필요성에 의해 정당화되지 않고 또한 자의적으로 행하여지는 자연환경에 대한 손해 또는 파괴는 금지된다.

무력분쟁은 일반적으로 군사적, 경제적 목적을 위한 삼림의 파괴, 식수의 고의적 오염과 같은 직접적, 계획적인 환경파괴 및 환경에 유해한 화학물질 배출시설에 대한 공격, 부정확한 표적선택 및 대량파괴무기에서 발생되는 의도하지 않았던 경미한 환경파괴와 같은 간접적, 부수적으로 영향을 미친다.[33]

베트남전쟁은 계획적인 환경파괴의 심각성을 적나라하게 보여주었는데 전쟁에서 베트남 영토의 10% 이상에 2천만 갤론의 화학물질이 투하되었다. 그 중 절반은 남베트남의 생태계를 유지하는데 중요한 역할을 하는 Mongrove 숲의 54%를 파괴시킨 고독성 물질인 Agent Orange였다. 이외에도 고독성 화학물질 및 융단폭격으로 베트남 숲의 14%가 파괴되었다.[34]

고의적인 환경파괴는 최근의 걸프전에서 극명하게 나타난다. 걸프전에서 이라크는 쿠웨이트에서 철수하기 직전 쿠웨이트의 전후경제를 파괴하기 위해 700개 이상의 유정에 방화하고, 약 2백50만 내지 3백만 배럴의 석유를 걸프만에 유출시켜 돌고래, 해우, 물고기 및 거북 등의 생존을 불가능하게 했을 뿐만 아니라 인간의 생존을 유지하는 생태계

---

33) J. Leggett, "The Environmental Impact of War:a Scientific Analysis and Greenpeace's Reaction", G. Plant(ed.), *Environmental Protection and the Law of War:A Fifth Geneva Convention on the Protection of the Environment in Time of Armed Conflict*, London/N.Y., Belhaven Press, 1992, p.68.

34) *Ibid.*, p.69.

에도 엄청난 악영향을 미쳤다.[35]

이처럼 무력분쟁은 고의적이든 비고의적이든 환경파괴로 인한 다양한 문제들을 유발한다. 이러한 문제들에 대응하여 국제사회는 무력분쟁시의 환경보호에 관한 제규정들을 두고 있다. 이러한 법규들에는 무력분쟁과 관련없는 국제환경법상의 일반원칙 및 보호규정, 환경문제를 직접 언급하지는 않았지만 적용가능한 무력분쟁 관련법규에 명시된 규정 등이 있다.[36] 이들중 무력분쟁법상 무력분쟁에서 환경보호에 관한 법규들로는 전투수단과 방법의 제한에 관한 불필요한 고통금지, 군사상 필요원칙 및 전투원과 민간인의 구분원칙 및 비례성원칙 등 무력분쟁법의 일반원칙과 헤이그 협약,[37] 1949년 제네바협약(제네바 제4협약 제32, 5, 55 및 56조 참조), 1977년 추가의정서(제1추가의정서 제35, 54, 55 및 56조 참조), '환경변경기술의 군사적 또는 기타 적대적 사용금지 협약'(Convention on the Prohibition of Military or any Other Hostile Use of Environmental Modification Techniques:ENMOD Convention)[38] 등이 있다.[39]

---

35) Ibid., p.70. 걸프전에서의 환경파괴에 대한 설명은 A. Roberts, "Environmental Destruction in the 1991 Gulf War", 291 International Review of the Red Cross, 1992, pp.538-553. 특히 다국적군에 의한 환경파괴는 Ibid., pp.545-547

36) 이들 각각의 규정들에 대한 자세한 설명은 B. Baker, "Legal Protections for the Environment in Times of Armed Conflicts", 33 Virginia Journal of International Law, 1993, pp.353-376 참조.

37) 899년 협약(II) 제22조 및 제55조, 1907년 협약 제22, 25, 27, 28 및 55조 참조. 이러한 규정들은 직접적으로 환경보호를 위해 채택된 것은 아니지만 군사필요성으로 정당화되지 않는 문화적으로 중요한 자연자원과 환경보호에 적용 가능하며 국제인도법이 자연환경의 보호문제에까지 확대될 수 있는 법적 기초가 되었다.

38) UN GA Res.31/72, UN GAOR, 31st Sess., Supp.No.39, UN Doc.A/31/39(1976). 군축위원회의 산물인 동 협약은 환경에 유해한 전투행위의 규제를 포괄적으로 규제하지는 못했지만 군비통제와 환경보존간의 관계를 나타냄으로서 인간보존을 위한 건강한 환경의 필요성을 묵시적으로 인정하고 있다. 동 협약 제1, 2조 참조.

39) 무력분쟁시의 환경보호에 관한 국제인도법에 대해서는 ICRC, Protection of the Environment in Time of Armed conflict: Report Submitted by the International Committee of the Red Cross to the Forty-English session of the United Nations

이들 법규들의 면면을 볼 때 이들은 국제적 무력분쟁과 깊은 관련을 갖고 있다는 것을 쉽게 알 수 있다. 물론 무력분쟁 관련법규의 기본원칙들은 비국제적 무력분쟁에도 적용가능하지만 공통3조 및 제2추가의정서에서 환경보존과 직접적으로 관련있는 규정들을 찾아 볼 수 없다. 다만 제2추가의정서는 제1추가의정서 제54조(민간주민의 생존에 필수적인 물자의 보호) 및 제56조(농어지대, 관개시설 및 기타 환경에 대한 공격금지)와 유사한 제14조(민간주민의 생존에 필수적인 물자 및 시설물에 대한 공격, 파괴금지)와 제15조(위험한 물리력을 포함하는 사업장 및 시설물에 대한 공격금지)를 두고 있다. 이러한 규정들을 통해 제2추가의정서는 무력분쟁시 환경보호를 간접적으로 규정하고 있음을 알 수 있다.[40]

해상 무력분쟁에서의 환경문제는 새로운 해전 기술과 방법, 무력분쟁법과 해양법의 새로운 전개 및 해상무력분쟁의 결과로서 환경에 대한 중대한 손해가 발생할 가능성의 증대로 주목받기 시작하였으며, '해상무력분쟁에 적용될 국제법에 관한 산레모 선언'의 채택을 위하여 1991년에 개최된 베르겐(Bergen) 회기와 1992년의 오타와(Ottawa) 회기에서의 예비논의를 거쳐서 1993년 제네바 회기 라운드 테이블을 위한 합의의제로 삽입되면서부터 공식적으로 논의되기 시작하였다.

제네바 회기중 무력분쟁중의 환경보호에 관한 특별보고자는 보고서에서 평시에 해양환경을 해하지 않을 의무가 국가에 존재한다고 하였는데, 걸프전쟁(1991년)의 경험에 비추어 볼 때 적어도 해상 무력분쟁 중에 전투의 수단으로서 해양환경을 이용하는 것 또는 그것을 공격목표로 하는 것을 금지하는 규칙이 출현했다는 것은 매우 명백하다고 강

General Assembly, 1993 참조.

40) P. Antonio, "International humanitarian Law and the Protection of the Environment in time of Armed Conflict", 291 *IRRC*, 1992, pp.525-527.

조하였다. 제네바 회기에서 논의 결과 '군사적 필요성에 의하여 정당화 되지 않고 또한 자의적으로 행하여지는 자연환경에 대한 손해 또는 파괴는 금지한다'라는 조항을 채택하기로 합의되었다. 이는 많은 참가자들이 표명한 관심사, 즉 '군사적 필요 원칙'의 범위내에서 해상 무력분쟁의 전투수단 또는 공격의 직접목표 또는 대상으로서 해양환경을 이용하는 것을 위법화해야 한다는 것을 수용한 것이었다.

제네바 회기에서 합의된 안은 리브로노(Livrono) 최종회기에서 '전투수단 및 방법은 그 법원의 여하에 관계없이 무력분쟁에 적용되는 자연환경의 보호와 보전에 관한 국제법 규칙에 따라서 사용되지 않으면 안된다'라고 수정할 것이 제안되었는데, 이는 보다 명확하고 직설적이었다. 특히 무력분쟁시의 환경보호에 적용되는 법규의 향후 발전에 길을 여는 것이었다. 그러나 다른 참가자들은 본 항에 '국제법의 관련규칙을 고려하여'를 언급하는 것은 무력분쟁에 적용되는 그러한 규칙을 존중하지 않으면 안된다는 것을 적절히 규정하고 있고, 또한 그것에 '타당한 고려'의 기준을 추가하는 것은 보다 효과적인 환경보호에 기여한다고 생각하였다. 그 이유는 오늘날 무력분쟁 중의 환경보호를 직접 언급하는 규칙은 매우 한정되어 있고, 또한 '타당한 고려'라는 표현은 개개의 특정 경우에 대립되는 이해를 평가하는데 유연성을 부여한다고 보았기 때문이었다.

2. 전투수단의 제한

가. 미사일 및 기타 발사체

미사일 및 초수평선(Over The Horizon : OTH) 능력을 갖는 발사체는 목표물 구별원칙에 따라 사용되어야 한다. 통상적으로 '발사후 망각 모드'(fire and forget weapon)와 같은 특징을 갖는 미사일과 같은 전투수단은 일단 발사될 경우 그 비행속도가 매우 빠르기 때문에 지휘관이 판단을 재고할 여유가 없다. 또한 표적을 빗나간 미사일은 해전구역내의 군사목표가 아닌 다른 선박을 추적하기도 한다.

따라서 미사일 및 기타 발사체는 그 사용시 구별원칙과 공격시의 예방조치에 관한 의무를 확실하게 준수하여야 한다. 이러한 제한을 위반하거나 무시한 공격은 불법적인 것으로 금지된다. 그러므로 지휘관은 초수평선 및 초시계(Beyond Visual Range : BVR) 능력을 갖고 있는 미사일이나 발사체의 발사를 결정할 때에 부수적 손해에 대한 중점적인 고려를 포함해서 목표구별의 기본적 원칙과 공격시의 예방조치를 특히 중시해야 한다. 하지만 초수평선 또는 초시계 유도시스템에 의한 미사일과 발사체도 만약 표적구별을 보장하는데 충분한 센서를 갖추고 있거나 외부적인 표적데이타 자료와 결합되어 운용된다면 합법적이다.

다음으로 어뢰는 항주를 끝냈을 때 가라앉지 않거나 무해한 것으로 변하지 않는 것은 사용이 금지된다. 어뢰를 사용할 경우 오로지 군사목표물만이 피해를 입고 다른 선박이나 비군사목표물은 피해를 입지 않도록 보장하기 위하여 해상 무력분쟁에 적용되는 일반원칙이 준수되어야 한다. 1907년 헤이그 제8조약(자동촉발기뢰의 부설에 관한 협약)의 어뢰에 관한 규정(제1조 3항)도 이를 규정하고 있다. 동 규정은 오늘날 일반적으로 국제관습법의 일부로 받아들여지고 있다.[41] 이러한 요건이 없으면 어뢰는 항주를 끝낸 후 부유기뢰처럼 수중에 정지하는 것이 합리적이라고 추정될 수도 있는 바, 그러한 어뢰는 공격이 면제되는 선박에 위협이 되기 때문에 금지되어야 한다.

나. 기뢰

기뢰란 선박에 손해를 가하거나 격침시킬 의도를 갖는 또는 어떤 해역에 선박이 진입하는 것을 저지할 의도를 갖고 해중, 해저 또는 그 지하에 부설되는 폭발장치로서 적이 일정구역을 사용하는 것을 거부하기 위해서 즐겨 사용되는 수단이다.

러일전쟁(1904~1905)에서의 기뢰의 광범위한 사용과 전쟁 중에 부설된 기뢰가 전쟁종료 후 상선 등에 대하여 막대한 피해를 야기하자 기뢰문제는 1907년 제2차 헤이그 평화회의의 주요의제에 포함되었는 바,[42] 그 결과 기뢰의 사용 및 제한은 '자동촉발해저기뢰의 부설에 관한 헤이그 제8협약'(헤이그 제8협약)에 자세하게 규정되게 되었다. 하지만 동 회의에서 중립선박을 보호하기 위해서는 기뢰의 사용이 규제되어야 한다는 주장이 제기되자 영국은 계류되지 않은 자동촉발기뢰의 사용과 무역봉쇄를 위한 기뢰의 사용을 금지하자고 제안하였으며, 이러한 영국의 제안에 대해 독일을 비롯한 몇몇 국가들이 반대하자 헤이그 제8협약은 양측의 입장을 일부 수용하여 절충안을 채택되었다.[43] 동 협

---

41) D. Fleck(ed.), *The Handbook of Humanitarian Law in Armed Conflicts*, Oxford University Press, 1995, p.458.
42) D. Fleck(ed.), *op. cit.*, p.442.
43) 해군본부(역), 전쟁법규집, 1988, p.99.

약에 따르면 부설자의 관리를 벗어난 후 적어도 1시간 이내에 무해한 것으로 되지 않는 무계류 자동촉발기뢰, 계류를 벗어난 후 즉시 무해한 것으로 되지 않는 계류 자동촉발기뢰 및 명중되지 않을 경우 무해한 것으로 되지 않는 어형기뢰는 사용이 금지되며, 또한 상업상의 항행을 차단할 목적으로서 적의 연안 및 항구전면에 자동촉발기뢰를 부설할 수 없다(헤이그 제8협약 제1~2조).[44]

기뢰는 적에 대한 해상거부를 포함한 정당한 군사목적에 대해서만 사용되어야 하는데, 기뢰를 정당한 군사목적에 한정해서 사용해야 한다는 이러한 의무는 국제인도법의 기본원칙으로부터 논리적으로 도출된다. 해상무력분쟁에 있어서 기뢰는 그 사용이 엄격하게 제한되고 있다. 그것은 그 성질상 공해상에 부유하여 중립국 선박의 공해에 있어서의 항해의 안전을 해할 가능성이 크기 때문이다.

따라서 공해에서의 무차별적인 기뢰부설의 위법성을 명확히 규정하기 위해서는 구역거부(Area Denial)를 위한 기뢰 사용의 합법성이 명시적으로 언급되어야 하며, 적국의 해역사용을 거부하기 위한 기뢰부설은 다음의 제한사항들이 준수되지 않으면 위법이다.

(가) 분쟁당사국은 만약 분리되거나 통제가 상실된 경우 유효하게 무력화되지 않는다면 기뢰를 부설해서는 안된다. 부유기뢰는 (a) 군사목표물에 대한 사용, (b) 통제를 상실한 후 1시간 이내에 무력화되는 경우 이외에는 사용이 금지된다. '통제를 상실한'이

---

44) 제1차 걸프전에서의 교전국 관행은 동 협약의 규정들이 현대 해전에 있어서도 계속해서 유용하다는 사실을 여실히 보여주었는 바, 동 협약이 그 기초시에 기뢰를 전면적으로 금지하지 못하고 특별히 한 범주의 기뢰(자동촉발기뢰)만을 금지시키고 있는 것은 동 협약의 큰 결점이다. 헤이그 제8협약의 결점에 대한 자세한 설명은 N. Ronzitti(ed.), *The Law of Naval Warfare*, Maitinus Nijhoff Publishers, 1988, pp.140-141 참조.

라는 어구는 기뢰가 투하되는 순간을 의미한다.[45]

(나) 폭발할 수 있는 상태로 기뢰를 부설하거나 사전에 부설된 기뢰를 폭발할 수 있는 상태로 하는 경우, 만약 그 기뢰가 군사목표물인 선박에 대해서만 폭발할 수 있는 것이 아니라면 통지되어야 한다.[46]

(다) 교전당사국은 부설한 기뢰의 위치를 기록해 두어야 한다. 기뢰가 부설된 위치를 기록해야 할 의무는 한편으로는 국제항로를 항행하는 선박에 폭발가능한 상태로 부설된 기뢰를 통고해야 할 의무에서 당연히 도출되는 것이며, 다른 한편으로는 기뢰를 적절한 감시하에 두고 필요하면 적대행위의 종료시에 제거할 수 있도록 하기 위해서이다

(라) 봉쇄규칙에 근거한 중립국 선박의 보호와 같이 중립국 선박을 효과적으로 보호하기 위한 규칙은 필요하다. 교전당사국은 내수, 영해 또는 군도수역내 최초 기뢰부설시 중립국 선박의 자유통과를 보장하여야 한다. 이는 기뢰부설과 관련하여 새로운 것이기는 하지만 이미 관습법상의 의무로 발전되어 있다고 간주되고 있다. 항만뿐만 아니라 영해와 군도수역에까지 이러한 의무를 확장한 것은 교전국이 존중하지 않으면 안되는 공격시의 예방조치로부터의 논리적 귀결이다.

(마) 교전당사국은 중립국 수역에 기뢰를 부설할 수 없다. 중립국 수

---

45) 헤이그 제8협약 제3조 참조. 동조는 다음과 같이 규정하고 있다: "계류자동촉발수뢰를 사용할 때에는 평화적 항해를 안전케 하기 위하여 모든 가능한 예방수단을 취하여야 하며, 일정 기간 경과후에는 무해하게 하는 장치를 설치하여야 한다".

46) 통지의무는 국제적인 선박수송을 위해 마련된 통상의 경로 즉, '수로통보'(Notice to Marinees)에 의한 공표와, 국제해사기구에의 전달을 통한 통지로 충족될 수 있을 것이다. 이러한 공표방식은 필요한 정보를 전달하는 현대의 효과적인 수단으로 간주된다. 어떤 상황에서는 외교경로를 통한 모든 국가에 대한 통지가 적절할 수도 있을 것이다.

역에의 적대행위의 하나인 기뢰부설은 '해전에서 중립국 권리의 무에 관한 헤이그 제13조약' 제2조에 이미 금지되어 있다. 이러한 제한이 중립국으로 하여금 자국 수역에 기뢰를 부설할 수 있는 권리를 손상시키는 것은 아니지만 해양법협약은 그러한 기뢰부설이 다른 중립국들과 공평의무를 준수하는 교전국에 의한 무해통항에 관련되는 수역을 영구적으로 폐쇄하는 효과를 갖는 것이어서는 안된다는 것을 시사하고 있다.[47]

(바) 기뢰부설은 중립국 수역과 국제수역간의 통항을 방해하는 실질적인 효과를 가져서는 안된다. 이러한 의무는 중립국의 이익에 대하여 부당한 개입을 하여서는 안된다고 하는 일반적 의무로부터 추론할 수 있다.

(사) 기뢰부설국은 특히 중립국 선박에 안전한 대체항로를 제공함으로써 공해의 합법적인 사용에 타당한 고려를 해야 한다. 교전국의 '타당한 고려' 의무 규정은 평화적인 항해, 특히 중립국 선박의 이익보호를 보증하기 위해서 교전국이 실시하지 않으면 안되는 조치들과 관련하여 평가하여야 할 여지를 남기고 있다. 안전한 대체항로의 제공은 교전국이 평화적인 항해를 보호하기 위해서 선택할 수 있는 방법의 하나에 불과하다. 그러한 유효한 방법은 피해를 입지 않고 기뢰원을 항행하기 위해서 도선이나 호위역무를 제공하는 것이다.

(아) 국제해협에서의 통과통항 및 군도항로대통항권이 적용되는 수역에서의 통항은 안전하고 편리한 대체항로가 제공되지 않으면 방해되어서는 안된다. 통과통항과 군도항로대통항에 관한 새로

---

47) 유엔해양법협약 제25조 3항 참조.

운 제도는 해협과 항로대에의 기뢰부설을 위법적인 것으로 하지는 않지만 국제해협과 군도항로대의 중요성을 생각하면 교전국은 이들 수역에 무제한적으로 기뢰를 부설할 수 없다.

(자) 분쟁당사국들은 상호간 또는 적당한 경우 제3국 및 국제기구간에 기뢰원을 제거하거나 또는 다른 방법으로 무력화하기 위해 필요한 적절한 정보의 제공 및 기술적, 물질적 지원에 관한 합의에 도달하도록 노력하지 않으면 안된다.[48)]

(차) 적대행위가 종료된 후 분쟁당사국은 그들이 부설한 기뢰를 제거하거나 무력화하기 위해 최선을 다해야 한다. 적국의 영해에 부설한 기뢰에 대해 각 당사국은 그 위치를 통고하여 최단기한내에 제거할 수 있게 하거나 다른 방법으로 그 영해를 항행에 안전한 곳으로 하지 않으면 안된다.

3. 전투방법의 제한

가. 해상봉쇄[49)]

나. 기계(奇計)

기계(ruse of war)란 전쟁 중 교전자가 진실되게 행동할 의무가 없는

---

48) 기뢰원의 소해 및 무해화에 관한 의무의 중요성을 과소평가하면 안된다. 제2차 세계대전중에 사용된 기뢰가 지금도 북해에서 간헐적으로 발견되고 있어 평시의 합법적인 권리행사를 위협하고 있다. 육전에 있어서의 지뢰제거 문제는 지금까지 무력분쟁국의 경제발전을 현저히 위협하고 있다. 그러나 교전국이 적대관계의 종료직후에 부설한 기뢰를 제거하거나 또는 다른 방법으로 무해한 것으로 하기 위한 협력에 합의할 수 있을 지는 의문이다.
49) 제2장 관련 내용 참조.

경우에 군사 작전상의 이익을 얻기 위하여 적을 착오에 빠트릴 목적아래 고의적으로 사용하는 술책을 말한다. 이는 군인이 교전자의 자격으로 적정 및 지형을 탐지하는 정찰과 함께 전술의 일종으로서 합법적인 전투수단이다(헤이그 육전규칙 제24조).

이에 해당되는 중요한 것으로는 복병, 위장공격 및 퇴각, 허위정보의 유포, 적의 간첩을 매수하여 허위보고게 하는 행위 등을 들 수 있다. 1977년 제1추가의정서 제37조 1항은 위장, 유인물, 양동작전 및 허위정보의 사용을 기계의 예로 들고 있다.[50]

해상에서의 기만은 해군 역사에서 가장 특징적인 전투방법의 하나이다. 군함은 자기를 위장할 권리가 있기 때문에 원할 경우 전투행위 중이 아니면 타국의 국기를 게양할 수 있다. 교전국의 군함이 목적물에 접근하기 위하여 또는 그것으로부터 이탈하기 위하여 중립국 또는 적국의 국기를 게양하는 것은 기계행위로서 합법적인 것으로 인정된다. 그러나 공격개시, 임검, 수색, 나포 등을 행할 경우에는 반드시 자국의 국기를 게양해야 한다. 이러한 관행은 평화적인 항행에 현저한 부정적 영향을 미친다. 만약 평화적인 항행을 절대적으로 보호하고자 한다면 해상무력분쟁시 기만은 전면적으로 금지되어야 한다. 그러나 일반적인 해상 무력분쟁법이 교전자의 위장조치를 전면적으로 금지하고 있지 않기 때문에 그러한 전면금지는 가능하지 않을 것이다. 또한 오늘날 군함은 전자파를 중지하는 등 각종 수단을 사용하여 적의 탐지로부터 벗어나기 위한 여러 조치를 취할 능력을 갖추고 있다.

그러나 기계는 평화적인 항행을 위협하는 한 요인이 되는 것은 분명하므로 일정한 제한은 피할 수 없다. 일반적으로 전투원은 민간주민으

---

50) ICRC Commentary to Additional Protocol Ⅰ, *Commentary on the Additional Protocols of 8 June 1977 to the Geneva Conventions of August 1949*, pp.440ff 참조.

로부터 자기를 구별할 것이 요구되며, 이 규칙으로부터 일탈하는 것은 매우 특수한 상황에서만 가능하다. 따라서 군함 및 그 보조선박(군용기 및 보조항공기 포함)은 적의 공격으로부터 면제되는 지위, 민간인의 지위 또는 중립국의 지위를 가장할 수 없다.

구체적으로 군함 및 보조선박은 위장기(false flag)를 게양한 채 공격 하거나 (a) 병원선, 연안구조용 소형 선박 및 의료수송선, (b) 인도적 임 무에 종사하는 선박, (c) 민간여객을 수송하는 여객선, (d) 국제연합기 에 의해 보호되는 선박, (e) 카르텔 선박을 포함한 당사자간 사전의 합 의에 의해 안전통항권이 보증된 선박, (f) 적십자 또는 적신월 표장에 의해 확인될 수 있는 선박, (g) 특별보호하에 있는 문화재를 수송하는 선박의 지위를 적극적으로 가장하는 것은 금지된다.

이러한 기계의 실례로 제1차 대전중 독일 함정 엠던(S.S.Emden)호는 일본의 국기를 게양하고 말레이(Malay)의 페낭(Penang)항에 들어가 정 박중인 러시아 함정 젬슈그(S.S.Zhemshug)호에 돌진, 일본기를 내리고 독일 국기를 게양하고 공격을 개시하여 동함을 격침시켰는데, 이 행위 는 기계로서 합법적인 것으로 인정되고 있다. 이에 반하여 1783년 프 랑스 군함 시비유(S.S.Sybille)호는 영국기를 게양하고 동 선박이 해난을 당하여 영국 군함에 포획된 것처럼 위장하여 구조하기 위해 접근하던 영국 군함 후살(S.S.Hussar)호를 프랑스기를 게양하지 않은 채 공격하 였으나 역부족으로 후살호에 포획되었던 바 이와 같은 시비유호의 공 격행위는 위법행위로서 비난을 받았다.[51]

---

51) L. Oppenheim, *op. cit.*, 1952, p.510 참조. 이병조 · 이중범, *op. cit.*, p.1002에서 재인용.

Ⅳ. 해상무력분쟁 희생자의 인도적 보호

1. 상병자 및 조난자의 보호

가. 의의 및 보호원칙

해상무력분쟁에서의 1차적 보호대상자는 상병자 및 조난자이다. 여기서 조난이라 함은 원인의 여하를 불문한 모든 조난을 말하며 또한 항공기에 의한 또는 항공기로부터의 해상에의 불시착을 포함한다.[52]

국제법상 보편적으로 승인된 인도상의 법칙에 따라 상병자 및 조난자는 누구이건, 가령 그들이 유격대이건 범죄자이건 존중되고 인도적으로 대우받아야 하며 그 상태에 상응한 간호를 받을 권리가 있다. 이들 상병자 및 조난자는 다음과 같은 일반원칙에 의거 존중 및 보호된다.

---

52) 해전에서의 상병자 및 조난자에 대해 상세하게 분류하고 있는 것은 1949년 제네바 제2협약이다. 동 협약에 따르면 피보호자로서의 상병자 및 조난자는 다음의 부류에 속하는 자이다(1949년 제네바 제2협약 제13조). 첫째, 분쟁당사국 군대의 구성원 및 그러한 군대의 일부를 구성하는 민병대 또는 의용대의 구성원. 둘째, 분쟁당사국에 속하며 또한 그들 자신의 영토(그 영토가 점령되고 있는지의 여부 불문)의 내외에서 활동하는 기타의 민병대의 구성원 및 기타의 의용대의 구성원(조직적인 저항운동의 구성원 포함). 단, 그러한 조직적 저항운동을 포함하는 민병대 또는 의용대는 그 부하에 대하여 책임을 지는 자에 의하여 지휘될 것, 멀리서 인식할 수 있는 고정된 식별 표지를 가질 것, 공공연하게 무기를 휴대할 것 및 전쟁에 관한 법규 및 관행에 따라 그들의 작전을 행할 것이라는 조건을 충족시켜야 한다. 셋째, 억류국이 승인하지 아니하는 정부 또는 당국에 충성을 서약한 정규군대의 구성원. 넷째, 실제로 군대의 구성원은 아니나 군대에 수행하는 자. 즉, 군용기의 민간인 승무원, 종군기자, 납품업자, 노무대원 또는 군대의 복지를 담당하는 부대의 구성원. 단, 이들이 수행하는 군대로부터 인가를 받고 있는 경우에 한한다. 다섯째, 선장, 수로안내인 및 견습선원을 포함하는 분쟁당사국 상선의 승무원 및 민간항공기의 승무원으로서 국제법의 다른 어떠한 규정에 의하여서도 더 유리한 대우의 혜택을 향유하지 아니하는 자. 여섯째, 미점령 영토의 주민으로서, 적이 접근하여 올 때 정규군 부대에 편입할 시간이 없이 침입하는 군대에 대항하기 위하여 자발적으로 무기를 든 자. 단, 이들이 공공연하게 무기를 휴대하고 또한 전쟁법규 및 관행을 존중하는 경우에 한한다.

첫째, 군대의 구성원과 기타의 자로서 해상에 있는 상병자 또는 조난자는 모든 경우에 존중되고 보호되어야 한다(제네바 제2협약 제12조 1항). 이러한 의무는 일반적인 것이다. 이는 '모든 경우'에 유효한 것이며, 또 '모든 자'(군함과 상선의 장 및 승무원 그리고 육상의 당국, 일반 시민 등)에게 적용된다. 전투외에 있는 자에 대한 불가침 원칙은 보편적인 것이며, 동 원칙에 따라 행동해야 하는 것은 의무이다.[53]

둘째, 상병자 또는 조난자를 그 권력하에 두고 있는 당사국은 이들을 성별, 인종, 국적, 종교, 정견 또는 기타의 유사한 기준에 근거를 둔 차별없이 인도적으로 대우하고 간호하여야 한다. 이들의 생명에 대한 위협 또는 신체에 대한 폭행은 엄중히 금지되며, 특히 살해 또는 몰살되거나 고문 또는 생물학적 실험을 받아서는 안된다. 그리고 고의로 의료와 간호를 제공받지 않은 채 방치되어서는 안되며, 또한 전염이나 감염에 노출되어서도 안된다(동 제12조 2항). 간호를 필요로 하는 상병자 및 조난자는 그들이 우군이건 적군이건 이에 불문하며 교전자가 어떠한 차별을 행하는 것이 정당화되지 않는다. 그들은 보호, 존중 및 간호를 호소할 권리에 있어 전적으로 평등한 지위에 있다.[54] 교전당사국이 자신의 권력내에 있는 이들에게 이를 위반하는 경우 중대한 위반행위에 해당된다.

셋째, 치료상의 우선권은 긴급한 의료상의 이유로만 허용된다(동 제12조 3항). 동 항은 부상자, 병자 및 난선자를 평등하게 대우해야 한다는 원칙을 강화하기 위한 것으로, 치료순서에 있어서 우선권을 정당화

---

53) 대한적십자사 인도법연구소(역), 제네바협약 해설 Ⅱ, 1985, p.100.
54) *Ibid.*, pp.101-102. 동 항은 부상자, 병자 및 난선자를 생물학적 실험에 제공하는 것을 금지함으로써 그들을 희생시켰던 범죄적 관행을 종결시키고 또 체포된 부상자가 의학적 실험을 위하여 모르토르의 대용이 되는 것을 금지하는 것이 목적이었다. *Ibid.*, p.102.

하는 이유는 의료상의 이유 하나만이라는 것을 말하고 있다. 평등대우 원칙에 대한 유일한 예외로써, 예를 들어 병원선에 적군과 우군 쌍방의 부상자가 다수 수용되어 혼잡한 경우, 의사는 방치하여 두면 죽거나 또는 생명에 위험이 있는 환자를 우선적으로 간호하고, 그 후에 긴급한 간호를 요하지 않는 상태에 있는 환자를 간호하여야 한다.[55]

넷째, 부녀자는 여성이 당연히 받아야 할 모든 고려로서 대우되어어 한다(동 제12조 4항). 공식적으로 군사작전에 참가하는 여성은 그 성별 때문에 특별한 고려로써 대우하여야 한다는 것은 이미 1929년에 인정되었다. 이러한 취지의 규정은 포로대우에 관한 협약에서 규정되었으나 소위 제네바협약에는 아무런 언급이 없었다. 그러나 군사작전에 참가하는 여성이 점차 증가하고, 제2차 세계대전중의 쓰라린 경험으로부터 상병 여성전투원에 대한 특별고려가 필요하다는 것이 점차 인정되었다. 여성을 특별고려로써 대우해야 한다는 것은 물론 여성이 남성과 동등하게 향유할 수 있는 보호에 추가하여 보호를 받는다는 것을 의미한다. 이는 모든 문명국에 있어서 자기보다 약한 명예와 존엄이 존중되어야 할 자에게 당연히 주어져야 하는 것이다.[56]

나. 상병자 및 조난자 보호의 구체적 내용

(1) 교전국 군함의 상병자 인도 요구

교전국의 모든 군함은 그 국적 여하를 불문하고 軍병원선 및 구호단체 또는 私병원선과 상선, 요트 및 기타의 주정에 있는 상병자 또는 조

---

55) *Ibid.*, p.102.
56) *Ibid.*, p.103.

난자를 인도하도록 요구할 권리를 갖는다(동 제14조).[57]

군함은 병원선 또는 상선을 조우한 경우 이를 수색할 권리가 있으며, 선내에 있는 상병자 및 조난자의 인도를 요구할 수 있다. 그들이 자국 국적을 가진 경우 전시포획으로부터 해방시킬 수 있으며, 적국적을 가진 경우에는 전투원은 부상한 자라도 적의 권력내에 들어간 경우에는 포로가 되므로 그들을 포로로 할 수 있다.[58]

교전국의 인도 요구권(right of surrender)은 국적 여하를 불문하고 모든 종류의 병원선 및 구명정과 상선 기타의 선박에도 적용된다. 그러나 이러한 인도 요구권 행사에는 일정한 제한이 적용된다. 상병자가 이동할 수 있는 상태에 있어야 하며, 당해 군함이 필요한 의료상의 치료를 하는데 충분한 편익을 제공할 수 있어야 한다. 이는 상병자를 치료할 장비와 인력을 갖추고 있지 않은 군함으로 인도될 경우 상병장에게 과도한 고통이 따를 수도 있다는 우려를 불식시키기 위한 것이다.[59]

(2) 중립국 관할내에 있는 상병자 및 조난자의 군사작전 참가 금지

상병자 또는 조난자가 중립국의 군함 또는 군용기에 수용되는 경우, 그들이 군사작전에 더 이상 참가할 수 없도록 보장되어야 한다(동 제15조). 이 경우 교전국에 의한 수용 또는 인도 요구권은 문제되지 않는다. 군함은 일반적으로 기국의 배타적 관할권하에 있기 때문이다. 교전국

---

57) 1868년의 '전장에서의 군부상자의 상태개선에 관한 협약 추가수정안'은 교전국 선박이 구호단체의 병원선 선내에 있는 부상자의 인도를 요구할 수는 없으나 군병원선에 대해서는 이를 나포할 수 있는 것이므로 그 선내에 있는 부상자의 인도를 요구할 수 있다고 하였다.

58) 적의 수중에 들어가는 교전국의 상병자 및 조난자는 포로가 되며, 그들에게는 포로에 관한 국제법 규정이 적용된다. 포로를 포획한 자는 그들을 억류할 것인지, 자국이나 중립국 항구로 이송할 것인지의 여부를 사정에 따라 결정할 수 있다. 본국으로 송환된 포로는 전쟁이 계속되는 동안 군대에 복무하지 못한다(제네바 제2협약 제16조).

59) *Ibid.*, pp.118-120 참조.

의 부상자 등이 중립국에 수용되는 경우, 더 이상 전투행위에 참가하지 못하도록 그들을 억류하지 않으면 안된다.

현지당국의 동의를 얻어 중립국 항구에 상륙한 상병자 및 조난자는 중립국과 교전국간의 반대 약정이 없는 한, 군사작전에 다시 참가할 수 없도록 중립국이 감시하여야 한다(동 제17조). 중립국에 부상자 등이 상륙하는 것은 양국간에 협정이 존재하고 있다는 것을 의미한다. 중립국이 동의하는 경우 교전국 군함은 중립국 항구에 단시간 기항할 수 있다. 이 경우 교전국 군함은 함내에 수용되어 있는 포로(자국 부상자의 경우는 더욱 그렇다)를 상륙시킬 의무가 없으며, 그들을 태운 채 출항할 수 있다. 그러나 함장은 긴급한 위생상의 이유가 있을 때 또는 설비가 부족한 경우 특히, 그 군함이 기지로부터 원거리에 있는 경우에는 함내에 있는 부상자 등을 중립국 영역에 상륙시키고 잔류하도록 희망할 수 있다. 상륙시킬 경우 중립국 지방당국의 동의를 얻어야 한다. 상륙에 관한 상호 합의가 성립되면 당해 중립국과 교전국간에 반대의 협정이 없을 때에는 부상자 등은 그들의 본국에 귀환할 수 없으며, 또 다시 군사행동에 참가할 수 없다는 국제법 규칙에 따라 억류되지 않으면 안된다.[60]

(3) 교전후 희생자의 보호 및 수색

분쟁당사국은 매 교전후에 부상자 등을 찾아 수용하고, 그들을 약탈과 학대로부터 보호하며, 충분한 간호를 보장하고 또한 사망자를 찾아 약탈로부터 방지하기 위하여 모든 조치를 지체없이 취하여야 한다(동 제18조 1항). 부상자 등을 존중하고 보호해야 한다는 요구에는 그들을 긴급한 위험(예를 들면, 대부분의 경우 조난)으로부터 구하지 않으면 안된다

---

60) *Ibid.*, pp.134-135.

는 의미를 포함하고 있다. 지체없이 조치를 취하여야 할 의무는 엄격하긴 하지만 당사국이 취할 수 있는 범위의 조치에 한정된다. 즉, 군당국이 무엇이 가능한가를 판단하고 어느 범위까지 그 부대 및 인원을 조난자를 위한 수색에 충당할 수 있을 것인가를 결정할 수 있다는 것이다.[61]

또한 분쟁당사국은 사정이 허용하는 한 언제든지 점령 또는 포위된 지역으로부터 상병자를 해로로 이송하기 위하여 또한 동 지역으로 가는 의무요원, 종교요원 및 장비를 통과시키기 위하여 현지약정을 체결하여야 한다(동 제18조 2항).

(4) 적 상병자 등의 기록 및 정보의 송부

분쟁당사국은 그들의 수중에 들어오는 적국의 조난자, 상병자 또는 사망자에 관하여 가능한 한 조속히 그러한 자의 신원 판별에 도움이 될 어떠한 세부사항이라도 기록하여야 한다(동 제19조 1항).[62] 이 기록은 포로의 대우에 관한 1949년 8월 12일자 제네바협약 제122조에 기술된 정보국에 가능한 한 조속히 송부되어야 하며, 동 정보국은 이익보호국

---

61) *Ibid.*, p.147 참조. 격침 함정의 승무원을 고속어뢰정 및 잠수함과 같은 전투함정이 수용해 줄 것을 항상 기대할 수는 없다. 왜냐하면 이러한 함정은 설비가 미비되어 있거나 충분한 수용능력을 갖추지 못할 수가 있기 때문이다. 잠수함은 장시간 해상에 체류하거나 수용한 인원을 상륙시킬 항구에 입항하는 것이 매우 위험할 수도 있다. 군함의 지휘관이 구조작업을 행할 때 그 군함이 공격의 위험에 처하게 될 경우 군함의 지휘관이 구조작업에 종사하지 않으면 안된다는 절대적 규칙을 준수할 수는 없을 것이다. 그러나 분쟁희생자를 수용할 수 없는 군함은 병원선이 인근 해역에 있을 경우에는 병원선에 통보하고, 군함보다 더 나은 설비를 갖춘 선박이 있으면 그 선박에도 통보해야 한다. 그렇지 않으면 중립국 선박에 구조를 요청하여야 한다. 그리고 군함은 가장 가까운 연안당국에 통보하거나 공군에 원조를 요청할 수도 있다. 부득이 조난자를 포기하지 않으면 안될 경우에는 그들이 원조를 기다리거나 해안에 도달할 수 있게 하기 위한 수단(구명보트, 식량, 음료수 및 해도 등)을 제공하도록 노력하여야 한다. *Ibid.*, pp.147-148 참조.

62) 가능할 경우 이들 기록에는 소속국, 소속 부대명 및 군번, 성, 이름, 생년월일, 신분증명서 또는 표지에 표시된 기타 상세한 내용, 포로가 된 일자 및 장소 또는 사망일자 및 장소, 및 부상이나 질병 또는 사망 원인에 관한 상세한 내용 등이 포함되어야 한다(동 제19조 2항).

및 중앙포로기구를 중개로 하여 이들 국적국에 이 자료를 전달하여야
한다(동 조 3항).

⑸ 부상자 등의 보호를 위한 중립국 선박에의 원조 요청

분쟁당사국은 중립국의 상선, 요트 또는 기타 주정의 선장에게 상병
자 및 조난자를 선내에 수용하여 간호하고 또한 사망자를 인양해 줄 것
을 호소할 수 있다. 이러한 요청에 응하는 모든 종류의 함선과 상병자
및 조난자를 자발적으로 수용한 선박은 그러한 원조를 수행하기 위하
여 특별한 보호와 편익을 향유한다.[63] 이들 선박은 어떠한 경우에도 그
러한 수송을 이유로 포획되지 않는다. 단, 반대의 약정이 없는 한 중립
의무를 위반할 경우 포획으로부터 면제되지 않는다(동 제21조).

부상자 등은 존중되어야 함은 물론 지체없이 수용되고 간호되어야
한다. 이에는 긴급이 요구되므로 해군의 의료기관이 이러한 임무를 수
행하지 못하면 중립국 선박을 포함한 인근에 있는 모든 선박에 원조를
요청해야 한다. 그러나 이는 임의적이어서 분쟁당사국은 중립국의 자
선에 호소할 수 있지만, 중립국 선박은 요청받은 원조를 이행해야 할
법적 의무가 있는 것은 아니다. 그리고 자선행위를 행하는 선박이 보호
와 편익을 제공받는다면 원조를 행하고 있는 동안 이를 포획해서는 안
된다는 것은 너무나 당연하다. 중립국 선박은 중립위반(군사원조의 제공),
전시금제품 수송 및 봉쇄침파 등이 있을 경우에 한하여 포획된다. 상병

---

63) 보호 및 편익의 형태는 상황에 따라 다르다. 예를 들면, 동일 국적의 다른 군함에 의한 정선
및 임검을 받지 않고 항행을 계속할 수 있도록 안전통항권(safe conduct)을 교부받을 수 있
다. 이러한 보호의 목적은 오로지 분쟁희생자의 상태를 개선하기 위한 것이다. 의사는 의사
이기 때문에 보호되는 것이 아니고, 분쟁희생자에게 제공하는 인도적 역무 때문에 보호를
받는 것이다. 마찬가지로 원조를 제공한 중립국 선박에게는 어떠한 대가도 지불되지 않는
다. Ibid., p.172.

자를 간호하는 것은 결코 분쟁에 개입하는 것도 비난받을 일도 아니다. 이것은 국제인도법의 기본원칙의 하나이다.[64]

2. 병원선 및 그 승조원의 보호

가. 병원선 등의 인도적 보호

(1) 인도적 보호 내용

(가) 공격 및 나포의 면제

상병자와 조난자를 원조하며 또한 그들을 치료하고 수송하기 위하여 국가에 의하여 건조되거나 설비된 군병원선(사용 10일전에 선명과 현태가 분쟁당사국에 통고되어야 함), 해안의료시설, 분쟁당사국의 구호단체 및 사인이 사용하는 병원선(소속 분쟁당사국이 그들에게 공적 임무를 부여하고 통고된 경우) 및 중립국의 구호단체 및 사인이 사용하는 병원선(자국 정부의 사전동의와 관련 분쟁당사국의 허가를 받아 분쟁당사국의 어느 일방의 관리하에 들어가고 통고된 경우)은 공격으로부터 면제될 뿐만 아니라 나포할 수 없다(제네바 제2협약 제22조~제25조).

반면 연안구조작업을 위하여 국가 또는 공인된 구호단체가 사용하는 소주정(소속 분쟁당사국이 그들에게 공적 임무를 부여하고 통고된 경우)은 작전상의 여건이 허락하는 한 존중되고 보호되어야 한다. 즉 이들 소주정의 보호는 절대적인 것이 아니다. 이러한 보호는 인도적 사명을 위하여 이들 소주정이 독점적으로 사용하는 고정된 연안시설에 대하여도 가능한 한 적용되어야 한다(동 제27조).

---

64) *Ibid.*, pp.171-173 참조.

(나) 군함내 병실의 보호

군함내에서 전투가 발생할 경우 가능한 한 병실은 존중되고 또한 공격을 삼가하여야 한다. 병실과 그 설비는 계속하여 전쟁법규의 적용을 받으며, 상병자를 위하여 필요로 하는 한 그 용도를 변경하여 사용할 수 없다. 그러나 지휘관은 긴급한 군사상의 필요가 있는 경우 병실에 수용되어 있는 상병자에 대한 적당한 간호를 보장한 후 병실 및 설비를 기타의 목적에 사용할 수 있다(동 제28조).

이 규정은 병실에서 간호를 받고 있는 상병자의 이익에 반하여 병실과 관련 설비를 다른 목적에 이용할 수 없다면서도 승인된 국제법의 원칙에 따라 이러한 인도상의 원칙도 때로는 긴급한 군사상 필요라는 예외적인 경우에 따라야 한다는 것을 명확하게 밝히고 있다. 즉, 전술상의 고려에서 병실을 다른 목적에 사용하거나 또는 군함을 파괴할 필요가 발생한 경우 그러한 조치를 취할 수 있다는 것이다. 그러나 여기에도 하나의 예외가 있다. 교전자가 그러한 조치에 호소하기 전에 병실내에서 간호를 받고 있는 상병자의 안전과 복지에 대하여 먼저 조치를 취해야 한다. 환언하면 그들의 상태가 필요로 하는 치료와 이를 제공할 적당한 설비와 기재를 갖춘 다른 함선에 상병자를 이전시켜야 한다.[65]

(다) 병원선 등의 군사목적 사용 금지

상병자와 조난자를 원조, 치료 및 수송하는 병원선 및 연안구조용 소주정은 국적을 구분함이 없이 상병자 및 조난자에 대하여 구제 및 원조를 제공하여야 하며, 전투원의 이동을 방해하는 경우 무력공격의 위험을 감수하여야 한다(동 제30조 1항). 체약국은 이들 선박들이 어떠한 군

---

65) *Ibid.*, p.204.

사상의 목적을 위하여도 사용되지 않도록 하여야 하며(동 2항),[66] 이들 선박들은 전투원의 이동을 결코 방해하여서는 안되고(동 3항), 그러한 선박은 전투중 또는 전투후에 그들 스스로가 위험을 부담하며 행동한다(동 4항). 또한 병원선으로 개조된 무력분쟁 당사국의 상선은 적대행위가 계속되는 동안에는 다른 어떠한 사용에도 충당되어서는 안된다(동 제33조).

병원선은 다른 함정의 행동을 방해해서는 아니된다. 민간인 등 비군사목표가 전투원의 행동을 의도적으로 방해하지 않을 의무는 오래전부터 관습법적으로 확립되어 있다. 병원선에게 전투원의 이동을 고의적으로 방해하지 않을 것을 요구하는 것은 병원선이 교전국의 군사행동에 중대한 문제를 일으키는 것을 방지하기 위한 것으로, 선박이 본래의 역할에 무해하게 사용되어져야 한다는 조건과 연결되어 있다.

병원선이 공격대상이 되는 것은 전투원의 이동을 '고의적으로' 방해할 경우이다. 이는 이들 선박이 통상의 임무에 무해하게 종사하는 동안 의도하지는 않았지만 때때로 전투원의 이동을 방해하는 경우가 발생될 수 있는데, 그 때문에 면제대상 선박이 보호를 상실하지는 않으며 처벌을 받거나 공격대상이 되어서는 안된다는 것을 강조한 것이다. 여기서 '스스로 위험을 부담하며 행동한다'는 의미는 적이 고의로 병원선을 공격하는 것은 결코 인정되지 않으나 병원선이 우연히 발행하는 손해에 대하여 그 책임을 져야 한다는 것이다.

---

66) 병원선이 중립적 지위를 위반했다는 이유로 유책이 인정된 사례는 다음이 있다. 첫째, 러일전쟁중 러시아 병원선 Orel호는 일본포획심검소에서 건장한 신체를 가진 포로 및 군용장비를 수송했다는 이유로 심판받았다. 둘째, 제1차 세계대전중 독일 병원선 Ophelia호(임검 직전에 선내에 있는 문서를 바다에 투하하고 암호로 송신하였다)는 영국포획심검소에서 정당한 이유없이 신호기재(신호등 및 로켓)를 탑재하고 있다는 이유로 유책이 인정되었다. P. Cobbett, *Case on International Law*, Vol. II, London, 1937, p.164, 224-226; 대한적십자사 인도법연구소(역), *op. cit.*, p.209 주1)에서 재인용.

(라) 분쟁당사국의 감독 및 임검수색권 인정

분쟁당사국은 이들 선박들을 통제하고 수색할 권리를 갖는 바, 이들 선박으로부터의 원조를 거절할 수 있으며, 퇴거를 명령하고 어떤 항로를 취하도록 하고, 그들의 무선전신 및 기타의 통신수단의 사용을 통제하고 또한 사정의 중대성으로 인하여 그렇게 함이 필요한 경우에는 정선을 명한 때부터 7일을 초과하지 않는 기간동안 그들을 억류할 수 있다(동 제31조 1항). 또한 명령을 즉시 집행할 수 있는 해상에 있는 어떠한 군함도 의무용 선박 및 주정에게 정지, 퇴거 또는 특정항로를 따를 것을 요구할 수 있다(제1추가의정서 제23조 2항). 그러나 이들 선박의 보호는 적절한 상당한 여유를 부여하고 정당한 경고가 행해진 이후 또는 그러한 경고가 무시된 경우에라야 정지된다(동 제3항).

이는 병원선이 군사적 목적에의 이용 여부가 의심되는 경우 취할 수 있는 조치로서, 교전자로 하여금 그러한 선박이 실제로 통상의 임무에 종사하고 있다는 것을 확인할 수 있게 하여 군사목적에 이용되지 않는 병원선에 대한 공격을 사전에 예방하는 기능을 한다. 선박이 이러한 권리에 따를 의무는 식별이 요구되었을 때 자기를 명확하게 하는 것을 의미하며, 검색에 따라야 할 의무는 검사관이 승선하여 선박을 수색하는 것을 인정해야 한다는 것을 의미한다. 병원선에 대한 임검수색은 언제든지 가능하지만, 가능하다면 당사국은 항해전에 검사하고 수색에 의해 야기될 수 있는 선박의 임무중단을 가능한 한 제한하여야 한다.

(마) 기타 보호 내용

병원선이 적국의 권력이 미치는 항구에 있는 경우 그 항구에서 출항하는 것이 허용되어야 한다(동 제29조). 병원선은 육상부대 또는 해상부대로부터 모든 경우 그 장소 여하에 불문하고 유효한 절대적 보호를 향유하기 때문에 영해내 또는 공해상에 있을 경우와 마찬가지로 항구내에서도 포획되거나 나포로부터 면제된다. 따라서 병원선은 적국의 권력이 미치는 항구에 있는 경우 자유롭게 출항할 수 있다.[67]

또한 중립국 항구에 정박하는 경우 군함으로 간주되지 않는다(동 제32조). 병원선은 해군의 일부를 구성하고 있더라도 군함이 아니다. 그 임무를 고려한다면 중립국의 항구에 있어서의 교전국의 군함에 적용되는 제한을 병원선이 따르게 하는 것은 정당하지 못하다.[68]

⑵ 공격 및 나포면제 지위의 상실

병원선도 일정한 조건을 위반한 경우 공격 및 나포대상이 된다. 하지만 다른 선박과는 달리 엄격한 절차적 및 내용적 제한이 따른다. 병원선은 침로변경 또는 나포가 불가능한 경우, 병원선을 통제하기 위해서 이용가능한 모든 수단을 다하였으나 실패한 경우, 병원선이 군사목표가 되었거나 또는 합리적으로 그렇게 추정할 수 있을 정도로 비준수의 상황이 매우 중대한 경우 및 부수적 사상 또는 피해가 획득되었거나 기대되는 군사적 이익에 비례할 경우에는 최후수단으로 공격의 대상이 된다. 이러한 조건들은 전부 충족되어야 하며 하나의 조건이라도 충족되지 않은 경우 병원선을 공격할 수 없으며, 또한 병원선이 면제조건을 위반하는 경우 그 원인을 제거할 수 있는 합리적 기한을 정하여 경고하고 그 경고기간이 종료된 이후라야만 공격할 수 있다(제네바 제2협약 제34조).[69]

---

67) *Ibid.*, p.205.
68) *Ibid.*, p.218.
69) 경고의 목적은 병원선의 승조원에게 그 상황을 수정할 기회와 만약 병원선이 보호조건을 위

하지만 이 경우에도 병원선이 직접적인 공격이외의 행위를 하는 경우 타방 교전당사자는 그러한 행위를 정지시키는데 필요한 정도의 조치를 취하는 것으로 충분하며, 조치를 취하기 이전에 가능한 한 승선하고 있는 부상자의 안전을 위한 적절한 조치를 강구하여야 한다.[70] 이처럼 병원선에 대한 공격에는 엄격한 제한이 부과되는데, 이러한 제한은 상병자 및 난선자에게 부여되어야 할 특별한 존중을 강조하는 또 다른 인도적 요구의 하나이다.

그러나 함선 또는 의무실의 승무원이 질서유지를 위하여 그들 자신 또는 상병자의 방위를 위하여 무장하고 있는 경우, 항해 또는 통신을 용이하게 하는 것을 전적인 목적으로 하는 장치가 선내에 존재하는 경우, 상병자 및 조난자로부터 거둔 휴대용 무기와 탄약으로서 아직 적당한 기관에 인도되지 아니한 것이 병원선내에서 또는 병실에서 발견된 경우, 병원선 및 선박의 의무실 또는 승무원의 인도적 행위가 민간인 상병자 또는 조난자의 치료에 까지 미치고 있는 경우 및 전적으로 의무상의 직무를 목적으로 하는 장비와 인원을 통상의 수요량을 초과하여 수송하고 이는 경우에도 병원선은 그 자신 또는 함선내의 의무실이 받을 보호를 박탈당하지 않는다(동 제35조).

반하지 않았다고 확신하면 그것을 설명할 기회를 주고자 하는 것이다. 시간적 기한은 '합리적'(reasonable)인 것이 아니면 안되는 바, 경고의 목적을 생각하면 이는 행위를 정지시키기에 충분한 시간을 부여하지 않으면 안된다는 것을 의미한다고 보아야 할 것이다. 그러나 병원선이 직접적인 공격을 행하는 경우 시간적 기한의 부여는 불필요하다. *Ibid.*, pp224-225 참조.

70) *Ibid.*, p.225 참조.

나. 의무요원 등의 인도적 보호

⑴ 병원선 의무요원 등의 보호

병원선의 의무요원,[71] 종교요원 및 병원요원과 그 승조원은 존중되고 보호되어야 한다. 그들은 선내에 상병자의 유무를 불문하고 병원선에서 근무하고 있는 동안에는 포획되지 않는다(동 제36조). 이러한 보호는 병원선을 항상 운항이 가능하도록 하는데 있는 바, 요원 및 승조원은 선박과 불가분을 이루고 있기 때문에 이들이 체포되면 병원선의 운항은 불가능해지고 더 이상 그 임무를 수행할 수 없게 된다. 요원 및 승조원은 병원선에 근무하고 있는 동안 보호되며 만일 그들이 일시적으로 병원선을 이탈 또는 상륙하지 않으면 안되는 경우에도 보호는 계속된다. 마찬가지로 병원선은 선상에 병자나 부상자가 없을 때라도 자유로이 이동 가능하여야 하며 또 하시라도 출항 가능하여야 하므로 이러한 면제는 계속된다. 일단 승조원이 더 이상 병원선에 배속되지 않으면 이러한 면제는 종료된다.[72]

제네바 제2협약에는 관련 규정이 없지만 구조용 주정의 승조원도 구조활동에 종사하고 있는 동안 나포되지 않는다고 보아야 할 것이다. 구조용 주정이 중립국에 속하면 적대행위를 행한 승조원만을 억류할 수 있다. 교전국의 구조용 주정의 승조원을 보호하는 이유는 병원선의 승조원의 경우와 동일한, 즉 구조용 주정의 운항을 가능하게 유지하기 위해서 필요하기 때문이다. 이러한 주정에 배치된 승조원은 구조활동에

---

71) 병원선의 의무요원이라 함은 해군 및 상선의 상병자 및 조난자를 직접 간호하는 자로서 의사, 약사, 위생병, 간호원 및 이송병을 말한다. 이들은 교전국의 의무기관에 소속하거나 아니면 교전국 또는 중립국의 적십자사나 기타 승인된 구호단체에 속한다. 의료기관의 구성을 결정하고 또 그것을 위해 어떤 사람을 사용할 것인가를 결정하는 것은 각국이 할 일이다. 그러나 보호를 확보하기 위해서는 그러한 자는 전속적으로 의료임무에만 종사하는 자라야 한다. *Ibid.*, pp.234-235, 239 참조.

72) *Ibid.*, p.239.

종사하는 동안 보호되어야 한다. '종사하고 있다'라는 문언은 구조활동을 수행하지 않으면 안되는 해역으로 이동하고 있을 때에도 보호되어야 한다는 것을 나타낸다.[73]

(2) 기타 선박의 의무요원 및 종교요원의 보호

병원선에 근무하는 요원 이외의 자중에서 상병자 및 조난자의 정신상 및 의료상의 간호를 담당하는 의무요원, 종교요원 및 병원요원은 적의 수중에 들어갈 경우 존중되고 보호되며 포로로 간주되지 않는다. 하지만 그들의 역무가 포로의 의료상 또는 정신상의 요구를 위해 필요로 하는 한 억류할 수 있으며, 그들을 지휘하에 두고 있는 총사령관이 실행가능하다고 인정할 때에 즉시 송환하여야 한다(동 제37조 1항, 제1추가의정서 제22조 및 제23조 5항). 포로의 의료상 또는 정신상의 필요로 인하여 이들 요원의 일부를 억류가 필요하게 될 때에도 가능한 한 조속히 그들을 하선시키기 위한 최선을 다하여야 한다(제네바 제2협약 제37조 2항). 억류된 요원은 하선과 동시에 1949년 제네바 제1협약(육전에서의 희생자 보호 협약 제28조~제32조)의 적용을 받는다(동 3항). 이 규정은 병원선 이외의 기타 선박과 상선 등의 모든 의무요원을 대상으로 한다.

3. 중립국 국민의 보호

중립국의 국민은 그가 적국이나 중립국의 선박 및 항공기에 탑승하고 있는 경우 원칙적으로 나포되지 않으며, 따라서 이들을 전쟁포로로 할 수 없다. 하지만 이들이 적국군대의 구성원인 경우 또는 포획된 자

---

73) L. Doswald-Beck(ed.), *op. cit.*, p.225.

에 대하여 스스로 적대행위를 한 경우에는 전쟁포로로 할 수 있다.[74] 또한 적국의 군함 또는 보조선박, 적군용기 및 보조항공기의 승조원도 전쟁포로로 할 수 있다.

이들 경우 외에도 적국 또는 중립국의 상선 또는 민간기의 승조원은 해당 선박 또는 항공기가 군사목표물로 인정되거나 공격대상이 될 수 있는 행위를 한 경우 또는 포획된 자에 대하여 스스로 적대행위를 한 경우에는 전쟁포로로 할 수 있다. 이를 구체적으로 살펴보면 다음과 같다.

첫째, 적상선 또는 민간기의 승조원인 중립국 국민은 교전국에 의해 나포되었을 때 포로로 할 수 없다(1907년 헤이그 제11조약 제5조 제1항). 그러나 선박이 포획자에 대한 적대행위에 참가한 경우는 예외이며, 그 경우에는 승조원을 포로로 할 수 있다. 즉, 적상선 및 적민간기가 군사목표로 간주되는 활동을 행하는 경우에는 모든 승조원을 포로로 할 수 있다. 그러나 이러한 활동을 행하지 않았으면 포획자에 대해 스스로 적대행위를 행한 승조원만을 억류할 수 있다. 적상선 및 적민간기는 (a) 적을 대신하여 적대행위를 한 경우, (b) 적군대의 보조세력으로 행동하는 경우, (c) 적의 정보수집체계로 편입 또는 이를 원조하는 경우, (d) 적군함 및 군용기의 호위하에 항(비)행하는 경우, (e) 정선명령을 거부하거나 적극적으로 승선 · 검색또는 나포를 거부하는 경우(상선의 경우), (f) 식별조치 · 항로변경명령 등을 회피하거나 항공무기체계의 사격통제장비 운용 및 교전국 군용항공기의 공격을 위해 기동하는 경우(민간기의 경우), (g) 공대공 또는 공대함 무장을 한 경우(민간기의 경우), (h) 군함에 위해를 가할 수 있을 정도로 무장한 경우(상선의 경우) 및 (i) 기타 군사행위에 효과적으로 기여하는 경우에는 군사목표가 된다.[75]

---

74) NWP9A, *The Commander's Handbook*, para.8.2.2.1 참조.
75) L. Doswald-Beck(ed.), *op. cit.*, pp.154-163 참조.

둘째, 중립국의 상선 또는 민간기의 승조원인 중립국 국민은 나포되었을 때 억류할 수 없다. 그러나 분쟁당사국이 이들 선박과 민간기를 공격할 수 있을 정도의 군사활동을 하는 경우에는 예외이다. 이러한 활동을 한 경우 승조원을 포로로서 억류할 수 있지만,[76] 이러한 활동을 하지 않는 경우에는 포획자에 대하여 스스로 적대행위를 행한 승조원만을 억류할 수 있다. 중립국의 상선 또는 민간기는 (a) 전시금제품을 수송하거나 봉쇄를 침파한다는 충분한 근거가 있다고 의심되거나, 사전경고에도 불구하고 의도적으로 명백하게 정지할 것을 거부하거나 고의적으로 명백히 승선, 검색 및 나포를 거부하는 경우(상선의 경우), (b) 적을 대신하여 적대행위를 하는 경우, (c) 적군대의 보조세력으로 행동하는 경우, (d) 적의 정보체계에 편입되거나 이를 원조하는 경우, (e) 적군함 또는 적군용기의 호위하에 항행하는 경우, (f) 기타 적의 군사행동에 효과적으로 기여하는 경우 및 (g) 전시금제품을 수송한다는 충분한 근거가 있다고 의심되거나 사전경고 또는 차단에도 불구하고 의도적으로 그리고 명백하게 목적지로의 항로를 변경할 것을 거부하거나 임검 및 수색을 위하여 관련 기종의 항공기가 안전하게 그리고 충분히 도달할 수 있는 교전국 비행장으로의 비행을 의도적으로 그리고 명백하게 거부하는 경우(민간기의 경우) 공격대상이 된다.[77]

4. 피보호자(물)에 대한 보복금지

상병자, 조난자, 의무요원 및 종교요원과 같은 피보호자에 대한 인도적 원조에 종사하는 요원·선박·장비에 대한 보복은 금지된다(제네바

76) NWP9A, *op. cit.*, para.7.9.2.
77) L. Doswald-Beck(ed.), *op. cit.*, pp.146-153 참조.

제2협약 제47조). 이러한 보복의 금지는 절대적이다.

무력분쟁이라는 심리적 긴장가운데서 그리고 또 일련의 불가피한 사건들에 의해 보복조치는 종종 중대한 남용을 초래하였으며, 동시에 그 본래의 목적인 '권리의 재확보'를 달성하는데 있어서도 그다지 성공적이지 못했다. 특정한 부류의 분쟁희생자에 대한 보복을 절대적으로 금지하는 규정이 도입된 것은 1929년 포로협약이다. 이는 보복조치가 조직적으로 적용되었던 제1차 세계대전중에 포로들이 불필요한 고통을 당했던 쓰라린 경험 때문이었다. 그런데 상병자 협약에는 이러한 명시적 금지규정을 두지 않았었다. 공공의 양심이 포로에 대한 보복을 금지하고 있었기 때문에 방위수단을 전혀 갖고 있지 않은 상병자 및 조난자에게도 보복이 금지되어야 함은 당연한 것이었지만 채택된 협약에는 누락되었다. 이러한 결함은 1949년 제네바협약에서 보완되었다.[78]

분쟁당사국은 때때로 상대방의 위반행위에 대해 동일하거나 또는 유사한 보복조치를 취하려는 유혹을 느낄 수 있다. 이러한 유혹은 신속한 결과에 대한 소망이나 흥분한 여론의 압박에 의하여 또는 상호주의를 인도적 법칙의 기초라고 보는 입장에 의하여 증대되곤 한다. 그러나 상대의 위반에 대한 보복에의 호소는 양 분쟁당사국의 피보호자를 급격하고 참담한 위험에 노출시킬 뿐 분쟁의 근본목적을 달성하는데 아무런 도움이 되지 못한다. 따라서 분쟁당사국들은 국제인도법상 사태해결을 위한 각종 수단 즉, 이익보호국의 중개, 조사절차, 중대한 위반행위에 대한 책임있는 개인의 형사처벌 등을 활용할 필요가 있다. 또한 법률상의 조치와는 별도로 중립적 여론에 대한 호소 등과 같은 기타 조치들로 대응할 수도 있을 것이다.[79]

---

78) 국제적십자사 인도법연구소(역), *op. cit.*, pp.297-298 참조.
79) *Ibid.*, pp.299-230 참조.

V. 결론

오늘날 무력분쟁은 과학기술의 발달에 힘입은 전투수단과 방법의 파괴력 증대로 많은 희생자를 낳고 있으며, 이들의 보호 및 존중이 중요한 문제로 부각되고 있다. 특히 군사목표물에 한정되지 않는 대량파괴무기의 기술적 발달은 새로운 형태의 전투수단과 방법으로부터의 분쟁 희생자의 보호 문제를 새로운 관점에서 검토할 필요성을 제기하였다.

중요한 역사적 전환점을 고비로 발전해 온 무력분쟁법은 전투수단과 방법을 선택할 교전자의 무제한적 권리 불인정, 무차별효과를 갖는 전투수단과 방법의 사용금지, 화생무기 등 대량파괴무기의 사용금지, 불필요한 고통을 야기하도록 고안된 전투수단의 이용 및 배신적 수단과 방법의 이용금지 등 문명사회에서 타당한 일반적 기준에 의해 부과된 인도적 성격을 갖는 전투수단과 방법의 제한에 관한 일련의 원칙들을 확립하여 왔을 뿐만 아니라 개별 전투수단과 방법을 규제하기 위한 구체적인 조약들을 채택하여 왔다.

국제조약 및 국제관습법에서 인정되고 있는 이러한 원칙들은 모든 무력분쟁에 적용된다는 것이 일반적으로 수락되고 있다. 그러나 이러한 원칙들은 그 필요성과 긴급성에도 불구하고 정책결정가 및 군사력 관리자들뿐만 아니라 일반인들의 의식속에 뿌리깊이 내면화되어 있지 않으며 실제 분쟁에서 만족스러울 정도로 이행되거나 존중되지도 않고 있다.

따라서 이들 원칙들을 재확인하고 개선, 발전 및 법전화가 긴급히 요구된다. 물론 전투수단과 방법의 제한은 각국의 군사적 이해와 깊은 관련이 있기 때문에 합의가 어려울 뿐만 아니라 설사 합의가 된다 하더라도 실제 적용과정에서 효율적으로 통제하는 것은 더더욱 어려운 것이다. 그렇지만 인도 및 인권이라는 보편적 가치를 향한 완만하지만 누구도 거스릴 수 없는 인류의 발걸음은 비인도적인 전투수단과 방법의 제한을 가능하게 할 것이다.

그 구체적 결과물이 어떠하든 무력분쟁은 교전당사국 전투원간의 관계이지 교전당사국 전투원과 민간인간의 관계는 아니기 때문에 인간가치의 파괴를 최소화하기 위하여 전투원과 민간인, 군사목표물과 민간물자간의 구별원칙은 준수되어야 하며, 모든 관련 당사자의 고통과 피해를 줄이기 위해서는 무력분쟁에서의 인권의 적절한 존중을 보장하는 규범이 확립되어야 할 것이다.

여기에서 무엇보다도 중요한 것은 인도주의적 고려와 군사적 필요성을 조화시키는 일이다. 물론 제한하고자 하는 전투수단과 방법, 특히 무기의 경우 그것을 보유하는 군사 강대국의 동의를 확보하지 못하는 경우 그에 대한 어떠한 규제도 사실상 불가능하며, 자국의 군사적 필요를 제한하려는 어떠한 시도도 용납하려 하지 않을 것이다. 이는 타국으로부터 이러한 무기를 수입하고자 하는 개발도상국들도 마찬가지 입장일 것이다. 이러한 입장, 즉 군사적 필요성의 강조는 향후에도 상당기간 우위를 지켜갈 것으로 생각된다.

그러나 오늘날 인도주의는 국제인도법에 정통한 어느 선각자가 확신하였듯이 현학적이거나 정치적이거나 형식적인 농변거리가 아니라 역사발전의 가능성에 도움이 되는 인간과학을 위한 절실한 철학의 문제, 과학의 문제, 생존의 문제가 되었다. 따라서 전투수단과 방법의 제한에 관한 일반원칙 및 이들의 규제에 관한 개별 조약의 형성 및 이행에 있어 인도적 고려를 가치판단의 핵심기준으로 삼고 의지하여야 한다. 이러한 바탕위에서 관련 법규의 점진적 발전이라는 측면에서 기존 법규들을 재검토하고 새로운 법규의 형성을 위한 국제적 합의를 긍적적이면서도 적극적으로 모색하는 중단없는 노력이 요구된다 할 것이다.

제5장 북한의 천안함 격침행위의 불법성과 국제법적 대응조치

I. 서론

2010년 3월 26일 오후 9시 22분경 서해 백령도 서남쪽 2.5km 해상에서 1,200톤급 해군 초계함 772 천안함이 침몰했다. 이 사건으로 천안함 승조원 104명 중 58명은 생존하였으나 46명(사망 40명, 산화 6명)이 희생되었다.

침몰 20일 후인 4월 15일 함미가, 침몰 29일 째인 4월 24일 함수가 인양되어, 정부는 민군 합동으로 조사단(민군합동조사단. 이후 합조단)[1]을 구성하여 침몰원인을 과학적이고 객관적으로 조사했다.

천안함 침몰원인을 조사해온 합조단은 5월 20일 그동안의 조사활동과 검증과정을 거쳐 도출한 '천안함 침몰사건 조사결과'를 발표하면서, "해저에서 수거한 파편 자료와 군이 확보한 비밀자료를 분석한 결과 천

---

1) 민군합동조사단은 국내 10개 전문기관의 전문가 25명과 군 전문가 22명, 국회 추천 전문위원 3명, 미국 호주 영국 스웨덴 4개국 전문가 24명이 참여한 가운데 과학수사, 폭발유형분석, 선체구조관리, 정보 분석 등 4개 분과로 나누어 조사활동을 실시하였다.

안함은 북한제 어뢰에 의한 외부 수중폭발(좌현 3m, 수심 6~9m)로 침몰했다는 결론에 도달했다"고 밝혔다.[2]

합조단은 침몰원인을 어뢰피격으로 인한 수중폭발로 판단한 이유로 선체손상 부위를 정밀계측하고 분석해 보았을 때 ① 충격파와 버블효과로 인하여 선체의 용골이 함정 건조 당시와 비교하여 위쪽으로 크게 변형되고 외판은 급격하게 꺾이고 선체에는 파단된 부분이 있으며, ② 주갑판은 가스터빈실내 장비의 정비를 위한 대형 개구부 주위를 중심으로 파단되었고, 좌현측이 위쪽으로 크게 변형되었으며, 절단된 가스터빈실 격벽은 크게 훼손되고 변형되었으며, ③ 함수와 함미의 선저가 아래쪽에서 위쪽으로 꺾여 있고, ④ 함정이 좌우로 심하게 흔들리는 것을 방지해 주는 함안정기에 나타난 강력한 압력 흔적, 선저부분의 수압 및 버블 흔적, 열 흔적이 없는 전선의 절단 등을 제시하였다.

또한 합조단은 천안함 침몰을 북한의 소행으로 본 결정적 근거로 ① 사고해역에서 쌍끌이 어선이 건져 올렸다고 밝힌 북한 해군의 어뢰 부품들이 해외 수출목적으로 북한이 배포한 CHT-02D 어뢰(무게 1.7t, 지름 53.4cm, 길이 7.35m의 중어뢰)의 소개자료에 실린 설계도와 일치한다고 밝혔다. 합조단이 공개한 추진체 후부(27cm)와 프로펠러(19cm), 모터

---

2) 이미 합조단은 4월 25일 선체 절단면과 내외부에 대한 육안 검사결과와 선체의 변형 형태를 고려, 사고원인을 수중 비접촉 폭발로 잠정결론을 내린바 있는 선저 부분이 위쪽으로 휘어 올라간 것으로 볼 때 압력에 의한 절단, 즉 어뢰나 기뢰가 선체에 닿지 않고 폭발하면서 충격파와 버블 제트(bubble jet)에 의해 천안함이 절단되었다는 것이다. 선체 안팎에 폭발에 의한 그을음과 열에 녹은 흔적이 없고 파공된 부분도 없는 점도 이를 뒷받침한다고 보았다. 폭발 지점은 가스터빈실 좌현 하단 수중으로 보았다. 가스터빌실 약 10m가 비어 있고 선저부분이 전부 위쪽으로 휘어져 있으며 좌현 보다는 우현이 더 많이 손상되어 있었기 때문이다. 또한 합조단은 탄약고와 연료탱크에 손상이 없고 전선의 피복상태가 양호하며 내장재가 불에 탄 흔적이 없는 점으로 보아 내부 폭발의 가능성은 없으며, 선저에 긁힌 흔적이 없고 소나돔(음파탐지기)상태가 양호해 좌초 가능성도 없는 데다 절단면이 복잡하게 변형돼 있어 피로파괴 개연성도 없다고 했다.

(33.3cm) 등의 북한 어뢰 부품은 CHT-02D의 설계도면에 나온 부품의 크기와 정확히 일치했다. ② 합조단은 "후부 추진체 내부에서 발견한 '1번'이라는 한글 표기가 군이 확보하고 있는 또 다른 북한산 어뢰의 표기방법과 일치한다"고 설명했다. 이 '1번'이라는 표기가 2003년 남쪽 해안에서 습득한 북한의 훈련용 어뢰에 쓰여진 '4호'와 표기방법이 일치한다는 것이다.[3] ③ 인양된 천안함 선체 곳곳에서 채취된 알루미늄 산화물이 어뢰 부품에 묻어 있는 알루미늄 산화물과 일치한다는 것을 들었다. 알루미늄 산화물[4]이 발견된 곳은 천안함의 경우 연돌과 절단면 등 8곳이었으며 어뢰 부품의 경우 프로펠러 등 2곳이었다. 그리고 천안함 선체와 어뢰 부품에서 공통적으로 발견된 흑연 성분도 증거로 제시되었다. 어뢰의 폭발 물질에 포함돼 있는 탄소(C) 성분은 고온·고압 상태에서 흑연으로 바뀌는데, 그 흑연 성분이 천안함 선체와 어뢰 부품에서 똑같이 검출됐다는 것이다.[5]

이러한 합조단의 조사 결과는 천안함이 북한의 의도적인 무력 기습 공격에 의해 격침되었다는 것을 명백하게 보여주고 있다. 이에 우리 정부는 5월 21일 긴급 국가안전보장회의(NSC)를 소집하여 합조단의 발표 결과에 따른 국제공조와 군 대비태세, 남북관계와 국가신인도 관리, 사이버 테러를 포함한 북한의 비대칭 위협 대비 등 후속조치를 논의하였다. 이러한 제반 조치들은 5월 24일 용산 전쟁기념관에서 발표된 대통령의 특별담화에서 구체화되어 천명되었다.

천안함 사태는 정치, 외교 및 군사적 측면에서 많은 영향을 미쳤다.

---

3) 「경향신문」, 2010년 5월 21일.
4) 어뢰의 폭발물질은 TNT, RDX 및 알루미늄 파우더 등 크게 3가지로 구성되는데 이중 알루미늄 파우더는 어뢰의 폭발력을 크게 높이기 위해 20~30% 정도의 비율로 섞는다. 이 알루미늄 파우더는 어뢰가 폭발하는 순간 산소와 결합하면서 알루미늄 산화물로 바뀐다.
5) 「조선일보」, 2010년 5월 21일.

무엇보다도 중요한 것은 북한의 무력도발행위의 불법성과 우리 대응 조치의 합법성을 논리적으로 밝히는 것도 매우 중요하다. 국제사회의 지지와 협력을 이끌어내기 위해서는 우리가 취하는 조치의 국제법적 정당성이 우선 담보되어야 하기 때문이다.

<표 5-1> 천안함 사태 일지

일자	내 용
3.26	천안함, 백령도 서남방 2.5km에서 침몰(오후 9시 22분)
3.28	실종자 탐색 및 구조작전 시행
3.30	민군합동조사단 편성, UDT 한주호 준위, 함수 탐색중 순직
4.02	수색 참가 민간어선 금양 98호 침몰(2명 사망, 7명 실종)
4.03	함미 식당에서 시신 1구 발견. 실종자 가족, 구조 및 수색작업 중단 결정
4.04	천안함 구조 및 수색작업에서 선체 인양작업으로 전환
4.07	천안함 생존장병 기자회견. 함미 기관조종실에서 시신 1구 발견
4.12	백령도 해안방향 수심 25m 해저 지점으로 함미 이동
4.15	함미 인양, 시신 38구 수습
4.16	합동조사단, '외부충격' 잠정 결론
4.22	함수 수중작업중 연돌 안에서 시신 1구 발견
4.24	함수 인양
4.28	전사자 영결식(해군장)
5.20	민군 합동조사단, 조사 결과 공식 발표
5.22	국가안전보장회의, '북한의 국제연합 헌장 및 휴전협정 위반' 지적
5.24	대통령, 대국민 담화문 발표

이하에서는 북한의 어뢰 공격행위의 불법성, 우리의 대응 가능한 수단과 기 시행된 조치들을 국제법적 이론과 관행을 중심으로 간략하게 살펴보고자 한다. 정부가 취한 제재조치의 의도 및 효과에 대해서는 언급하지 않거나 하더라도 아주 기본적인 수준에 한정할 것이다. 그것은 지속적으로 추진되어야 하는 단기간에 종결될 문제도 아니거니와 정치

외교적 차원의 문제로서 본서가 다루는 국제법적 고찰과는 다른 영역의 문제일 뿐만 아니라 계속해서 보완, 발전 및 수정해 나가야 할 정책적 문제 그것도 특수관계인 남북한간에 있어서 특별한 문제이기 때문이다.

II. 북한의 천안함 격침행위의 불법성과 법적 책임

1. 천안함 격침행위의 불법성

가. 국제연합 헌장(무력사용금지원칙) 위반

국제연합 헌장은 제2조 4항에서 국제관계에서의 무력의 위협 및 사용금지 원칙을 천명하고 있다. 이는 국제법상 강행규범[6]이다. 회원국들은 헌장이 전쟁을 불법적인 것으로 하고 있으며, 평화적 수단에 의하여 모든 분쟁을 해결하고 국제관계에서 무력의 사용이나 위협을 삼가해야 한다는 것을 의무로 받아들였다. 오직 두개의 예외, 즉 불법적인 무력공격에 대한 강제조치로서 안보리가 승인한 무력사용(헌장 제42조)과 자위권 행사 차원의 무력(헌장 제51조)만이 허용되었다. 이러한 규정들은 대부분의 준수자들에 의해서 헌장의 핵심으로 이해되었으며, 현 국제법의 가장 중요한 원칙들로 인정되고 있다. 이는 국제연합에서 만

---

6) 조약법에 관한 비엔나협약 제53조는 「일반국제법의 강행규범에 저촉되는 조약」이라는 제목 하에 다음과 같이 강행규범을 규정하고 있다. "조약은 그 체결시에 있어서 일반국제법이 강행규범에 위반할 때는 무효이다. 이 조약의 목적상 강행규범이란 그것으로부터 일탈이 허용되지 않으며, 또한 동일한 성질을 가진 일반국제법의 추후의 규범에서만 변경될 수 있는 규범으로 전체로서의 국제사회가 수락하며 인정하는 규범이다".

장일치로 채택된 결의들, 조약 그리고 정치지도자들의 선언속에서 거듭 확인되었다.[7] 헌장 제2조 4항의 내용은 다음과 같다.

모든 회원국은 국제관계에 있어서 다른 국가의 영토보전이나 정치적 독립을 저해하거나 또는 국제연합의 목적과 양립할 수 없는 여하한 방법에 의한 것이라도 무력의 위협 또는 그 행사를 삼가야 한다.

영토를 획득하거나 타국으로부터 여타 이익을 얻기 위한 군사력 사용이라는 고전적 의미의 전쟁[8]을 불법화하는 이 조항은 복잡한 구조와 명확하지 못한 용어 사용으로 인하여 해석상의 논란을 야기하기도 하지만, 많은 학자들은 무력행사는 그 목적이 무엇이든 절대적으로 금지된다고 해석하고 있다.

외국에 대한 동의없는 군대의 강제적인 침략은 그 국가의 영토적 통일을 해치는 것이며 일국에게 특정한 정책이나 조치를 채택토록 강제하기 위한 무력의 사용은 그 국가의 정치적 독립에 대한 손상으로 간주된다. 무력행위가 일국 영토의 동의없는 사용을 포함하거나 또는 일국에게 그렇지 않다면 취하지 않을 어떤 결정을 취하도록 강제하는 한 제2조 4항을 위반한 것으로 보는 것이다.[9]

이러한 입장은 다수의 국가와 국제법 학자들에 의해 인정되었으며, 무력사용의 합법성과 관련된 ICJ의 두 결정에서도 지지되었다. 영국과

---

7) O. Schachter, *International Law in Theory and Practice*, Martinus Nijhoff Publishers, 1991, p.106.
8) 헌장 제2조 제4항에서 '전쟁'이라는 용어는 사용되지 않았다. '전쟁'이라는 용어는 1919년 연맹규약 및 1928년 켈로그-브리앙 조약에서도 사용되었지만 1930년대에 들어 국가들 간에는 '전쟁'을 선언하지 않고 적대행위를 개시하는 것이 일반화되었다. Brown, "Undeclared Wars", 33 *AJIL*, 1939, p.538.
9) R. Sadurska, "Threats of Force", 82 *AJIL*, 1988, p.305.

알바니아간의 1949년 Corfu Channel Case에서 영국은 소해작업은 자위조치였다고 주장했지만, 국제사법법원(International Court of Justice : ICJ)은 이러한 목적에도 불구하고 영국의 조치는 알바니아의 영토주권을 손상시켰다고 판결했다.[10] 1986년 Nicaragua Case에서도 ICJ는 무력공격에 이르지 않는 불법적인 간섭은 집단적 자위에서의 무력사용을 정당화하지 않는다고 판결했다.[11]

이처럼 현 국제법하에서 무력사용은 금지되고 있으며, 금지된 무력사용의 결과로 일어나는 사태에는 국제법상 어떠한 법적 효과도 인정되지 않는다.[12] 따라서 무력에 의한 북한의 천안함 공격은 국제연합 헌장상의 무력사용금지원칙을 위반한 불법행위이다.

---

10) ICJ Reports, 1949, p.35.
11) ICJ Reports, 1986, p.35. 한편 이러한 입장과는 반대로 제2조 4항은 특정한 경우에는 무력사용을 허용하고 있다는 주장도 있다. ① 국가의 법률상의 정부의 동의(요청)에 따라 외국에서 사용된 무력, ② 외국에 의해 불법적으로 점령된 영토를 회복하기 위해 사용된 무력, ③ 독재정치 또는 인권의 대량위반을 방지, 억제하기 위한 인도적 목적을 위해 사용된 무력, ④ 민족해방을 위해 투쟁하는 인민을 원조하기 위하여 사용된 무력, ⑤ 억압적인 정권에 대항하여 민주적인 권리를 위해 투쟁하고 있는 인민을 원조하기 위하여 사용되는 무력 및 ⑥ 다른 수단을 이용할 수 없을 때 법적 권리를 보호하거나 보존하기 위해 사용되는 무력은 자위권에 입각하여 그 사용이 허용되어야 한다는 것이다. 무력사용의 일반적 금지에 대한 이러한 예외의 요구는 '변화된 환경'과 '선언된 규칙들과 일치하지 않는 국가관행'에 근거하여 헌장상의 무력사용금지원칙의 개정이 필요하다고 주장한다. 이러한 예외의 주장에 대해서는 다음과 같은 비판이 제기되고 있다. 독립된 주권국가로 구성된 국제사회는 만약 일국에 의해 타국의 주권이 아무런 제한없이 침해될 수 있다면 유지될 수 없으며 무력사용의 제한도 이러한 현실을 반영한 것으로, 유엔의 실패가 그리고 헌장의 위반이 각국들에게 자유로이 무력을 사용할 수 있음을 허락하는 것은 아니며, 상호성의 원칙과 '변화된 환경'하에서 일부 국가들이 원칙을 위반하였다고 해서 세계질서의 유지를 위한 기본적인 규칙으로부터 모두를 해방시킨다는 결론은 어리석을 뿐만 아니라 위험하다는 것이다.
12) 미주기구 헌장 제17조, UN헌장에 따른 국가간의 우호관계 및 협력에 관한 국제법원칙선언, 침략의 정의에 관한 결의 제5조 3항, 조약법에 관한 비엔나 협약 제52조, 조약의 국가승계에 관한 비엔나협약 제6조 참조.

나. 휴전협정[13] 위반

1950년 12월 12일 아시아·아랍권 13개국이 휴전안 작성을 위한 3人委의 구성을 요청하면서부터 국제연합을 중심으로 휴전을 위한 다각적인 노력이 경주되었다. 이에 국제연합 총회는 확전 방지를 위해 같은 해 12월 14일 '휴전 3人그룹'(Three man Group on Cease-Fire)을 설치할 것을 결의[14]하였으나 1951년 벽두부터 중공과 북한은 대규모공세를 취함으로써 총회의 휴전요구에 응하지 않겠다는 의사를 명백히 하였다.[15] 그러나 중공군의 적극적인 개입에도 불구하고 전쟁이 장기화될 기미를 보이고 전세가 불리하게 돌아가자 공산측도 휴전을 모색하기 시작했으며, 이는 유엔측도 마찬가지였다.[16]

1951년 6월 23일 UN주재 소련대표 Jacob Malik는 라디오 연설을 통해 38도선으로의 상호철군에 바탕을 둔 휴전안을 제의하였으며,[17] 이

---

13) 휴전협정의 정식명칭은 「국제연합군 총사령관을 一方으로 하고, 조선인민군 최고사령관 및 중국인민지원군사령관을 다른 一方으로 하는 한국군사휴전에 관한 협정」(Agreement between the Commander in Chief, United Nations Commander, On the Other Hand, and the Supreme Commander of the Korean People's Army and the Commander of the Chinese People's Volunteers, On the Other Hand, Concerning a Military Armistice in Korea)이다. 동 협정은 "휴전에 관한 협정"으로 표시되어 있어서 통상 휴전협정이라고 생략해서 부르고 있으나 국제법상 성질은 "휴전협정"이다. 따라서 "휴전협정"은 실무상 용어이고 "휴전협정"은 학문상 용어라고 할 수 있다. 김명기, "한국전쟁이후 50년간 휴전체제 유지의 내외적 요인", 한반도 군비통제, 제27집, 2000. 6, p.12.

14) United Nations General Assembly Resolution(U.N., G.A. Res.384(Ⅴ). 3인그룹 위원으로는 캐나다의 피어슨(Lester Pearson), 이란의 엔테잠(N. Entezam), 인도의 라우(Benegal N. Rau)가 선출되었다.

15) 김학준, 한국문제와 국제정치, 박영사, 1984, p.322; D. W. Bowett, *United Nations Forces*, Stevens, 1964, p.47.

16) 유엔측에서 미국은 유럽 열강들의 조속한 휴전 압력, 국내여론 및 대선에 미칠 영향 우려 등으로 인하여, 그리고 공산측인 중국은 국민당 정부와의 오랜 전투에서 폐허가 된 중국을 정치·경제·사회적으로 안정시키기 위해 군사비 지출을 줄여야 했으며, 소련은 서독의 재무장 반대, 미·일 평화 조약의 반대 및 중국의 유엔가입 문제 저지 등으로 휴전을 강하게 원했다.

17) Sydney D. Bailey, *How Wars End: The United Nations and the Termination of*

제안을 받은 유엔군사령관 M. B. Ridgway 장군은 6월 30일 라디오 방송을 통하여 원산항에 있는 네덜란드 병원선 Jutlandia호에서 회담을 갖자고 제안하였다.[18] 중공군도 1 · 2차 춘계공세의 실패이후 한반도에서 무력으로 유엔군을 격파할 수 없다는 사실을 인식하고 '모든 외국군대가 한국에서 철수하고 한국민으로 하여금 그들 문제를 해결하게 할 것을 조건으로' 휴전제안 수락의사를 밝혔다. 한편 한국은 새로운 전쟁의 서곡이 될 수 있는 어떠한 휴전안도 수락할 수 없다며 휴전회담 자체에 반대했지만 미국의 트루먼 대통령은 휴전회담 개최를 서둘렀다.[19]

1951년 7월 8일 양측 제의의 타협으로 공산군측 통제지역인 개성에서 예비회담이 개최되어 본회담의 개최일시와 대표단의 안전조치 등이 결정되었으며, 1951년 7월 10일 개성에서 정식으로 휴전회담이 개막되어 공전을 거듭한 끝에 7월 26일 제10차 휴전회담에서 휴전회담의 의제에 합의하고, 실질적인 토의에 들어갔다.[20] 1951년 10월에는 본회

Armed Conflicts 1946-1964, vol. Ⅱ, Clarendon Press, 1982, p.432; William H. Vatcher, *Panmunjom: The History of the Korean Military Negotiations*, Greenwood, 1958, p.21. Malik는 '평화의 가치'(Price of Peace)라는 제목의 방송을 통해 "한국문제의 평화적 해결을 위한 첫 단계로서 휴전과 38선으로부터의 군대의 상호철수를 규정하는 휴전회담을 쌍방이 개시하여야 할 것"이라고 제의했다. 서울신문사, 주한미군 30년, 1979, p.510.

18) R. Higgins, *United Nations Peacekeeping 1946-1967: Document and Commentary*, vol. Ⅱ, Oxford University Press, 1970, p.183.

19) 맥아더 사령관은 자신의 판단과 달리 중공군의 개입을 전쟁이 전혀 새로운 국면으로 접어들게 되자 확전론을 내세워 만주 지방을 폭격하고 대만의 장개석군을 한반도 전쟁에 사용함과 동시에 중국의 남부지방에 상륙시켜 제2전선을 설정할 것을 주장했다. 맥아더의 이와 같은 확전론은 영국 등의 강력한 반대에 부딪히고 또 소련의 전쟁개입으로 인한 세계대전으로의 확대를 우려한 미국정부에 의해 저지되었다. 1951년 4월 11일 마침내 맥아더는 유엔군 총사령관직에서 해임되고 미국의 한반도 정책도 미국 영향 아래서의 통일노선으로부터 교섭에 의한 전쟁종결노선으로 바뀌어 휴전교섭이 본격화했다.

20) William H. Vatcher, *Panmunjom: The History of the Korean Military Negotiations*, p.30. 양측간에 합의된 의제는 다음과 같다. ① 한국에서의 적대행위 정지를 위한 기본조건으로서, 비무장지대를 설치하기 위한 군사분계선의 설정, ② 휴전 및 휴전에 관한 조항 수행

담 장소가 개성에서 판문점으로 옮겨졌다.

유엔측과 공산측이 합의한 휴전회담 주요의제는 군사분계선 설정문제, 휴전감시 및 중립국 구성문제 및 포로교환문제 등 3가지였다. 이중 포로교환 문제로 인하여 상당한 진통을 겪기도 했지만, 1953년 7월 27일 오전 10시 판문점에서 개최된 제159차 본회의에서 유엔군측 수석대표 W. K. Harrison 중장과 공산군측 수석대표 南日 북한군 대장이 3개조 63개항의 협정문에 합의·서명함으로써 2년 17일간의 협상을 종결지었다. 이로써 3년 1개월에 걸쳐 한반도를 황폐화시켰던 6·25 전쟁은 한국민들의 통일열망을 저버린 채 쌍방에 유례없는 손실만을 남기고 휴전으로 끝맺게 되었다. 그러나 대한민국 대표는 최후까지 휴전에 반대, 휴전협정에 서명하지 않았다.[21] 그 결과 휴전협정의 당사자 문제가 지금까지 계속 문제가 되고 있다.[22]

전문, 5개조 63개항[23] 및 부록으로 구성되어 있는 휴전협정은 전문에서 "… 휴전협정의 서명자들은 쌍방에 막대한 고통과 유혈을 초래한

을 감독하는 기관의 구성, 권한 및 기능을 포함한 한국에서 휴전을 실현하기 위한 구체적인 합의, ③ 포로교환에 관한 조치, ④ 한국문제의 정치적 해결을 위한 관계국 정부에 대한 권고. 김양명, 한국전쟁사, 일신사, 1980, p.454.

21) 1953년 7월 27일 휴전협정은 한국정부가 참여하지 않은 가운데 국제연합군사령관과 북한 군사령관 및 중공지원군사령관에 의해 서명되었다. 그 동안 이 휴전협정을 둘러싸고 한국전쟁이 국제법적 의미에서 전쟁인지를 전제로 하여 전쟁상태를 종결시키는가에 대한 많은 논의가 전개되었다. 이 문제는 현재 한반도의 법적 상황이 전시인지 평시인지에 대한 평가와 관련이 되고 한반도의 평화와 통일이라는 과제의 구체적 실현방안에도 연관된다. 조시현, "한국전쟁의 국제법적 성격", 「6·25의 법적 조명」, 서울대학교 법학연구소(6·25 50주년 학술심포지움 발표집), p.37.

22) 휴전협정의 당사자 문제에 대한 자세한 설명은 제성호, "한반도 평화체제 전환에 따른 법적 문제," 한반도군비통제, 제27집, 2000. 6, pp.54-55; Kim Myung Ki, *The Korean War and International Law*, Paige Press, 1991, pp.156-166 참조.

23) 각 조의 내용은 다음과 같다. 제1조 군사분계선과 비무장지대(제1항~제11항), 제2조 휴전 및 휴전의 구체적 조치(제12항~제50항), 제3조 전쟁포로에 관한 조치(제51항~제59항), 제4조 쌍방관계, 정부들에의 건의(제60항 및 제5조 부칙(제61항~제63항).

한국충돌을 정지시키기 위하여, 최후적인 평화적 해결이 달성될 때까지 한국에서의 적대행위와 일체의 무장행동의 완전한 정지를 보장하는 휴전을 확립할 목적으로 휴전조건과 규정을 접수하며…"라고 하여 휴전협정의 목적이 한반도에서의 궁극적인 평화가 확립될 때까지 일체의 적대행위와 무장행동의 완전한 정지 보장이라고 하고 있으며, 나아가 제2조 12항에서 "적대 쌍방사령관들은 육·해·공군의 모든 부대와 인원을 포함한 그들의 통제하에 있는 모든 무장병력이 한국에 있어서의 일체의 적대행위를 완전히 정지할 것을 명령하고 또 이를 보장한다"는 것을 확약하였다.

이처럼 남북 양측은 휴전협정에서 일체의 적대행위 금지를 약속하고 보증하였다. 북한인 천안함을 무력적 기습공격으로 침몰시킨 행위는 휴전협정상의 의무를 위반한 불법행위임이 틀림없다.

다. 남북기본합의서[24] 및 불가침부속합의서 위반

1991년 12월 13일에 체결하고 1992년 2월 9일에 발효한 남북기본합의서[25]는 현재까지 실질적으로 남북관계를 규율하는 기본법으로서의 기능을 하고 있다.

남북기본합의서는 제5조에서 "남북은 현 휴전상태를 공고한 평화상태로 전환시키기 위하여 공동으로 노력하며 이러한 평화상태가 이룩될

---

24) 서문과 함께 제1장 남북화해, 제2장 남북 불가침, 제3장 남북교류협력, 제4장 수정·발효 등 4장 25조의 조문으로 구성되어 있는 동 합의서는 1990년 9월 제1차 고위급회담을 시작한 이후 15개월 만에 채택되었다. 이후 1992년 2월 평양에서 열린 제6차 고위급회담에서 정식으로 교환되고, 같은 해 9월 제8차 고위급회담에서 3개 부속합의서가 채택됨으로써 발효하였다.

25) 본 합의서의 정식명칭은 '남북사이의 화해와 불가침 및 교류 협력에 관한 합의서'이다.

때까지 현 휴전협정을 준수한다"라고 규정되어 있다. 이는 '한국에서의 적대행위와 일체의 무장행동의 완전한 정지'(휴전협정 전문)를 보장한다는 휴전협정상의 의무를 인정하고 약속한 것이다. 또한 제9조에서는 "남북은 상대방에 대하여 무력을 사용하지 않으며 무력으로 상대방을 침략하지 아니한다"고 상대방에 대한 무력사용 및 침략 금지를 보다 명확하게 약속하고 있다.

이러한 의무는 1992년 9월 17일에 발효한 남북기본합의서의 부속서 제2장 남북 불가침의 이행과 준수를 위한 부속합의서(불가침부속합의서)에서도 더욱 구체적으로 확인되고 있다. 불가침부속합의서 제1조는 "남북은 상대방 인원, 물자, 차량, 선박, 함정, 비행기 등에 대하여 총격, 포격, 폭격, 습격, 파괴를 비롯한 모든 형태의 무력사용 행위를 금지한다"는 것을, 제2조는 "남북은 어떤 수단과 방법으로도 상대방 관할구역에 정규 무력이나 비정규 무력을 침입시키지 않는다"라고 규정하고 있다.

북한의 천안함 공격행위는 남북기본합의서상의 휴전협정 보장 및 상대방에 대한 무력사용과 침략 금지의무와 불가침부속합의서상의 모든 형태의 무력사용 금지와 상대구역에 대한 침입 금지 의무를 위반한 행위이다.

라. 국제연합 총회 결의(UN GA Res.3314) 위반

1974년 국제연합 총회는 '침략의 정의'에 관한 결의 3314를 채택하였다. 동 결의 제3조는 침략의 유형을 열거하면서 (d) 항에서 "한 국가의 군대에 의한 타국의 육·해·공 또는 해군함대 및 공군항공대에 대한 무력공격"(an Attack by the armed forces of a State on the land, sea or air forces, or marine and air fleets of another State)를 침략으로 규정하고 있다. 천안함에 대한 북한의 어뢰공격은 동 결의에서 규정하고 있는 침략행위의 전형적인 유형에 해당된다.

마. 대세적 의무(對世的 義務) 위반

타국의 불법행위에 의해 피해를 입은 국가는 불법행위의 종식을 요구할 권리가 있고, 불법행위국은 불법행위의 결과를 원상으로 회복시켜야 할 의무가 있다. 국제사법재판소는 비호권사건에서 "이 결정은 하나의 법적 결과, 즉 불법적 사태를 종료시켜야 할 결과를 낳게 된다. 다시 말하면 변칙적으로 비호를 허여한 콜롬비아 정부는 그것을 종료해야할 의무를 부담한다. 비호가 계속해서 유지되고 있기 때문에 페루정부는 법적으로 그것이 종료되어야 한다고 주장할 권리를 가진다"고 판결했다.[26]

국제불법행위에 대한 피해국의 권리와 행위국의 의무는 침략행위 등 이른바 '대세적 의무'(obligations erga omnes)의 위반에도 적용될 수 있을 것이며, 이 때 피해국은 국제사회의 모든 국가가 될 것이다. 국제법의 최근발전은 침략행위, 무력사용의 금지 등 핵심적인 국제법 규범에 대한 위반을 '대세적 의무 위반행위'(violations of obligations erga omnes)로 간주한다. 그리하여 국제사회의 모든 국가는 그 피해자가 되고 위반국에 대해 공동으로 대항조치를 취할 권리를 가지게 된다.[27]

---

26) ICJ Report, 1951, p.82.
27) O. Schachter, "International Law in Theory and Practice: General Course in Public International Law", 178 *Recueil des Cours de l'Academie de Droit International de*

이러한 대세적 의무의 관념은 1971년 6월 21일의 국제사법재판소의 권고적 의견에서 더욱 분명해졌다.[28] 이것은 안보리의 결의[29]에도 불구하고 남아프리카가 나미비아(서남아프리카)에 계속 버티고 있음이 국가들에게 어떤 법적 효과를 가져다주는가 하는 문제에 관한 것이다. 재판소는 권고적 의견에서 다음과 같이 말하였다.

> 재판소가 불법적이라고 판정한 사태를 조성하고 유지해온데 대해 책임이 있는 남아프리카는 그것을 종식시켜야 할 의무를 부담한다. 그러므로 남아프리카는 나미비아 지역에서 그 시정을 철회해야할 의무하에 놓인다. 남아프리카는 현재의 상태를 유지함으로써 그리고 권원없이 동 지역을 점거함으로써 국제의무의 계속적 위반에서 일어나는 국제책임을 발생시키는 것이다.(중략) UN회원국들은 …남아프리카가 계속 잔류하는데 대한 불법성 및 무효성을 인정해야 할 의무하에 놓인다. … 또한 남아프리카의 나미비아 점거에 관해 그 나라에 대해 여하한 지원 또는 여하한 형태의 원조(any suport or any form of assistance)도 제공하지 않아야 할 의무하에 놓인다.[30]

위의 사례들을 고려해 볼 때, 북한의 천안함 공격은 '대세적 의무'의 위반행위이며 이로 인한 직접적인 피해국은 대한민국이지만 국제사회도 간접피해자이다. 따라서 우리 정부와 국제사회는 북한에 대하여 북한에 그 책임과 배상을 요구할 권리가 있고, 북한은 이에 응할 의무가 있다. 또한 이러한 의무에 대한 북한의 거부조치에 대해 우리 정부와

La Haye, 1982, p.182. 김찬규, "페르시아만 사태와 UN의 제재", 국제문제, 제21권 11호, 1990. 11. p.43에서 재인용.

28) *Ibid.*, pp.43-44.
29) UN, S.C. Res.276(1970).
30) ICJ Report, 1971, p.54.

국제사회는 대항조치를 취할 권리가 있다.[31]

<표 5-2> 북한의 천안함 격침 행위의 불법성 판단 근거

구분	관련 조항	관련 내용	비고
국제연합 헌장	제2조 4항 (무력의 위협 및 행사 금지)	모든 회원국은 국제관계에 있어서 다른 국가의 영토보전이나 정치적 독립에 대하여 또는 국제연합의 목적과 양립하지 아니하는 어떠한 기타 방식으로도 무력의 위협이나 행사를 삼가야 한다.	
휴전협정	前文	… 휴전협정의 서명자들은 쌍방에 막대한 고통과 유혈을 초래한 한국 충돌을 정지시키기 위하여, 최후적인 평화적 해결이 달성될 때까지 한국에서의 적대행위와 일체의 무장행동의 완전한 정지를 보장하는 휴전을 확립할 목적으로 휴전조건과 규정을 접수하며 …	
	제2조 12항(停火 및 停戰의 구체적 조치)	적대 쌍방사령관들은 육·해·공군의 모든 부대와 인원을 포함한 그들의 통제하에 있는 모든 무장병력이 한국에 있어서의 일체의 적대행위를 완전히 정지할 것을 명령하고 또 이를 보장한다.	휴전협정중의 어떠한 규정을 위반한 각자의 지휘하에 있는 인원을 적절히 처벌하여야 함(제2조 13항 ㅁ호)
남북간 화해와 불가침 및 교류·협력에 관한 합의서(남북기본합의서)	제5조	남북은 현 휴전상태를 공고한 평화상태로 전환시키기 위하여 공동으로 노력하며 이러한 평화상태가 이룩될 때까지 현 휴전협정을 준수한다.	
	제9조	남북은 상대방에 대하여 무력을 사용하지 않으며 무력으로 상대방을 침략하지 아니한다.	

31) 이민효, 무력분쟁과 국제법, 연경문화사, 2008, p.74.

불가침 이행과 준수를 위한 부속합의서불가침 이행과 준수를 위한 부속합의서	제1조	남북은 상대방 인원, 물자, 차량, 선박, 함정, 비행기 등에 대하여 총격, 포격, 폭격, 습격, 파괴를 비롯한 모든 형태의 무력사용 행위를 금지한다.	
	제2조	남북은 어떤 수단과 방법으로도 상대방 관할구역에 정규 무력이나 비정규 무력을 침입시키지 않는다.	
국제연합 총회 결의 (UN GA Res.3314)	제3조 (d)	한 국가의 군대에 의한 타국의 육·해·공 또는 해군함대 및 공군 항공대에 대한 무력공격은 침략행위를 구성한다.	
대세적 (erga omnes) 의무		국제공동체의 기본 가치는 어떠한 경우에도 일탈할 수 없는 강행규범으로서 이는 국제공동체에 대한 의무이기 때문에 이를 위반할 경우 국제사회의 모든 국가가 피해국으로서 개별적 또는 집단적으로 그 시정을 요구할 수 있다.	

2. 북한의 법적 책임

북한이 어뢰로 천안함을 공격·침몰시킨 행위는 국제연합 헌장에 규정되어 있는 무력사용금지원칙이라는 국제적 의무를 정면으로 위반하고, '자신의 통제하에 있는 모든 무장병력이 한국에 있어서의 일체의 적대행위를 완전히 정지할 것을 명령하고 보장한다'는 휴전협정과 '수단과 방법을 불문하고 상대방에 대한 무력사용 및 침략을 금지한다'는 남북기본합의서 및 불가침부속합의서상의 납북한간 합의된 의무를 위반한 불법행위이다. 그리고 '침략의 정의'에 관한 국제연합 총회 결의 3314와 대세적 의무를 위반한 것이다.

따라서 북한은 천안함 사태에 대해 응분의 책임을 져야한다. 책임은 모든 법질서의 기초인 바, 존재하는 모든 법체계는 부과된 의무를 위반한 법주체의 불법행위에는 반드시 책임을 부과하고 있다.[32] 이는 국가 간의 관계를 규율하는 국제법 체계에 있어서도 마찬가지다. 국제법상 국가책임은 ① 작위 또는 부작위에 의한 국가의 국제법상 의무위반 행위의 존재, ② 의무위반행위에 대한 책임의 국가귀속 가능성 및 ③ 의무위반행위로 국가의 손해가 발생할 것 등의 3가지 요건에 의하여 성립된다.[33]

북한의 어뢰공격은 북한이 고의적으로 무력을 사용한 국제법상의 의무를 위반한 국제불법행위로서 이로 인해 실제 천안함이 침몰하고 46명(사망 40명, 산화 6명)이 희생되었다. 즉 북한의 어뢰공격과 대한민국의 물적, 인적 피해간에 인과관계가 확정적이기 때문에 북한은 불법적 무력공격에 대한 책임을 부담하여야 한다.

이러한 책임을 이행하는 방법으로는 손해배상, 진사, 관련자의 처벌 및 장래에 대한 보장 등이 있다. 이러한 국가책임 이행사례는 국제사회에서 어렵지 않게 확인할 수 있다. 1920년 7월 14일 일단의 독일인이 재독 프랑스대사관의 프랑스 국기를 끌어내린 사건이 발생했다(프랑스 국기 모독사건). 프랑스 정부는 프랑스 대사에 대한 정식사죄와 책임자의 처벌과 독일군 1개 중대에 의한 프랑스대사관 앞에서의 프랑스 국기에 대한 경례를 요구하였고 독일은 이에 응하였다. 그리고 1990년 중국의 '의화단 난' 당시 독일 공사가 피살된 데 대하여 독일은 사죄사절의 파견을 요구하였다(의화단 사건). 사절단에는 청국의 황족 1명이 참가하

---

32) D. J. Harris, *Case and Materials on International Law*, Sweet and Maxwell, 1983, p.374.

33) N. A. Maryan Green, *International Law : Law of Peace*, Macdonald and Evans, 1982, pp.205-206; S rensen, *Manual of Public International Law*, MacMillan, 1968, p.534.

였으며, 청국 황제와 정부의 이름으로 포츠담에서 독일에 공식으로 사죄하였다. 또한 1986년 9월 7일 보도된 후지오 일본 문부상의 「문예춘추」 인터뷰 기사를 통한 한반도 침략부인 발언에 대하여 나카소네 일본 수상이 문부상을 파면하고 9월 20일 방한하여 사죄하였다(후지오문부상 망언사건).[34]

USS Stark함과 USS Liberty함 피격사건도 일반적인 국가책임 이행방법에 의해 해결되었다. 이란 · 이라크 전쟁중이던 1987년 3월 17일 저녁 10시경, 이라크 공군의 F-1 미라지(Mirage) 전투기가 발사한 엑소세(Exocets) 공대함 미사일 2발이 페르시아만을 초계중이던 미해군 구축함 Stark에 명중되어 승조원 37명이 사망하고 21명이 부상당했다. 이 사건으로 인해 이라크 후세인 대통령은 오인사격을 이유로 사과하였고 손해배상금으로 약 2,700만 달러를 지불하였다.[35]

1967년 6월 8일 지중해 시나이 반도 47㎞ 부근 공해상에서 이스라엘 해 · 공군의 공격으로 Liberty함이 대파되고 34명이 사망하고 171명이 부상하였다. 중동전쟁 기간 이스라엘이 어뢰정과 항공기로 국적을 선명하게 표시한 미국 정보선의 정체를 오인하여 발생한 사건이었다. 양국의 공동조사 결과 실수였다는 결론이었으나 사고조사에 참가한 일부 미국 관료는 의도적인 공격이었다고 주장했다. 1968년 이스라엘 정부는 손해 배상금으로 미화 3,566,457 달러를 유가족에게 지급하였으며, 1980년 미국 정부가 요구한 물질적 피해배상비 7,644,146 달러 가운데 600만 달러의 지급을 확인하였으며, 1987년 12월 17일 외교각서의 교환으로 사건을 종결하였다.[36]

---

34) 이병조 · 이중범, 국제법신강, 일조각, 2008, pp.222-223 주10 12.
35) 김동욱, "천안함 사태에 대한 국제법적 대응", 해양전략, 제146호, 2010. 6, pp.35-36.
36) 박정규, "현대적 수상함정의 피격 양상과 대응사례 소고", Ibid., p.13.

휴전협정도 협정의 어느 규정을 위반한 각자의 지휘하에 있는 인원을 적절히 처벌하여야 한다는 것을 규정하고 있다(제2조 13항 ㅁ호). 지난 5월 24일 전쟁기념관에서 발표된 천안함 사태에 대한 담화에서 이명박 대통령도 천안함 침몰 사태를 '대한민국을 공격한 북한의 군사도발'로 규정하고 '대한민국과 국제사회 앞에 사과하고, 이 번 사건 관련자들을 즉각 처벌할 것'을 요구하면서 이것이 북한이 우선적으로 취해야 할 기본적 책무임을 강조하였다.

Ⅲ. 천안함 사태에 대한 국제법적 대응조치 및 제한사항

1. 평화적 수단

과거 자국의 주장을 관철하기 위해서 전쟁을 개시하는 것은 종래 일반적으로 금지되지 않았으나 20세기 들어 분쟁의 강제적 해결은 제한 또는 금지되었고 오로지 평화적으로 해결되어야 한다는 것이 확립되었다.

국제분쟁이 발생한 경우 무력에 호소하지 아니하고 평화적 해결을 위해 노력한다는 것은 국제사회의 평화를 유지하기 위해 가장 중요한 일이다.[37] '국가의 권리와 의무에 관한 조약'도 국가의 최대관심은 평화유지이므로 국가간에 발생하는 어떠한 종류의 분쟁도 평화적 방법에 의하여 해결되어야 한다고 강조하고 있다(동 조약 제10조).

국제분쟁의 평화적 해결이 일반원칙으로 확립된 것은 국제연합의 창설과 그 궤를 같이 한다. 국제연합은 분쟁을 국제평화와 안전의 입장에

---

37) 김정균 · 성재호, 국제법, 박영사, 2006, p.659.

서 국제연합내의 분쟁으로써 처리하는 방식을 택하고 있다.[38] 헌장은 '평화를 파괴함에 이를 우려가 있는 국제적 분쟁 또는 사태의 조정 또는 해결을 평화적 수단, 정의 및 국제법의 원칙에 따라 실현'하기 위해 회원국들은 국제분쟁을 '평화적 수단에 의해서 국제평화와 안전 및 정의를 위태롭게 하지 않도록 해결'하여야 하며(제2조 3항), '여하한 분쟁이라도 우선 직접교섭, 사법적 해결, 지역협정 등의 평화적 방법으로 해결하여야 하며, 이것으로 분쟁이 해결되지 않을 때에는 이를 안전보장이사회에 회부하여야 한다'고 규정하고 있다(헌장 제33조~제38조).[39]

하지만 국제연합은 국제분쟁을 평화적으로 해결하기 위한 구체적 해결기술이나 조건을 제시할 수 없으며 구속력이나 강제집행력도 갖고 있지 않다. 이는 '법적'이라기보다는 '정치적'인 국제연합의 성격에서 연유하는 태생적인 결함이다. 이러한 결함에도 불구하고 분쟁의 평화적 해결은 오늘날에도 중요한 분쟁해결수단으로 기능하고 있다. 현대사회는 핵, 생물, 화학무기의 시대로 국가간 상호의존의 증가, 값싼 파괴무기의 확산 등으로 국제분쟁의 발생시 전대미문의 참화를 가져올 가능성이 매우 높은 바, 분쟁의 평화적 해결은 헌장의 의도대로 기능한다면 국제평화를 담보할 수 있는 중요한 수단이 될 수 있을 것이다. 왜냐하면 분쟁의 평화적 해결은 긴장을 완화하고, 국가들간에 협조와 타협의 정신을 요구하고 있기 때문이다.[40]

---

38) 국제연합은 국제분쟁의 평화적 해결을 위한 중심기구로써 국제평화와 안전을 위협하는 분쟁이나 사태가 발생했을 때 이의 강제적 해결을 우선해서는 안된다. 국제연합은 국제사회의 전쟁방지를 위해 모든 분쟁을 평화적으로 해결해야 하며 전쟁의 원인과 평화의 조건들을 고려하면서 평화에 접근해야 하는 국제기구이기 때문이다. Inis L. Claud Jr., *Swords into Plowshares*, Random House, 1959, pp.215-242.
39) 분쟁의 평화적 해결에 관한 헌장상의 절차와 방법에 대한 자세한 설명은 A. Leroy Bennett, *International Organization*, Prentice-Hall Inc., 1979, pp.106-110 참조.
40) *Ibid.*, pp.104-106.

〈표 5-3〉 분쟁의 평화적 해결 주요수단

수 단	내 용
직접교섭	- 분쟁을 해결하기 위하여 당사국 사이에 외교교섭을 하는 것 - 분쟁해결의 일차적인 방법으로 외교사절을 통한 외교교섭이 통상적 방법임
사실조사	- 사실조사는 독립적 지위에 있는 제3자, 즉 국제기관이 분쟁의 원인이 된 사실을 공평하게 심사하여 그 사실을 명확히 함으로서 분쟁해결을 도모하는 방법 - 분쟁의 원인이 된 사실을 명확히 하여 당사국의 오해를 없애고 화해를 촉진함으로써 분쟁해결을 용이하게 하는 한편 제3자가 심사하는 동안 당사자국의 감정을 진정시켜 긴장된 대립관계를 완화함으로써 분쟁해결에 도움을 주는 방법
주선	제3자가 분쟁의 내용에는 개입하지 않고 당사국간의 외교교섭에 사무적 편의를 제공하는 것(외교교섭 권고, 회의장소 등 편의제공)
중개	제3자가 분쟁의 내용에까지 개입하여 그 타결에 노력하는 것(당사국의 의견 조정, 분쟁의 해결안 제시 등).
조정	- 독립적 지위에 있는 제3자, 즉 위원회 또는 국제기관이 분쟁을 심사하고, 그 해결조건을 결정하여 분쟁당사국에 권고함으로써 분쟁을 해결하는 제도 - 제3자가 결정하는 해결조건을 당사국에 권고할 뿐 법적으로 구속 하지 않으므로 국제재판과 다름 - 해결조건을 결정하여 그 수락을 당사국에게 권고하는 기능을 가지므로 주선이나 중개와는 다른 의미를 가짐
사법적 해결[41] 중재재판	- 분쟁당사국이 자의로 수락한 의무의 결과로 법을 기초로 하여 구속력 있는 판결을 통해 국가간의 분쟁을 해결하는 방법 - 법을 적용하여 당사국을 구속하는 판결을 부과한다는 점에서 단순한 권고적 절차에 불과한 조정과 구별 - 중재재판소는 당사국간 합의에 의해 보통 3인 또는 5인으로 구성
사법재판	- 분쟁당사자로부터 독립된 재판기관에 의하여 당사자를 법적으로 구속하는 판결로써 국제분쟁을 해결하는 방법으로 재판소 구성, 재판절차, 재판준칙 등이 조약에 의해 미리 정해져 있다. - 국제사회에는 국제분쟁의 사법적 해결을 위한 기관으로 국제사법재판소 (International Court of Justice : ICJ)[42]가 설치되어 있음

---

41) 중재재판의 경우 당사국의 의사에 의존하기 때문에 중재관의 독립성과 재판의 공정성을 기하기 어렵고 분쟁부탁이 용이하지 않으며 재판의 계속성을 유지하기 어려워 국제법 발전을 기하기 어렵다. 반면에 사법재판은 이미 재판소가 상설적으로 구성되어 있기 때문에 재판의 독립성과 공정성을 확보할 수 있으며 분쟁부탁이 쉽고 일관된 판례의 집적을 통해 국제법 발전을 이룰 수 있다는 이점이 있다.

42) ICJ는 UN의 주요한 사법기관으로서, UN헌장에 의해 설립되었다. ICJ 규정은 UN과 불

천안함 문제를 확립되어 있는 평화적 방법으로 해결할 수 있을 것인가? 물론 북한은 과거 1996년 9월 강릉 잠수함 침투사건시 주권침해 행위로 묵과할 수 없다는 우리의 항의와 인도적 지원 중단 조치에 공개적으로 최초로 유감 표시 및 재발방지를 약속했었지만 북한은 훈련중 기관고장으로 표류했다고 주장하였을 뿐만 아니라 그 이후에도 책임있는 재발방지 조치를 취하지 않았었다.

　따라서 실제 국제법상 분쟁의 평화적 해결방법을 이용, 천안함 사태를 해결하기에는 실현가능성 거의 없다. 분쟁의 평화적 해결방안을 적용하기 위해서는 불법행위를 한 북한과의 사태 해결에 관한 합의가 전제되어야 한다. 일반적 책임이행 방법인 원상회복이나 손해배상, 사죄, 재발방지 확약과 보장 등의 수단은 위법행위를 부인하고 있는 북한의 작금의 태도를 고려할 때 그 실현 가능성은 매우 낮거나 불가능한 것이 현실이다.

　가분의 일체를 이루며(UN헌장 제92조), UN회원국은 당연히 규정당사국이 된다(동 제93조). 따라서 ICJ는 독자적인 사법적 성격유지 및 UN의 주요한 사법기관으로서의 기능수행이라는 이중적 역할을 유기적으로 조화시켜야 한다.

2. 외교적 수단

가. 의의 및 내용

일국의 대외정책 자체를 의미하든 아니면 대외관계의 처리방법을 의미하든 외교는 최소한의 비용으로 최대한의 국가이익(안전보장 또는 경제적 이익)을 실현하는 것을 목적으로 한다. 이를 위해 군사력이나 경제력이 이용되는 것이 일반적이지만, 국제여론에의 호소 및 선전도 중요한 수단이 되기도 한다. 또한 국제분쟁의 예방 및 확대 방지와 그 해결에 있어 타국 및 국제기구와의 협조를 통한 외교적 노력은 상당히 효율적인 수단이 될 수 있다.

이러한 외교적 수단을 통해 북한을 압박할 수 있을 것이다. 우선 미국과의 외교교섭을 통한 다양한 대북 압력카드를 사용할 수 있을 것이다. 구체적으로는 전시작전통제권 환수 연기, 한미군사훈련 강화, 금융·무역제재 강화 및 미국의 북한 테러지원국 재지정 등을 활용할 수 있을 것이다. 실제 오바마 미국 대통령은 지난 8월 30일 3개 북한 국영기관과 북한 고위인사 1명이 추가된 새로운 대북제재를 담은 행정명령(제13551호)에 서명했다.

또한 유럽연합(EU) 등에 대북지원 중단을 요청하고, 대북 투자 의향국가에 자제를 협조하며, 북한의 NPT 가입 요구 및 핵 관련 대북 압박을 강화하는 등 양자 및 다자외교 차원의 수단도 우리가 활용할 수 있는 것들이다. 우리의 우방인 미국이나 일본이 북한에 대해 일방적인 제재 조치를 취하도록 외교적 노력을 히는 것도 가능하나, 무엇보다도 가장 효과적인 외교적 수단은 중국의 적극적인 개입을 통해서 달성될 수 있다고 본다. 북한은 경제적으로 중국에의 의존도가 매우 높기 때문이다.

그리고 군사휴전위원회와 중립국감독위원회를 통해 북한과의 교섭을 통해 사과와 재발방지, 손해배상 등을 요구할 수도 있으나 1990년대 중반 이후 양대 위원회가 유명무실화 되어 있어 실효성을 기대하기란 난망이다.

나. 우리 정부의 조치

우리 정부는 천안함 사태와 관련하여 전시작전통제권 환수 연기, 한미연합 대잠 훈련 실시 및 대량살상무기 확산방지구상(PSI)에 따른 역·내외 차단훈련 적극 참여 등의 조치를 취하였다.

먼저 한미 양국은 2012년 4월 17일로 예정되어 있던 전시 작전통제권 환수를 2015년 12월 1일로 3년 7개월여 연기하기로 합의하였다. 이는 G20 정상회의 참석차 캐나다를 방문한 이 대통령과 오바마 미대통령간의 정상회담에서 합의되었다. 그동안 우리사회 일각에서는 북핵문제로 인한 안보환경의 변화, 우리 군의 방위태세 미비 및 한미연합사해체에 따른 안보공백 우려 및 2012년 주변국들의 정치일정에 따른 불안정성 증대(북한의 강성대국 완료 선언, 한·미·중·러의 권력 전환 시점) 등을 이유로 전시작전권 환수를 연기해야 한다는 주장이 제기되어 왔다. 이러한 정치안보적 변수외에 이번 천안함 사태가 한미정상의 합의에 상당한 영향을 끼쳤음은 부인할 수 없을 것이다.

그리고 한미 양국은 서해에서 한미연합훈련을 실시키로 하였다. 그러나 중국이 자국 영해에 인접한 서해에서 대규모 군사훈련이 실시되는 것과 관련하여 중국이 한·미연합훈련의 감춰진 목표라며 "중국은 외국 군함이 서해를 포함한 중국 근해에 진입해 안전을 침해하는 활동을 하는 것을 결연히 반대한다"며 강력하게 반발하였다. 이에 대한 우리 정부의 입장은 연합훈련은 한미동맹 차원에서 연례적으로 실시해 온 훈련으로 방어적 차원의 행위이며 국가주권에 관한 사항이라고 보았다. 우리 정부는 북한의 도발에 대한 한미의 강력한 의지를 보여주면서도 한중관계와 미중관계를 고려하여 훈련 시기 및 장소를 조정하여 7월 25일부터 28일까지 4일간 동해 전 지역과 내륙에서 작전명 '불굴의 의지'(Invincible Sprit) 연합 훈련을 실시하였으며, 향후 수 개월간 일련의 연합훈련을 실시하기로 하였다.[43]

또한 우리 해군이 주관하는 대량살상무기 확산방지구상(PSI : Proliferation Security Initiative) 역내 해상차단훈련을 하반기중에 실시하기 위해 관련국들과 협의하고 9월에 호주가 주관하는 역외 해상차단훈련에도 참사하기로 하였다. 기존의 옵저버 지위를 벗어나 적극적 참여로 입장을 선회한 것이다. 실제 10월 13~14일(13일은 세미나 개최, 14일은 실제 해상훈련 실시) 부산과 대마도 사이에서 우리나라를 비롯 미국, 일본 및 호주 4개국 실제전력과 프랑스와 캐나다 등 10여 개국 참관단이 참가한 훈련명 '동방의 노력 10'(Eastern Endeavor 10)이라는 한국 주관 첫 PSI 훈련을 실시하였다.

이 외에도 우리 정부는 유럽연합(EU) 및 G8 등 국제무대에서 북한의 도발에 대한 상응조치를 협의하고 북한의 도발을 규탄하고 응징하

---

43) 한미 양국 국방장관은 7월 20일 한미연합훈련 실시에 합의하고 북한에 강한 경고 메시지를 담은 공동성명을 발표했다. 양국 장관은 공동성명에서 "북한의 천안함 기습공격 이후 한미 정상은 우리의 총체적 안보역량을 검토하고, 양국이 함께 동맹의 능력을 보다 강화시킬 수 있는 방안을 강구하도록 지시했다"며, "이같은 취지에서 양국은 향후 수개월간 한반도 동서해상에서 일련의 합동 군사훈련을 실시하기로 합의했다"고 강조했다. 공동성명은 이어 "이번 훈련은 방어적 성격의 훈련으로서 북한에 대해 적대적 행위는 반드시 중단돼야 하며, 앞으로 한미동맹은 한반도 평화와 안정을 위해 연합방위 능력을 강화해 나갈 것이라는 분명한 메세지를 전달하기 위한 것"이라는 내용을 담고 있다.「국방일보」, 2010년 7월 21일.

는 조치들을 취하도록 노력하였다. 6월 17일 유럽의회는 천안함 침몰과 관련하여 북한의 도발을 규탄하고 국제연합 안보리 논의과정에서 중국과 러시아의 협력을 촉구하는 '한반도 상황과 관련한 결의'[44]를 채택하였으며, 6월 26일에는 G8 정상회담(캐나다 헌츠빌)에서도 각국 정상들은 천안함 공격을 북한 소행으로 규정한 다국적 조사결과를 언급하면서 천안함 침몰을 일으킨 공격을 비난하고 조선민주주의인민공화국에게 대한민국에 대한 어떤 공격이나 적대적 위협도 삼갈 것으로 요구한다는 내용의 공동성명을 발표했다. 다만 러시아의 반대로 공격주체를 '북한'을 직접적으로 거명하지는 않았다.

또한 6월 29일 한·중미통합체제(SCIA) 정상회의에 참석한 중미 7개국(코스타리카, 엘살바도르, 과테말라, 온두라스, 파나마, 도미니카 및 벨리즈) 정상, 부통령 및 고위대표 들은 천안함 사건이 국제법과 국제연합 헌장을 존중하는 가운데 해결되어야 한다는데 인식을 같이하면서 북한의 천안함 공격을 규탄하는 특별결의문을 발표했다.

그리고 7월 20일부터 23일까지 베트남 하노이에서 개최된 제17차 아세안지역안보포럼(ARF) 외교장관회의에서 진통을 거듭한 끝에 폐막 하루만인 7월 24일 의장성명이 채택되었는 바, 동 의장성명은 "ARF 참가 외교장관들은 공격으로 초래된 한국 함정의 침몰에 깊은 우려를 표명했다. 한반도와 지역의 평화, 안정 유지의 중요성을 강조했으며, 관련 당사자들이 모든 분쟁을 평화적 수단으로 해결할 것을 촉구했다. 이러한 맥락에서 안보리 성명을 지지한다"고 밝혔다. 우리 정부는 천안함 침몰이 공격(attack)에 의한 것이라는 표현이 들어갔으며 인명손실에

---

44) 유럽의회는 결의안에서 북한의 어뢰공격으로 천안함이 침몰되었다는 합동조사 결과를 인정하며 한반도 평화와 안정을 해치는 북한의 도발행위를 강력히 규탄하며, 안보리에 회부한 한국 정부의 조치를 지지한다고 밝혔다.

대한 애도 표명 등이 명시된 것은 성과라고 평가했으나, 공격 주체로 북한이 언급되지는 않았다.

그리고 48개국 정상 및 국제기구 대표들이 참석했던 제8차 ASEM 정상회의(아시아·유럽정상회의)에서도 10월 5일 의장성명을 통해 천안함 사태에 대해 깊은 우려를 표명하면서 천안함 침몰에 다른 인명 손실에 대해 한국정부를 위로한다고 하였다. 이어 정상들은 "지난 7월 9일 국제연합 안보리 의장성명에 대한 지지를 재확인하며 유사한 추가공격의 재발방지가 중요하다"고 강조하였다. 이처럼 ASEM 정상회의 의장성명 내용은 북한을 직접 공격 주체로 언급하지 않는 등 그 수준은 지난 안보리 의장성명과 상당히 유사하다.

3. 강제적 수단

국제분쟁은 평화적 해결방법으로 처리되는 것이 국제사회의 안정과 국가간 우의를 위해 합리적이다. 그러나 분권화된 오늘날의 국제질서 속에서 현실적 능력이나 의지가 국제분쟁의 평화적 해결을 보장해 주지 못하고 있다.

따라서 분쟁이 당사국간의 합의에 의하여 평화적으로 해결되지 않을 경우 이를 해결하기 위해서는 필요한 범위내에서 강제력을 발동하게 되는데, 이 경우 그 수단은 자력구제의 형태를 띤다. 국제사회에는 국가의 상위에 있는 권력기관이 존재하지 않으므로 국가간의 분쟁을 해결하기 위한 강제력도 결국 국가자신이 행할 수밖에 없기 때문이다.

분쟁의 강제적 해결은 수단과 결과에 있어 많은 문제점을 수반하게 된다. 하지만 국제사회가 더욱 발달하여 초국가적 권력기관이 설치되기까지는 분쟁해결 방법으로서의 존재의의를 지속하게 될 것이다.

분쟁의 강제적 해결방법에는 독자적(국내적) 수단으로서의 복구조치와 자위권 발동 그리고 국제적 수단으로는 국제연합을 통한 비군사적 · 군사적 강제조치가 있다.

가. 독자적(국내적) 수단

(1) 복구(復仇)

(가) 의의 및 요건

복구(reprisals)는 자국에게 행해진 타국으로부터의 불법행위가 있을 때 이를 중지시키거나 또는 이에 대한 구제를 얻기 위하여 자국이 입은 손해와 거의 같은 정도의 손해를 불법행위국에 대해 취하는 응보행위로서, 원래는 불법행위이지만 일정한 요건을 갖춘 경우 위법성이 조각되어 합법적인 행위로 인정된다.[45]

국제법상 복구행위가 인정되는 이유는 국가가 타국으로부터 권리침해를 당했으나 다른 평화적인 수단으로는 충분한 구제를 얻지 못할 때 자력으로서 구제방법을 취할 수밖에 없다는 점에 기인한다. 이는 불법

---

45) 복구는 보복과도 구별된다. 보복(retortion)은 국가이익을 해치는 부당한 행위, 국제예양에 위반되는 비우호적인 행위(예, 타국의 자국민에 대한 부당한 차별대우, 자국상품에 대한 과중한 관세부과, 자국민의 이민에 대한 특별한 제한 또는 금지 등)가 있을 때 이를 중지시킬 목적으로 그 타국에 대하여 똑같이 부당행위를 하는 즉, 동일 또는 동종의 대응수단을 말한다. 이는 타국에게 심리적인 견제와 부담을 주게되어 타국의 부당행위를 사전에 예방하는 효과를 갖는다. 이병조 · 이중범, 국제법신강, 일조각, 2003, p.884 참조. 보복은 그 요건이 되는 행위가 타국의 부당한 행위이지 위법한 행위는 아니기 때문에 원래 국제법 범위밖의 문제이고 보복행위의 정당성 여부나 그 형태를 결정하는 것은 국제정치상의 문제 또는 국가정책에 속하는 과제인 것이다. 보복은 본래이면 부당한 행위로 당연히 비난받을 행위이지만 상대방의 부당한 행위를 요건으로 하는 것이므로 그 부당성이 조각된다. 김현수 · 이민효, 국제법, 연경문화사, 2012, pp.329-330.

행위국을 강제할만한 강력한 국제기구를 갖지 못한 오늘날의 법체계 현실 및 국제조직의 미발달에 근본적인 원인이 있다. 장차 국제사회가 조직화되어 가면 복구의 존재의의는 점차 축소될 것이다.[46) 복구가 적법행위로 인정되기 위해서는 다음의 요건을 충족하여야 한다.

첫째, 타국의 불법행위 즉, 타국의 국제법 위반행위가 있어야 한다. 따라서 단순히 국제예양에 위반되는 비우호적인 행위로서는 불충분하다. 타국의 불법행위는 작위뿐만 아니라 부작위에 의한 것도 포함되며, 사인의 행위로 인해 권리침해를 당한 경우에도 국가가 적당한 조치를 취하지 않으면 복구가 가능하다.

둘째, 복구전에 불법행위에 대한 구제요청이 선행되어야 한다. 복구는 교섭이나 기타 평화적 수단에 의해 구제되지 않을 경우 불법행위국 또는 그 국민의 재산에 대하여 행할 수 있는 전쟁에 이르지 않은 강제수단의 하나이다. 셋째, 복구는 타국의 불법행위를 중지시키고 배상을 얻는데 필요한 정도여야 한다. 따라서 타국의 불법행위가 중지되거나 배상을 이미 얻은 경우 복구는 중지되어야 한다.[47)

복구의 요건과 관련한 주요 사례로는 1928년의 포르투칼과 독일간의 나울리나 사건(Naulilaa case) 사건을 들 수 있다. 포르투칼이 연합국의 일원으로 제1차 세계대전에 참가(1916년 3월 9일)하기 전 아직 중립국이었던 1914년 10월 19일, 독일령 서남아프리카(현재의 나미비아)로부터 음료수입 교섭을 위하여 인접한 포르투칼령 앙골라로 향하던 독일인 3명(공무원 1명과 군인 2명)이 푸르투칼군 기지에서 사살되는 사건이 발생했다. 서남아프리카 주재 독일군이 이에 대한 복구조치로 해당

---

46) *Ibid.*, p.317: 노석태(역), 현대국제법의 지표, 부산대학교 출판부, 2002, p.291
47) *Ibid.*, p.271. 이에 대한 자세한 설명은 中谷和弘, "國家の單獨の決定に基づく非軍事的制裁措置", 國際法外交雜誌, 第89卷 3/4号, 1990, pp.1-36 참조.

포르투칼군 기지 및 국경 부근에 있는 다른 푸르투칼군 기지 일부를 공격, 파괴하자 포르투칼은 이를 중립국 영토에 대한 침입·공격이라며 배상을 요구하였다.[48]

동 사건에 대한 혼합중재재판소는 포르투칼령 기지에서의 독일인 살해사건은 통역의 실수에 의한 우발적인 사건으로 포르투칼측의 국제법 위반행위가 없었기 때문에 독일의 복구라는 항변은 인정되지 않는다는 판결을 내리면서, 설령 포르투칼의 국제법 위반행위가 있었다 하더라도 독일의 주장은 다음의 2가지 이유에서 부정된다고 하였다. 첫째, 복구는 구제 요구가 충족되지 않는 경우에만 합법인데 독일은 구제 요구를 하지 않았다. 둘째, 국제법은 복구와 가해행위가 엄격한 균형을 이룰 것은 요구하지 않아도 완전히 균형을 잃은 복구행위는 과잉 자구행위로서 명백히 위법인 바, 포르투칼령 기지에서 발생한 독일인 살해사건과 그 후 계속된 여섯 차례의 복구행위간에는 명백히 불균형이 존재한다.[49]

(나) 수단

복구의 수단으로는 조약의 이행정지, 보이콧(boycott), 국민 및 화물의 억류, 선박 및 항공기의 억류, 평시봉쇄 및 영토의 점령 등이 있다.

---

48) 장신, 국제법판례 요약집, 전남대학교 출판부, 2004, pp.305-306. 제1차 세계대전 후 영불 포르투칼 등의 연합국과 독일간에 체결된 베르사유 평화조약 제297조와 제298조에서 적국내에 있는 사인의 재산 권리 및 이익의 처리방법을 규정하였고, 동 조약 부속서 제4조는 각 연합국이 자국령 내에 있는 독일 국민의 재산이나 그 매각 대금 등을 자국민에 대한 독일 국민의 배상액이나 금전채무의 지급, 또는 당해국이 전쟁에 참가하기 전에 독일 정부 또는 관헌의 행위에 의하여 발생한 청구의 지불에 충당하는 것을 인정하였으며, 그 청구액은 별도로 설치된 혼합중재재판소가 임명하는 중재인이 판정하여야 한다는 취지를 규정하였다. *Ibid.*, p.305.

49) *Ibid.*, p.306.

조약의 이행정지나 보이콧은 비무력적인 것이고 기타는 모두 강력적인 것인데, 특히 영토의 점령 및 평시봉쇄는 적극적인 무력복구가 된다. 종래 무력복구도 일정요건을 구비한 경우 적법한 것으로 인정되어 왔으나 분쟁해결 방법으로서 무력사용이 일반적으로 금지되어 있는 오늘날에 있어서는 그 합법성이 부인된다. 따라서 평시에는 무력복구가 금지된다고 보아야 할 것이다.[50] 복구 수단별 그 내용은 다음과 같다.[51]

첫째, 조약의 이행정지. 상대국이 자국과의 조약을 위반한 경우 자국도 동일한 또는 여타 조약의 이행을 중지하는 행위이다. 약정에 따른 채무를 이행하지 않는 국가에 그와 대등하거나 유사한 채무이행을 중지하는 것도 이에 속한다.

둘째, 보이콧(boycott). 보이콧은 통상조약 체결국간 상대국의 불법행위에 대한 응보조치로서 통상을 거부하는 경제적 대응수단을 말한다. 상대국 상품의 구매거부 및 자국상품의 공급거부 등과 같은 경제적 조치는 경제사정에 영향을 미쳐 일상생활에 중대한 영향을 끼칠 수 있기 때문에 응보의 효과가 있으며, 상대국의 자국에의 경제적 의존도가 심할수록 더욱 실효적이다. 또한 복구는 상대국에게도 고통을 주는 반면에 자국도 고통을 받게되므로 보이콧으로 인하여 자국이 받는 타격보다 상대국에게 주는 타격이 더 클 때 효과적이다. 보이콧은 사인이 자발적으로 행하기도 하나 국가기관이 실행하거나 또는 조장하는데, 국제사회에 있어서 국가간 경제적 의존관계가 더욱 긴밀해지고 있고 또

---

50) 무력복구는 무력사용 금지라는 일반원칙에 따라 규제된다. 무력복구는 현실적 무력공격 또는 무력공격의 급박한 위협을 막기 위한 것이 아니라는 점에서 자위권 또는 예비적 자위권의 행사와는 다르다. 그러나 현실적으로 무력복구는 빈번하게 사용되고 있으며, 또한 이러한 무력복구가 당사자에 의해서는 자위권으로 주장되고 있어서 국제법의 규범과 현실 사이의 커다란 간격을 보여 주고 있다. 오윤경 외, 21세기 현대 국제법질서: 외교실무자들이 본 이론과 실제, 박영사, 2001, p.691.

51) 김현수 · 이민효, 국제법, *op. cit.*, pp.331-333.

무력복구가 원칙적으로 금지되고 있는 오늘날에 있어 매우 중요한 의미를 갖는 복구수단이다.

셋째, 국민 및 화물의 억류. 국민의 억류는 상대국이 자국민을 불법적으로 체포했을 경우 자국내에 있는 상대국의 국민을 억류하는 것으로, 이는 체포에만 그치며 형벌을 과할 수는 없다. 화물의 억류는 상대국이 불법하게 자국 또는 자국민의 재산에 손해를 끼친 경우 자국내에 있는 상대국 또는 그 국민의 화물을 차압하는 것이다.

넷째, 선박 및 항공기의 억류. 선박의 억류는 불법행위국의 선박이 피해국 항내에 있을 경우 불법행위의 중지나 보상을 강제하기 위하여 그 국가의 선박(화물 포함)에 대해 취하는 출항정지(embargo)이다. 선박억류는 선박의 출항을 정지시킬 수 있을 뿐이고 몰수 등과 같은 소유권을 박탈할 수는 없으며, 따라서 복구가 끝나면 이를 원상회복하여야 한다. 자국내에 있는 불법행위국의 항공기에 대해서도 동일한 조치를 취할 수 있다.

다섯째, 영토의 점령. 영토의 점령은 무력으로서 상대국의 영토의 일부를 점령(세관 및 정부건물 등의 점령도 포함)하는 것으로 신속한 효과를 얻을 수는 있겠지만 이러한 무력복구는 오늘날 원칙적으로 금지된다.

여섯째, 평시봉쇄. 평시봉쇄는 평시에 불법행위국의 항구 또는 해안과 외부와의 교통을 방지하기 위하여 해군력으로 차단함으로써 자국의 요구를 관철시키려는 강제수단이다. 이는 국제법상 교전국의 권리로 인정되는 전시봉쇄와는 구별되는데, 전시봉쇄는 전시에 교전국이 적국의 항구 또는 해안의 교통을 차단하는 것이다. 일반적으로 봉쇄라 함은 전시봉쇄를 의미한다.[52]

---

52) 봉쇄국은 불법행위국과 제3국에 봉쇄구역과 시간을 통고하여야 하며, 봉쇄는 선박의 출입을 충분히 차단할 수 있을 정도로 실효적이어야 한다. 봉쇄국은 봉쇄를 침파하는 불법행위

(다) 우리 정부의 조치

천안함 사태와 관련하여 우리 정부는 북한 상선의 제주해협 통항금지, 북한 상선의 우리측 해역 운항금지, 개성공단을 제외한 남북교역 및 신규 투자금지,[53] 우리 국민의 방북불허(개성 및 금강산지구 제외), 순수한 인도적 목적의 지원을 제외한 대북 지원사업 및 북주민 접촉 제한 및 대북 심리전 재개 예정 등의 조치를 취하였다. 이와 함께 우리 국적기의 북한 영공노선(캄차카 노선)을 우회해 비행할 것을 즉각 권고했다.

제주해협 통항금지에 따라 연료비 등 약 60만 달러에서 100만 달러의 추가비용이 발생할 것으로 예상되며(12노트 항행 기준 약 53마일의 항행거리와 4시간 이상의 항행시간 소요 증가 예상), 우리 해역 운항금지에 따라 남북교역 등을 위해 북한의 7개 항(남포, 해주, 고성, 원산, 홍남, 청진, 나진)에서 우리측 7개 항(인천, 군산, 여수, 부산, 울산, 포항, 속초)을 오가던 북측 선박의 운항이 금지되며 남북해운합의서[54] 체결 이전처럼 영해 밖을 통해 운항해야 한다. 이처럼 남북해운합의서를 무력화시키면서도 동 합의서

국의 모든 선박을 나포하여 억류할 수 있으나 몰수는 할 수 없다. 봉쇄가 종료되면 반환하여야 하나 억류로 인하여 발생된 손해에 대해서는 배상할 필요가 없다. 평시봉쇄의 효력은 제3국에 미치지 않으므로 봉쇄국은 제3국의 선박을 나포할 수 없다. 따라서 제3국 선박은 봉쇄에도 불구하고 자유롭게 입항할 수 있다고 보는 것이 다수의 견해이다. 단, 평시봉쇄의 제도를 인정하는 이상 제3국 선박도 국적확인 등의 필요에 따라 임검할 수 있다.

53) 한국개발연구원(KDI)은 '대북 경제제재 효과'라는 보고서에서 대북 경제제재는 달러 획득이 절실한 북한 경제에 큰 타격을 줄 것이라고 분석했다. KDI 분석에 따르면, 2000년대 남북교역은 북한 무역에서 최대 38%를 차지하고 있고 국내총생산(GDP)의 13%를 차지하고 있다. 특히 북한은 남북 교역을 통해 얻은 달러를 기초로 북중 무역을 확대하고 있어, 만약 남북 교역이 중단되면 대중 결제수단이 부족해져 북·중 무역까지 정체될 수 있다는 것이다. 「매일경제」, 2010년 5월 24일 참조.

54) 남북해운합의서는 2001년 북한 상선 4척이 제주해협을 무단 통항한 사건을 계기로 남북간 협의를 거쳐 2004년 5월에 채택, 2005년 8월 1일 정식 발효했다. 동 합의서에 따라 남포항에서 출항한 북측 9천톤급 화물선 '대동강호'가 2005년 8월 15일 처음으로 제주해협을 통과한 이후, 2010년 4월까지 남북을 오간 북한 선박 운항 횟수는 편도기준으로 1,390회로 이 가운데 177회는 제주해협을 통과했다. 또 북측 항구에서 제주해협을 통과해 북측 항구로 운항한 횟수는 676회이다. 「연합뉴스」, 2010년 5월 24일 참조.

자체는 파기하지 않고 유지키로 하여 향후 6자회담 등과 맞물려 남북관계가 복원될 때를 대비해 대북제재의 강도를 조절한 것으로 판단된다.

복구조치와 관련하여 북한에 대한 봉쇄가 가능하다는 의견도 있다. 한반도의 상황은 현재 휴전상태이기 때문에 무력복구의 한 형태로 봉쇄조치를 취할 수 있다는 것이다. 실제로 미국은 1962년 소련이 쿠바에 핵미사일을 설치하자 군사공격까지 검토했으나 그 강도를 낮춰 쿠바 해안을 봉쇄하는 조치(이후 차단조치로 변경)를 취한 바 있다.[55]

또한 평시 무력복구는 허용되지 않지만 전시에는 무력복구가 인정될 수 있다는 주장도 있다. 천안함 사태의 원인제공자인 북한과 우리나라는 휴전상태에 있는 만큼 전시복구 차원에서 비례규모의 무력을 사용할 수 있다는 것이다. 이 경우 원래의 불법행위에 대하여 시간적인 간격을 두고 행사되어도 무방하다고 보고 있다.[56]

(2) 자위권[57]

나. 국제연합을 통한 강제 수단

(1) 의의 및 내용

국제연합은 국제평화와 안전의 유지를 위해 사전에 분쟁을 예방하고 분쟁이 발생했을 때 이를 관리하고 제재할 수 있는 수단과 방법을 규정하고 있다. 분쟁의 평화적 해결수단의 시도에도 불구하고 경제적 및 군

---

55) 김현수, "북한 해안봉쇄 검토할 만한 대응이다", 「경향신문」, 2010년 4월 22일.
56) 김동욱, "천안함 사태에 대한 국제법적 대응", *op. cit.*, pp.38-39 참조.
57) 천안함 사태에 대한 자위권 발동 가능 여부에 대해서는 제6장에서 별도로 논의함. 관련 부분 참조.

사적 강제조치를 통한 집단안전보장이 그것이다.[58]

집단적 안전보장은 다수 국가의 입장에서 상호안전을 공동으로 강구하기 위해 국제사회 또는 일정한 국가집단을 구성하는 모든 국가가 불가침을 약속하고, 아울러 어떤 국가가 이 약속을 위반하고 평화를 파괴했을 경우에는 타국이 공동으로 힘을 결집하여 이에 대처하는 제도를 말한다. 이 제도는 대립관계에 있는 국가까지도 포섭해서 집단적 체제를 기초로 각국의 안전을 서로 보장하려는 것으로 국제정치의 현 단계에서는 세계평화를 유지하는 최선의 방법이라 할 수 있다.[59]

국제연합은 국제평화에 대한 위협, 평화의 파괴 또는 침략행위가 있을 경우, 그 존재를 결정하고 평화와 안전을 유지하고 회복하기 위하여 권고하거나 경제적 강제조치 및 군사적 강제조치중 어떠한 조치를 취할 것인지를 결정한다(헌장 제39조). 이에 앞서 국제연합 안전보장이사회는 사태의 악화를 방지하기 위하여 강제조치를 결정하기 전에 필요하거나 바람직하다고 인정되는 잠정조치에 따르도록 관계당사국에 요청할 수 있으며, 이 잠정조치는 관계당사국의 권리, 청구권 또는 지위를 해하지 아니한다(동 제40조).

이러한 조치를 취해도 분쟁이 해결되지 않을 경우 안보리는 회원국들에게 강제조치를 요청할 수 있다. 이러한 조치에는 외교관계의 단절

---

58) 제1차 세계대전 이전에는 각국은 군사력을 증강하고 이해관계를 같이하는 국가와 동맹관계를 맺음으로서 자국의 안전보장을 꾀하였으며, 그 결과 국제평화와 안전은 이러한 국가들의 세력균형에 의해 유지되었다. 그러나 각국의 개별적인 군비확장 또는 타국과의 동맹관계를 통한 개별적 안전보장(individual security) 방식은 필연적으로 반대동맹의 결성 또는 이의 세력 확장을 자극하는 등 오히려 긴장을 증대시켜 무력분쟁을 유발하는 결과를 초래하였으며, 그러한 모순이 결국은 제1차 세계대전으로 나타났다. 그리하여 제1차 세계대전 후에는 새로운 안전보장방식이 강구되었는바, 집단적 안전보장(collective security)체제가 그것이다. 이민효, 무력분쟁과 국제법, *op. cit.*, pp.21-22.
59) 이병조·이중범, 국제법신강, *op. cit.*, p.955.

을 포함한 경제적 강제조치와 군사적 강제조치가 있는데 이것이 국제연합의 집단안전보장 체제의 핵심이다. 안전보장이사회는 그의 결정을 집행하기 위하여 병력의 사용을 수반하지 아니하는 어떠한 조치를 취하여야 할 것인지를 결정할 수 있으며, 또한 국제연합 회원국에게 그러한 조치를 적용하도록 요청할 수 있다.

이 조치는 경제관계 및 철도 · 항행 · 항공 · 전선 · 무선통신 및 다른 통신수단의 전부 또는 일부의 중단과 외교관계의 단절을 포함할 수 있다(동 제41조). 안전보장이사회는 제41조에 규정된 조치가 불충분할 것으로 인정되거나 불충분한 것으로 판명되었다고 인정하는 경우에는 국제평화와 안전의 유지 또는 회복에 필요한 공군, 해군 또는 육군에 의한 조치를 취할 수 있다.[60] 그러한 조치는 국제연합 회원국의 군대에 의한 시위, 봉쇄 및 여타 작전을 포함할 수 있다(동 제42조).

(2) 우리 정부의 조치

우리 정부는 천안함 조사결과 국제연합 안보리에 회부해 이에 상응하는 국제사회의 대북 제재를 이끌어내기 위해 노력하였다. 천안함 침몰의 원인이 밝혀지기전에도 그리고 북한의 소행으로 밝혀진 합동조사 이후에도 정부는 반복적으로 이러한 입장을 밝혀왔다. 국제연합 회원국은 국제평화와 안전유지를 위태롭게 할 수 있는 어떠한 사태에 관해서도 안보리에 주의를 환기할 수 있기 때문이다(헌장 제35조).

정부는 6월 4일 주(駐) 유엔대표부 대사 명의로 천안함 사건을 안보

---

60) 헌장은 국제적 충성심을 가지고 국제연합에 복종하는 국제연합군을 창설하는 것을 규정하고 있지 않는 대신에 각국의 파견부대를 국제적으로 사용하는 것을 규정하고 있다. 그러나 5대국의 대표자들은 국제연합에 제공할 군대의 규모, 육해공군의 비율 및 최고지휘권의 행사 등에 대하여 합의하지 못했다. 최종기, 현대국제연합론, 박영사, 1991, p.325. 이는 안전보장이사회에 의한 국제분쟁에의 즉응체제 확립의 실패를 의미한다.

리에서 다뤄줄 것을 요청하는 서한을 안보리 의장국(멕시코)에 제출했다. 정부는 이 서한에서 민군합동조사단 조사결과 북한의 어뢰공격으로 인해 천안함이 침몰되었다는 것이 명백히 드러났다면서 북한의 무력공격이 국제평화와 안전에 위협이 되고 있는 만큼 안보리가 이 사안을 논의해 북한의 군사적 도발에 엄중하게 대응해 줄 것을 요청한다고 밝혔다. 이에 안보리는 6월 14일 천안함 사건과 관련한 남북 양국의 설명을 들었다.

하지만 국제연합을 통한 국제적 제재나 결의안 채택은 매우 어려운 문제이다. 국제연합의 집단안전보장제도는 강대국 중심으로 이루어져 절차문제를 제외한 어떤 문제를 결정하기 위해서는 상임이사국들의 만장일치를 전제로 하고 있으며(모든 상임이사국 포함 9개국 찬성 필요), 상임이사국은 거부권을 행사할 수 있다.

이들 상임이사국들이 자국이익과 충돌될 수 있는 결정에 동의할 것이라고 기대하는 것은 그 가능성이 매우 낮으며, 지구상 어느 구석에서 일어나는 국제적 사태도 상임이사국의 이해에 관계되지 않는 것이 드물다는 점을 생각한다면 동 제도가 제대로 운영된다는 것은 처음부터 기대하기 어려웠던 것이다. 이는 천안함 사태에서도 마찬가지다. 우선 북한에 대한 국제연합의 제재를 이끌어 내기 위해서는 안보리 의장에게 의제로 다루어줄 것을 요청하여 안보리에서 논의되어 구속력을 갖는 제재 결의안이 채택되어야 한다.

그런데 안보리가 어떤 형태로 북한을 규탄하고 어느 수준의 제재를 결정할 것인가 하는 문제는 단순히 천안함 조사결과에 대한 과학적 근거 여부에만 달린 문제가 아니다. 중국과 러시아는 안보리에서 거부권을 갖고 있기 때문에 안보리 이사국들이 어떤 결의안을 다수결로 의결

한다 해도 중국과 러시아중 한 나라만 반대하면 채택이 불가능해진다.[61]

중국이나 러시아의 반대로 상임이사국의 안보리 결의 채택이 불가능한 경우 북한을 규탄하는 안보리 의장성명(presidential statement)의 채택을 생각해 볼 수 있다. 이러한 성명은 북한의 도발을 세계에 알리고 북한의 불법성을 규탄하는 의미있는 도구이기 때문이기 때문에 정치적으로는 중요한 의미를 갖는다고 볼 수 있지만, 법적으로는 구속력이 없어 실제 그 의의는 반감될 수밖에 없다.

실제 천안함 사태와 관련하여 우리 정부는 안보리 대북제재 결의안 채택을 추진하였으나 러시아의 미온적 태도와 중국의 강경한 반대로 안보리 의장성명의 채택(7월 9일)으로 만족해야 했다. 북한은 한발 더 나아가 의장성명 직후 "평등한 6자회담을 통해 평화협정 체결과 비핵화를 실현하기 위한 노력을 일관되게 기울여 나갈 것"이라고 했으며, 중국은 "의장성명 채택을 계기로 유관 당사국은 가급적 신속히 천안함 사태를 매듭짓기 바란다"며 "조속한 6자회담 재개로 한반도 평화와 안정을 공동 수호할 수 있기를 바란다"고 했다. 안보리의 대응이 국제공조를 확인하는 상징적인 것이라고 볼 수도 있지만 우리 외교의 절반만의 성공이었음은 부인할 수 없게 되었다.

6월 4일 안보리에 회부된 이후 각국간 치열하게 전개된 막후 외교전의 결과 7월 9일 만장일치로 채택된 안보리 의장성명의 주요내용은 다음과 같다. ① 안보리는 천안함의 침몰과 이에 따른 비극적인 46명의

---

61) 김동현, "천안함, '안보리 외교' 효과낼까", 시사저널, 제1080호, 2010. 7. 6, pp46-47. 설령 북한의 소행이 입증돼 안보리의 대북제재 결의가 채택되더라도 실효성을 장담하기는 어렵다. 북한은 이미 두 차례 핵실험 이후 안보리 결의 1718호와 1874호에 따라 강력한 제재를 받고 있는 상황이어서 추가적 제재가 큰 의미를 갖기 어려울 수도 있다. 특히, 1996년 9월 강릉 잠수함 침투사건 이후 우리 정부는 유엔 총회 기조연설에서 북한의 행위를 규탄하고 안보리 의장성명까지 채택했으나 이렇다 할 대북제재 효과는 거두지 못했었다.

인명손실을 초래한 공격(attack)을 개탄한다(deplore)(제2항). ② 안보리는 …… 유엔 헌장 및 여타 모든 국제법 관련규정에 따라 이 문제의 평화적 해결을 위하여 이번 사건 책임자(those responsible for the incident)에 대해 적절하고 평화적인 조치를 취할 것을 촉구한다(제4항). ③ 안보리는 북한에 천안함 침몰의 책임이 있다는 결론을 내린 한국 주도하에 5개국이 참여한 '민군합동조사단'의 조사 결과에 비춰(in view of) 깊은 우려를 표명한다(제5항). ④ 안보리는 이번 사건과 관련이 없다고 하는 북한의 반응, 그리고 여타 관련국들의 반응에 유의한다(take note of)(제6항). ⑤ 이에 따라 안보리는 천안함 침몰을 초래한 공격(attack)을 규탄한다(condemn)(제7항). ⑥ 안보리는 한국 휴전협정의 완전한 준수를 촉구하고, 분쟁을 회피하고 상황악화를 방지하기 위한 목적으로 적절한 경로를 통해 직접대화와 협상을 가급적 조속히 재개하기 위해 평화적 수단으로 한반도의 현안들을 해결할 것을 권장한다.

이러한 안보리 의장성명을 두고 관련 당사국들의 반응은 대조적이었다. 한·미 양국은 천안함 침몰과 관련하여 국제사회가 북한에 책임이 있다는 것을 분명하게 한 것이라고 본 반면에 북·중은 북한의 소행을 명시한 조항이 없는 점을 강조하였다.

<표 5-4> 천안함 사건 관련 국제법적 대응조치별 주요내용 및 제한사항

구분	조치		주 요 내 용	제한 사항	시행 (예정)조치
평화적 수단	직접교섭, 조정 및 중재, 중재 재판 및 사법적 해결, 지역적 기관 또는 협정 이용		– 분쟁의 계속이 국제평화와 안전의 유지를 위태롭게 할 우려가 있는 경 우 국제평화와 안전 및 정의를 위태 롭게 하지 않는 방식으로 평화적 수 단에 의하여 해결(UN 헌장 제2조 3 항, 제33조 1항). – 남북한간 직접 대화 또는 군사휴전 위원회·중립국감독위원회 활용. ※ 국제사법재판소(ICJ)에 일방적 제소 불가(양국 합의 전제) ※ Corfu Channel Case(1949, 사건 해결 에 3년 소요)	실현 가능성 적음 (불법 행위국과 합의 전제 필요)	
강제적 수단	독자적 조치	외교적 조치 (국제 사회와 공조)	– 관련국과의 외교적 협상을 통해 압박 조치 실행(미국의 테러지원국 재지정 등). – 경제지원 중단 및 무역·금융제재 강화 요청 등. ※ 지원규모가 크거나 영향력이 큰 국가 일수록 효과 증대.		– 전시작전통제 권 전환 연기 – 한미연합대잠 훈련 실시 – PSI 적극 참여
		복구 조치	– 자국에게 행해진 타국의 불법행위가 있을 때 이의 중지 또는 이에 대한 구제를 얻기 위하여 자국이 입은 손해와 같은 정도의 손해를 불법 행위국에 대해 취하는 응보행위. – 조약이행정지, 보이콧(boycott, 통상 거부), 국민 및 화물 억류, 선박 및 항공기 억류, 평시봉쇄. – 남북교류(개성공단 포함) 및 인도적 지원 중단, NLL월선 및 DMZ 도발시 강경 대응, 북상선 제주 해협 통항 금지, 대북 선전전 재개. ※ 무력복구는 원칙적으로 금지됨. 그러나 이스라엘의 팔레스타인에 대한 응징복구 사례도 있음.	– 불법행위 (국제법 위 반 행위) 존재 – 불법 행위 구제요청 선행 – 불법행위 중지 및 배상 강제에 필요한 정도	– 북 상선 제주 해협 통항금지 – 북 상선 아측 해역 운항금지 – 남북교역, 신규 투자 금지 (개성공단 제외) – 방북불허 (개성/금강산 지구 제외) – 대북지원사업 및 북주민 접촉 제한(순수한 인도적 목적 지원 제외)

	자위권 행사	외부로부터의 급박·현존하는 불법적 침해 또는 위해를 받은 국가가 이를 배제하고 국가와 국민을 방위하기 위해 일정한 실력을 행사할 수 있는 권리 (헌장 제51조). ※ 자위권은 원칙적으로 불법행위가 있을 경우 즉각적으로 행해져야 함. (급박성 요구). 단, 예방적 자위권을 인정하는 주장도 강하게 제기되고 있음.	– 필요성 및 비례성 한계내 행사 – 한미연합 사령관에 위임된 연합권한 위임사항 (CODA) 내용 검토	
유 엔 을 통 한 제 재	비군사 조치	– 평화에 대한 위협, 평화의 파괴 및 침략행위가 있을 경우 병력의 사용을 수반하지 않는 조치 가능. – 경제관계 중단, 철도·항해·항공· 전신·무선통신 및 여타 교통수단의 전부 또는 일부 중단, 외교관계 단절 (헌장 제41조). – 유엔사무총장 및 안보리 의장 성명 채택. ※ 현재 북한은 안보리 결의 1718(2006. 10.14), 1874(2009.6.12)에 따라 경제 제재를 받고 있음(1, 2차 핵실험 관련)	– 안보리에 결의안 제출 (구속적) – 상임이사 국(5개국) 포함 9개국 이상 동의 필요(상임 이사국 1국이라도 거부권 행사시 채택 불가)	– 안보리 의장성명 채택(비구속적)
	군사 조치	– 비군사적 조치가 불충분할 경우 국제 평화와 안전의 유지 또는 회복에 필요한 군사력에 의한 조치 가능. – 시위, 봉쇄 및 여타 군사작전 (헌장제42조).		

※ CODA(Combined Delegated Authority) : 연합위기관리(전쟁억제와 방어), 전시작전계획수립, 연합합동교리발전, 연합합동훈련/연습 계획 및 실시, 연합 정보관리(조기경보), C4I 상호운용성.

Ⅳ. 결론

하얼빈에서 일제 침략의 원흉인 이토 히로부미를 저격(1909. 10. 26)한 안중근 의사가 여순 감옥에서 순국(1910. 3. 26)한지 꼭 100년이 되던 2010년 3월 26일, 대한민국 해군 초계함 천안함은 분단 조국의 명에를 지고 백령도 인근 해역에서 북한의 불법적인 어뢰공격으로 침몰하였다.

이로 인해 46명의 고귀한 생명이 희생되었다. 안 의사의 숭고한 애국애족 정신을 기리는 역사적인 날에 꽃다운 대한의 영웅들은 차디 찬 서해 바다에서 현대사의 비극을 온 몸으로 맞고 있었던 것이다.

북한의 천안함 어뢰공격은 명백한 무력행사이자 대한민국을 공격한 북한의 군사도발이다. 이는 사실상 전쟁행위에 해당된다. 이러한 북한의 행위는 무력행사를 금지하고 있는 국제연합 헌장, 휴전협정 및 납북기본합의서를 위반에 해당된다. 또한 '침략의 정의'에 관한 국제연합 총회 결의(3314) 및 대세적 의무의 위반이기도 하다.

북한은 국제연합 헌장 및 휴전협정의 당사자이고 남북기본합의서에서 무력사용의 금지를 합의하였는 바, 이들 문서들에 명규되어 있는 조항 및 합의한 내용을 준수해야 할 법적 의무가 있다.

따라서 북한은 천안함 사태에 대해 응분의 책임을 져야한다. 북한의 어뢰공격은 고의적으로 무력을 사용한 국제법상의 의무를 위반한 국제불법행위로서 이로 인해 실제 천안함이 침몰하고 46명이 희생되었다. 즉 북한의 어뢰공격과 대한민국의 물적, 인적 피해간에 인과관계가 확정적이기 때문에 북한은 불법적 무력공격에 대한 책임을 부담하여야 한다.

이러한 책임을 이행하는 방법으로는 손해배상, 진사, 관련자의 처벌 및 장래에 대한 보장 등이 있다. 이외에도 외교적 및 강제적 수단(군사적 및 비군사적)을 동원하여 응분의 대가를 치르게 할 수 있다. 우리 정부는 이미 다양한 대북조치를 취하였고, 이의 실효성을 보장하기 위해 여러 채널을 통해 정치외교적 노력을 경주하여 왔으며 지금도 노력하고 있다. 천안함 사태는 한반도는 물론 동북아 평화와 안정에 대한 직접적인 위협이자 도전이고 나아가 세계평화와 안전에 대한 중대한 위협으로 우리에게 많은 과제를 남겼다.

우리사회는 천안함 침몰이라는 '엄중한 국가안보적 중대사태'를 맞아서도 '사회적 신뢰'를 회복하지 못하고 근거없는 예단과 극단적이고 자의적인 주장 또는 해석으로 거대한 불신의 수렁에 빠졌었다. 이를 극복하기 위해서는 위기대응시스템의 점검 및 보완, 북한의 추가도발 및 대남위협 행위의 선제적 관리 등 총체적 안보시스템을 혁신하여야 할 것이다.

그리고 동맹국, 우방국 및 국제기구를 포함한 국제사회와 긴밀한 협조를 통해 가능한 모든 외교적 대응조치를 취해나가야 할 것이다. 그러나 궁극적으로는 한반도 문제는 남북한이 주도적으로 해결해 나가야 할 것이며, 이를 통해 한반도의 평화와 안전을 확보하여야 한다. 천안함 관련 담화에서 대통령께서 북한을 향해 단호하고 엄중한 책임을 추궁하면서도 천안함 사태가 중대하고 심각하기는 하지만 남북간 미래지향적 관계 구축을 위해 한반도 평화는 "남북이 이 문제를 주도적으로 풀어야 한다"고 했던 것도 이러한 이유때문 일 것이다.

천안함 사태는 비극이다. 하지만 그 비극은 완벽한 군사대비태세의 확립을 통한 적극적 억제원칙의 공고화를 통해 한반도를 세계 평화의 터전으로 만드는데 있어 소중이 씨앗이 되어야 한다. 그것이 천안함과 함께 산화한 '46 용사'의 순국을 헛되지 않게 하는 길인 동시에 국가로부터 부여받은 우리의 의무이다.

제6장 천안함 사태에 있어서의 대북 자위권 행사 가능성

I. 서론

대한민국의 1,200톤급 해군 초계함 천안함(PCC-722)은 2010년 3월 26일 오후 9시 22분경 서해 백령도 서남쪽 2.5km 해상에서 침몰하여 승조원 104명 중 58명은 생존하였으나 46명(사망 40명, 산화 6명)이 희생되었다.

함수 인양(4월 24일)후 정부는 민군 합동으로 조사단(민군합동조사단, 이후 합조단)을 구성하여 침몰원인을 과학적이고 객관적으로 조사, 5월 20일 '천안함 침몰사건 조사결과'를 발표하였다.

동 조사결과에서 합조단은 해저에서 수거한 파편 자료와 군이 확보한 비밀자료를 분석한 결과를 토대로 천안함 침몰원인이 '북한제 감응어뢰에 의한 강력한 수중폭발(좌현 3m, 수심 6~9m)로 인한 선체 절단'이라고 밝혔다.

이는 천안함이 북한의 의도적인 무력 기습공격에 의해 격침되었음을 말해 준다. 이러한 북한의 행위는 명백한 불법적 무력행사이자 대한민국을 공격한 군사도발로서 무력사용을 금지하고 있는 국제연합 헌장 제2조 4항, 한반도에서의 적대행위와 일체의 무장행동의 완전한 정지를 보장하고 있는 휴전협정 전문과 제2조 12항 및 상대방에 대한 무력사용을 금지하고 휴전협정을 준수할 것을 보장한 남북기본합의서 및 불가침부속합의서를 위반한 것이다. 또한 '침략의 정의'에 관한 국제연합 총회 결의(3314)[1] 및 국제사회 모든 국가가 책임을 물을 수 있는 '대세적 의무'(obligations erga omnes)[2]의 위반이기도 하다.

북한은 국제연합 헌장 및 휴전협정의 당사자이고 남북기본합의서에서 무력사용의 금지를 합의하였는 바, 이들 문서들에 명규되어 있는 조항 및 합의 내용을 준수해야 할 법적 의무가 있다. 따라서 북한은 천안함 사태에 대해 책임자 처벌, 피해에 대한 배상 및 재발방지 약속 그리고 진정한 사죄 등 응분의 책임을 져야한다. 하지만 북한은 사실인정조차 하지 않고 있다.

북한의 어뢰공격은 무력사용을 금지하고 있는 국제법상의 의무를 위반한 국제불법행위로서 이로 인해 천안함이 침몰하고 46명이 희생되었으며, 이에 우리 정부는 북한에 대해 다양한 제재 및 대응조치를 검토, 발표했다. 이러한 제반 조치들은 5월 24일 용산 전쟁기념관에서 발표된 대통령의 특별담화에서 구체적으로 천명되었다. 그 주요내용은 물적 및 인적 교류 중단 등을 통한 독자적 제재조치, 미국 등 양자외교적 조치와 국제기구 등을 통한 다자외교적 조치 등이었다. 보다 구체적으로는 북한선박의 우리 해역 및 제주해협 통항 금지, 인도적 지원을 제외한 남북간 교역 및 교류 중단, 대북 심리전 재개, 서해 한미연합대잠 훈련 실시, PSI 역내 · 외 훈련 참가, 국제연합 안전보장이사회 회부를

---

1) 동 결의 제3조 (d)는 침략의 한 유형으로 '한 국가의 군대에 의한 타국의 육 해 공 또는 해군 함대 및 공군항공대에 대한 무력공격은 침략행위를 구성한다'는 것을 들고 있다. 천안함 공격은 이에 해당된다.
2) '대세적 의무'란 이를 위반할 경우 국제사회의 모든 국가가 피해국으로서 개별적 또는 집단적으로 그 시정을 요구할 수 있는 '국제공동체에 대한 의무'를 말한다. 이러한 의무를 구성하는 국제공동체의 기본가치는 어떠한 경우에도 일탈할 수 없는 강행규범이다.

통한 북한의 책임 추궁 등이다. 또한 향후 어떠한 도발도 용납하지 않을 것이며 방어위주에서 '적극적 억제원칙'을 견지하여 우리의 주권 영역을 침범시 즉각적인 자위권을 발동할 것임을 공언하였다.

천안함 침몰 이후 북한에 대한 제재조치와 관련하여 가장 논란이 된 것의 하나가 자위권 행사 가능 여부 문제였다. 북한의 불법행위가 자위권 행사대상이 된다는 점에 있어서는 의문의 여지가 없으나, 자위권 행사시기와 관련하여 현장에서 즉각 행사되지 않고 천안함이 침몰되고 일정기간 경과후 자위권을 행사하더라도 자위권 발동요건을 충족하는가에 대해 입장이 대립되었다. 즉, 자위권을 행사하기 위해서는 '즉각성'이 요구되는가? 요구된다면 그 의미는 무엇인가? 등의 해석에 있어 견해가 충돌되었던 것이다.

이하에서는 천안함 사태를 둘러싸고 논쟁이 되었던 자위권 행사 문제를 간략하게 살펴보고자 한다. 이에 대한 이론적 연구는 향후 유사한 남북간 군사충돌시 우리의 대응조치 결정 및 집행에 있어 많은 참고가 될 것이다.

Ⅱ. 무력사용금지원칙과 자위권의 관계

국제연합은 헌장 전문에서 "우리 일생에서 두 번이나 말할 수 없는 슬픔을 인류에게 가져온 전쟁의 불행에서 다음 세대를 구하고, … 공동 이익을 위한 경우 이외에는 무력을 사용하지 아니한다는 것을 원칙의 수락과 방법의 설정에 의하여 보장하고 … "라면서 비극적 전쟁의 예방과 무원칙한 무력사용을 금지하고 있다. 이러한 전문의 정신을 보다 구체화 시키고 있는 것이 국제관계에서 무력의 사용 또는 위협을 포괄적으로 금지하고 있는 헌장 제2조 4항이다.[3] 동 조항의 내용은 다음과 같다.

모든 회원국은 국제관계에 있어서 무력에 의한 위혁 또는 무력의 행사를 여하한 국가의 영토보전이나 정치적 독립에 대하여 또 국제연합의 목적과 양립할 수 없는 다른 여하한 방법에 의한 것이라도 이를 삼가야 한다.

영토를 획득하거나 타국으로부터 여타 이익을 얻기 위한 군사력 사용이라는 고전적 의미[4]의 전쟁을 불법화하는 동 조항은 헌장의 핵심[5]이다. 해당국가의 동의없이 군사력을 동원하여 강제로 침략하는 것은 그 국가의 영토적 통일을 해치는 것이며 일국에게 특정한 정책이나 조치를 채택토록 강제하기 위한 무력사용은 그 국가의 정치적 독립에 대한 손상으로 간주된다. 즉, 무력행위가 일국 영토의 동의없는 사용을

---

3) 국제연합헌장이 채택되었을 때, 이것이 전쟁을 불법적인 것으로 하였다고 일반적으로 받아들였다. 각국들은 평화적 수단에 의하여 모든 분쟁을 해결하고 국제관계에서 무력의 사용이나 위협을 삼가해야 한다는 것을 의무로 받아들였다. 오직 2가지 예외상황, 즉 무력공격이 일어나고 강제조치로서 안보리에 의해 무력행위로 승인되었을 때와 자위에 있어서의 무력만이 허용되었다. 이러한 규정들은 대부분의 준수자들에 의해서 헌장의 중심으로 이해되었으며 현 국제법의 가장 중요한 원칙들로 이해되었다. 그것들은 국제연합의 만장일치 결의들, 조약들, 그리고 정치지도자들의 말속에서 거듭 재확인되었다. O. Schachter, *International Law in Theory and Practice*, Martinus Nijhoff Publishers, 1991, p.106.
4) 헌장 제2조 제4항에서 '전쟁'이라는 용어는 사용되지 않았다. '전쟁'이라는 용어는 1919년 연맹규약 및 1928년 켈로그-브리앙 조약에서도 사용되었지만 1930년대에 들어 국가들 간에는 '전쟁'을 선언하지 않고 적대행위를 개시하는 것이 일반화되었다. Brown, "Undeclared Wars", 33 *American Journal of International Law*, 1939, p.538.
5) A. Randelzhofer, "Article 2(4)", B. Simma(ed.), *The Charter of the United Nations: A Commentary*, 2nd ed., Vol.1, Oxford University Press, 2002, p.117.

포함하거나 또는 일국에게 그렇지 않다면 취하지 않을 어떤 결정을 하도록 강제하는 것은 동 조항의 위반이다.[6]

위와 같이 국제연합은 헌장 제2조 4항을 통해 원칙적으로는 무력사용금지를 확립하고 있다. 그러나 예외적인 상황에서는 무력사용을 허용하고 있는 바, 헌장에서 예외적으로 무력사용을 허용하고 있는 경우는 제42조의 안전보장이사회의 강제조치권과 제51조의 자위권이다.

그런데 헌장 제42조의 안보리의 군사적 강제조치권은 불법적 무력사용국에 대한 안보리의 승인을 전제로 한 집단적 제재조치로서의 성격을 갖고 있기 때문에 동맹관계에 있는 국가와 공동으로 행사하든 독자적으로 행사하든 국제사회의 개입없이 개별 국가가 합법적으로 무력을 사용할 수 있는 경우는 자위권뿐이다.

자위권의 이러한 성격탓으로 오늘날 거의 모든 군사행동에 있어 자위권은 무력사용의 정당성과 합법성을 강조하기 위하여 원용되고 있다. 무력사용금지에 대한 예외로서의 지위를 갖기 때문에 국제분쟁에서 행사된 무력사용의 합법성이 문제되는 경우 이를 판단해 줄 유일한 기준인 셈이다. 이처럼 자위권은 무력사용과 뗄레야 뗄 수없는 핵심개념으로 자리잡고 있다.

한편 이러한 두 가지 경우외 특정상황에서도 무력사용이 허용된다는 주장도 있다. 어느 국가의 법률상 정부의 동의(요청)에 따라 사용된 무력, 독재정치 또는 인권의 대량위반을 방지 또는 억제하기 위한 인도적 목적을 위해 사용된 무력, 민족해방을 위해 투쟁하는 인민을 원조하기 위하여 사용된 무력, 억압적인 정권에 대항하여 민주적인 권리를 위해 투쟁하고 있는 인민을 원조하기 위하여 사용되는 무력 및 다른 수단을

---

6) R. Sadurska, "Threats of Force", 82 *AJIL*, 1988, p.305.

이용할 수 없을 때 법적 권리를 보호하거나 보존하기 위해 사용되는 무력은 허용되어야 한다는 것이다.

무력사용의 일반적 금지에 대한 이러한 예외의 확대 요구는 '변화된 환경'과 '선언된 규칙들과 일치하지 않는 국가관행'에 근거한 헌장상의 무력사용금지원칙의 개정이 필요하다는 주장과 맥을 같이한다. 이러한 예외 인정 주장에 대해서는 다음과 같은 비판이 가해지고 있다. 만약 일국에 의해 타국의 주권이 아무런 제한없이 침해될 수 있다면 독립된 주권국가로 구성된 국제사회는 유지될 수 없고, 무력사용의 제한도 이러한 현실을 반영한 것으로 국제연합의 실패가 그리고 헌장의 위반이 각국들에게 자유로이 무력을 사용할 수 있음을 허락하는 것도 아니며, '상호성의 원칙'과 '변화된 환경'하에서 일부 국가들이 무력사용금지원칙을 위반하였다고 해서 세계질서의 유지를 위한 기본적인 규칙으로부터 모두를 해방시킨다는 결론은 어리석을 뿐만 아니라 위험하다는 것이다.

무력사용금지원칙의 내용 및 이에 대한 예외적 상황의 인정 여부에 대한 논란에도 불구하고 자위권은 일반적이고 포괄적인 무력사용금지가 확립된 현 국제사회에서 합법적으로 무력을 사용할 수 있는 예외조치의 하나[7]임은 분명하다. 무력사용이 금지됨으로써 이를 위반한 무력사용은 위법한 것이 되어 국가책임을 수반하게 되며, 피해국은 일정 요건하에서 적법한 무력사용(자위권)이 허용되는 바, 이러한 자위권은 무

---

7) 자위권의 허용은 무력사용금지원칙에 대한 예외가 아니라는 견해가 있다. 즉, 무력사용금지원칙을 위반하여 타국을 무력으로 공격 또는 침략하는 국가에 대하여 상대방 국가에게 무력사용권을 허가함으로써 무력사용금지원칙의 준수를 강제하기 위한 수단이라는 것이다. B. Graefrath, "Introduction to the Law of Conflictual Relations", M. Bedjaoui(ed.), *International Law : Achievments and Prospects*, Unesco, Matinus Nijhoff Publishers, 1991, p.711; 박현진, "무력사용금지의 원칙과 미국의 국가관행", 국제인권법, 제6호, 2003, p.28 주 56)에서 재인용.

력사용의 위법성을 조각하는 예외적 사유가 되는 것이다.

그 결과 헌장 제42조의 제재적 차원의 군사적 강제조치와 자위권 행사 이외의 무력사용은 헌장 제2조 4항에 위반되는 불법적 무력사용으로 평화에 대한 위협 및 파괴 또는 침략행위에 해당되어 헌장 제7장에 근거한 안전보장이사회의 강제조치 대상이 된다.

Ⅲ. 자위권의 이론적 고찰

1. 자위권의 법적 의의

가. 개념 및 발전

국제법상 자위권(right of self-defence)이란 외국으로부터 급박·현존하는 불법한 침해 또는 위해를 받은 국가가 이를 배제하고 국가와 국민을 방위하기 위하여 국가 자신이 스스로(개별적 자위) 또는 이해관련국과 공동으로(집단적 자위) 일정한 실력을 행사할 수 있는 권리를 말한다.[8]

'무력행사의 일반적 금지와 예외적 허용'이라는 헌장 체제의 대원칙 하에서 국제연합 헌장 제51조에 규정된 자위권은 개별 국가들이 선도적으로 행한 일방적 무력행사가 적법화될 수 있는 유일한 실정법적 근거이다.[9]

자위권을 국가의 '고유한 권리'(inherent right)로 규정하고 있는 헌장 제51조의 내용은 다음과 같다.

---

8) 김현수·이민효, 국제법, *op. cit.*, pp.36-37.
9) 정경수, "21세기 자위에 근거한 무력행사의 적법성", 국제법평론, 통권 제30호, 2009, p.47

이 헌장의 어떠한 규정도 국제연합 회원국에 대하여 무력공격이 발생한 경우 안전보장이사회가 국제평화와 안전을 유지하기 위하여 필요한 조치를 취할 때까지 개별적 또는 집단적 자위의 고유한 권리(the inherent fight of individual or collective self-defence)[10]를 침해하지 않는다. 자위권을 행사함에 있어 회원국이 취한 조치는 즉시 안전보장이사회에 보고된다. 또한 이 조치는 안전보장이사회가 국제평화와 안전의 유지 또는 회복을 위하여 필요하다고 인정하는 조치를 언제든지 취한다는, 이 헌장에 의한 안전보장이사회의 권한과 책임에 어떠한 영향도 미치지 아니한다.

실정법상의 자위권은 역사적으로 형성되어 왔다. 제1차 세계대전 이전에는 국가가 자력구제를 위한 전쟁이나 전쟁에 이르지 않는 무력행사에 호소하는 것이 기본적으로 허용되었다. 그 당시에는 전쟁권(전쟁의 자유)이나 무력행사의 자유 중에 자위권이 매몰되어 있었기 때문에 자위권에 대해서는 별 관심이 없었다.[11] 즉, 국가들은 언제든지 자국의 정책실현을 위해 전쟁에 호소할 수 있었기 때문에 구태여 자위권을 원용

---

10) 헌장 제51조에서는 국가의 자위권을 '고유의 권리'로서 개별적 자위권과 함께 집단적 자위권을 규정하고 있다. 여기서 집단적 자위권의 규정은 덤바튼 오크스 초안에서는 보이지 않았지만, 샌프란시스코회의의 심의과정에서 라틴아메리카국가들의 요구에 의하여 받아 들여졌다. 당시 샌프란시스코회의 2개월 전에 멕시코에서 체결한 체플테펙협정(Act of Chapultepec)에서 라틴아메리카국가들은 전후에도 전쟁 중의 협력관계를 지속시키기 위해 만일 미주의 어떤 국가에 대한 공격행위가 발생한 경우에는 이를 당사국 전체에 대한 공격행위로 간주하고 공동방위 조치를 취할 수 있다는 것을 예정하고 있었다. 덤바튼 오크스 초안 규정처럼 모든 무력행사가 안보리의 승인을 필요로 하게 되면 체플테펙협정에 의해서 창설된 지역적 안전보장체제가 무너질 것이라고 생각했던 것이다. 이를 해결하기 위해 결국 자위권을 규정한 헌장 제51조 원안에 '개별적 또는 집단적'이라는 말을 '자위권' 앞에 삽입함으로써 '집단적 자위'라는 새로운 개념이 도입되었다. 박시홍, "침략과 자위권에 관한 소고", 조선대 법학논총, 제9집, 2003, p.142.
11) 전순신, "국제법상 선제적 무력행사의 합법성에 관한 검토", 경북대 법학논고, 제30집, 2009. 6, p.464.

할 필요가 없었다. 그 당시 자위권은 법적인 개념으로 정착된 것이 아니라 단순히 무력사용을 위한 정치적 구실을 제공했던 것이다.[12]

그러나 국제연맹 규약, 부전조약 및 국제연합 헌장 등에 의해 전쟁이 위법화되어 가는 과정에서 자위권은 무력행사금지가 '유보된 영역'(reserved domain)이라는 적극적인 의미를 가지게 되었다. 왜냐하면 합법적으로 무력행사를 할 수 있는 권원(title)은 자위권 밖에 없어졌기 때문이었다.

나. 행사요건 또는 규제(제한)

헌장상의 자위권 규정인 제51조는 자위권을 행사할 수 있는 요건으로 ① 무력공격이 발생한 경우(행사사유), ② 안보리가 국제평화와 안전을 유지하기 위하여 필요한 조치를 취할 때까지(행사시기), ③ 회원국이 취한 조치는 즉시 안보리에 보고되어야 하고(안보리의 적부심사), ④ 안보리는 자위권과는 별도로 국제평화와 안전의 유지 또는 회복을 위하여 필요한 조치를 취할 권한과 책임이 있다(안보리의 독자적 권능)는 것을 들고 있다.

이러한 자위권 행사요건에서 가장 논쟁적인 해석상의 문제는 '무력공격'의 의미이다. 이에 대해서는 1986년 국제사법재판소(ICJ)의 '미국과 니카라과 사건'(Military and paramilitary Activities in and against Nicaragua: Nicaragua Case)[13]에서 확인할 수 있다. 동 사건에서 ICJ는 무

---

12) 유재형, "전통국제법상의 자위권에 관한 연구", 청주대 법학논집, 제1집, 1986, pp.184-185.

13) 동 사건의 개요는 다음과 같다. 1979년 니카라과에 산디니스타 정권(반미정권)이 설립되자 미국은 동 정부를 상대로 다양한 형태의 공격 -항만 파괴, 군사시설 파괴 등 - 을 행하고 있는 반정부단체인 콘트라 반군에 장비를 지원하고 지휘하였다. 이 사실이 드러나자 니카

력공격은 단순히 국경을 넘는 정규군의 군사작전뿐만 아니라 대규모의 비정규군 또는 용병의 파견도 포함하나,[14] 타국 반군에 대한 대규모의 무기공급은 포함되지 않는다고 하였다.[15]

한편, 이상의 자위권 행사요건은 자위권의 남용을 방지하기 위한 규제 또는 제한으로도 해석이 가능하다. 즉, 자위권의 행사는 무력공격이 발생한 경우에 한정되며, 안전보장이사회가 국제평화와 안전의 유지에 필요한 조치를 취할 때까지만 인정되고, 회원국이 취한 조치는 안전보장이사회에 보고해야 한다는 것이다. 이러한 자위권 행사사유, 행사시기 및 조치의 적부판단이라는 자위권의 통제는 그동안 자위권이 불법적 무력사용에 대한 변명수단으로 이용되어 온 국제사회의 현실을 고려하면 매우 중요한 법적 장치임에는 틀림없다.

자위권 통제에 있어 안전보장이사회 상임이사국은 거부권을 갖고 있

라과는 미국을 상대로 ICJ에 제소하였다. 미국은 응소를 거부하면서 자신의 행위는 집단적 자위권의 행사로서 정당행위라고 주장하였다. 왜냐하면 엘살바도르, 온두라스, 코스타리카에 대한 니카라과의 위협과 군사행동으로 인하여 자위권의 발동이 불가피하다는 것이었다. 하지만 이들중 어느 국가도 니카라과의 공격행위를 이유로 국제재판소 제소하지 않았으며, 1980년과 1981년에 이들 국가내의 반란군에 대한 약간의 무기공급와 니카라과의 군사개입 증거는 발견되지 않았다. ICJ는 판결에서 ① 미국은 자금공여 및 기타 훈련, 무기 등 콘트라에 대한 군사적 비군사적 활동을 지원하고 니카라과의 영공비행을 지시 또는 허가함으로써 국제관습법을 위반하였다. 따라서 집단적 자위권 행사라는 미국의 항변은 기각한다. ② 미국은 니카라과의 영수에 기뢰를 부설함으로서 무력행사금지원칙과 국내문제불간섭원칙 및 외국의 항만이용권을 침해하여 교통 및 해상통상, 통상자유원칙을 위반하였다면서 미국의 주장을 배척하고 니카라과에 대한 손해배상을 명하였다. 장신(편), *op. cit.*, pp.83, 86 참조.

14) *Military and paramilitary Activities in and against Nicaragua*, *ICJ Reports*, 1986, p.103.

15) *Ibid.*, p.119. ICJ는 그와 같은 활동은 무력사용금지원칙 위반 및 일국의 국내문제에 대한 간섭으로 확실히 불법적이기는 하지만 무력공격에 비해서는 비중이 훨씬 덜한 행동의 한 형식(a form of conduct which is certainly wrongful, but is of lesser gravity than an armed attack)을 구성한다고 하였다. *Ibid.*, p.127. 헌장 제51조의 '무력공격'에 대한 자세한 설명은 김찬규, "자위권에 대한 재조명", 국제법평론, 창간호, 1993, pp.11-24 참조.

어 상임이사국 또는 그 후견국이 자위권이라는 명목으로 불법적인 무력행사를 하는 경우 사실상 통제가 불가능하고, 자위권의 남용에 대한 제재장치 및 피해자 권리구제 제도가 확립되어 있지 않으며, 자위권 발동을 무력공격이 발생한 경우에 한정하는 것은 핵무기 등 대량파괴무기의 사용이 예상되는 현대전에는 적합하지 않다는 문제점도 내포하고 있다.[16)]

자위권 제한에 있어서의 이러한 문제는 지금까지 나타난 국제연합 및 개별 국가의 실행에 의해서도 알 수 있는데, 자위권은 어느 한 국가가 무력을 행사할 경우 예외없이 자신의 행위를 정당화시키기 위해 항상 주장되어 왔고, 이들 주장에 대하여 안보리도 명확한 회답을 주지 못한 것은 사실이다.[17)]

다. 합법성 판단요건

타국의 불법적인 무력사용에 대해 취해진 자위권 행사가 합법적이기 위해서는 일정한 요건을 충족하여야 한다. 필요성(necessity)과 비례성(proportionality) 원칙이 그것이다. 이러한 원칙은 국제관습법에서 유래한 것이며, 헌장 채택이전부터 자위권의 고유한 일부였다.

필요성 원칙이란 일국이 자국에 가해진 무력공격으로부터 자신을 방어하기 위해서는 자위권 행사가 불가피하다는, 즉 자위권 차원의 무력사용 이외의 다른 대체 방법이 없어야 한다는 뜻이다. 이처럼 필요성 원칙은 '최후의 수단'이라는 정의의 전쟁 원칙으로부터 기인하는 것으로, 본질적으로 국가들은 평화적 대안이 소진되었을 때에만 무력에 의

---

16) 김현수 · 이민효, *op. cit.*, p.37.
17) 박시홍, *op. cit.*, p.142.

존해야 한다.[18]

다음으로 비례성 원칙이란 선행된 타방의 무력공격과 이에 대응하여 자위권 행사로서 취해진 무력조치 사이에 비례관계가 유지되어야 한다는, 즉 타국의 불법적 무력사용으로 인한 위협의 정도와 그에 대응하여 자위조치로서 사용된 무력의 정도를 비교할 경우 후자가 합리적이고 적절하며 과도하지 않아야 한다는 것을 의미하다. 또한 비례성은 민간 사상자가 균형있게 고려될 것을 요구한다. 만약 민간인 사상자 또는 민간인 재산의 파괴가 그 목적의 중요성에 비례하지 않는다면 그 공격은 중단되어야 한다.[19]

이러한 필요성 원칙과 비례성 원칙은 1837년의 '캐롤라인호 사건'에서 처음으로 공식화되었다. 국제관습법상의 자위권의 존재를 최초로 확인한 동 사건은 자위권의 행사요건을 명확하게 하였으며, 이는 이후 자위권 행사의 합법성 판단에 있어 준거가 되었다. 동 사건의 개요는 다음과 같다.

1837년 캐나다 내란중 버팔로 근처에 반군 지지자들이 집결하여 있었고, 많은 미국인과 캐나다인이 캐나다 국경 근처에 반군을 원조할 의사를 가지고 야영하고 있었다. 미국 선박인 Caroline호는 반군들이 주로 미국에서의 지원자나 군수물자를 나르거나 정보를 전달하기 위해 사용하였던 선박이었는

---

18) 동 원칙은 자위권의 핵심으로 자위의 보다 확대된 권리에 대한 주장은 예외적인 특정한 전략적 환경과 결부된 필요성 주장에 근거하는 것이다. 필요성 개념은 또한 인도주의 개입에 대한 새로운 일방적 국제연합 행동의 근거를 제공한다. 이 모든 경우에 이 규칙에 대한 어쩔 수 없는 예외 요구가 전개되어 왔음에도 불구하고 무력사용 금지라는 보편적 규칙은 확인 되었다. D. Kritsiotis, "When states use armed forces", Christian Reus-Smit(ed.), *The Politics of International Law*, Cambridge University Press, 2004, pp.45-79. 조승환(역), 국제법과 국제관계, 매봉, 2010, p.177에서 재인용.

19) J. Gardam, "Proportionality and Force in International Law", 87 *AJIL*, 1993, p.391.

데, 영국 지휘하의 무장집단이 Schlosser항에 정박중인 이 배를 습격하여 승선중인 사람들을 살해하고(이로 인해 일부는 실종), 선체도 방화하여 나이아가로 폭포에 낙하시켜버렸다.

미국이 이에 항의하자 영국은 캐롤라인호가 해적선이며, 미국법은 국경에서 적용될 수 없고, 동 선박의 파괴는 자위권 행사의 일환이었다고 반박하였다. 1841년 동 선박의 파괴에 참여한 것으로 알려진 McLeod는 뉴욕에서 체포되어 살인죄로 재판에 회부되었다.[20]

미 국무장관 Webster는 자위권 행사는 무력행사를 정당화할 수 있지만 캐롤라인호 사건에는 자위권이 적용되지 않으며, 동 사건은 미국의 관할권하에서 발생한 중대한 주권침해라고 주장하였다. 반면, 영국의 Ashbuton경은 미국 영토의 침범에 대해서는 사과하면서도 당시 상항으로 보아 급박한 위해에 대한 정당방위, 즉 자위권으로서의 무력행사였다는 충분한 근거가 있다고 주장하였다.

1841년 Webster가 영국 정부에 보낸 서한에서 독립국가 영토의 불가침을 존중하는 것은 문명의 가장 필수적인 기초이며, 자위권 행사는 "즉시의(급박하고), 압도적인 다른 수단의 선택여지도 심사숙고할 시간도 없는"(instant, overwhelming, leaving no choice of means and no moment for deliberation) 필요성(necessity)을 전제로 하고, 이러한 필요성이 인정되는 경우에도 불합리하거나 과잉방위를 하지 않았다는 비례성(proportionality)을 입증해야 한다고 하였다.[21]

결론적으로 자위권 행사의 합법성 판단기준으로 '자위의 필요성이

---

20) 김정건 외, 국제법 주요 판례집, 연세대학교출판부, 2006, p.126.
21) 전순신, *op. cit.*, p.481. 동 사건에서 확립된 필요성 및 비례성 원칙은 자위권 행사의 해석 기준으로서 나중에 '웹스터 공식'(Webster Formula)으로 불리워졌다.

급박하고, 당면한 공격이 압도적이며, 다른 선택의 여지가 없는 경우여야 한다'라고 밝힌 동 사건에서 Webster는 영국이 자위권 행사의 정당성을 주장하기 위해서는 캐롤라인호에 승선한 사람들에 대한 경고(admonition)나 항의(remonstrance)가 불필요하거나 이용 불가능하였고, 동이 트는 것을 기다릴 시간적 여유가 없었으며, 범죄자와 일반인을 구별할 수 있는 상황이 아니었을 뿐만 아니라 선박을 나포하여 억류하는 것으로는 충분하지 못했다는 것을 증명해야 한다고 하였다.[22]

자위권 행사요건 및 합법성 판단요건으로서의 필요성과 비례성은 1986년 니카라과 사건에 대한 ICJ 판결에서 명시적으로 확인되었으며,[23] 이후 1996년 핵무기 사용의 합법성에 관한 ICJ 권고적 의견(제41항), 2003년 미국과 이란간의 석유시설 사건에 관한 판결(제76항) 및 2005년 콩고와 우간다간의 무력충돌 사건에 관한 판결(제146항 및 제147항)에서 그대로 원용되었다.[24]

특히, 1996년 핵무기의 사용의 합법성에 관한 세계보건기구(World Health Organization : WHO)의 권고적 의견 요청 사건[25]에서 ICJ는 제51

---

22) 김정건 외, *op. cit.*, p.127.
23) ICJ Report 1986, para.194.
24) 김찬규, "천안함 사건의 국제법적 해석", 「국민일보」, 2010년 4월 21일 참조.
25) 1990년대에 들어 군축·반핵관련 NGO의 요구를 배경으로 1993년 WHO는 보건 및 환경적 영향과 관련하여 전쟁과 기타 무력분쟁시 특정 국가에 의한 핵무기의 사용의 WHO헌장을 포함한 국제법상의 의무 위반 여부에 대한 권고적 의견(Advisory Opinion)을 ICJ에 요청하였다. WHO가 ICJ에 권고적 의견을 제출한 것은 반핵국제법률가협회(International Association of Lawyers against Nuclear Arms)와 핵전방지국제의사회 및 국제평화국과 같은 핵무기 사용을 위법시하는 반핵비정부간기구(Antinuclear NGO)들의 노력에 의한 것이었다. 이들 NGO들은 ICJ에 권고적 의견을 요청할 법적 권한이 없었지만, '세계법원프로젝트'(World Court Project)라는 명명하에 WHO로 하여금 ICJ에 권고적 의견을 요청토록 설득하였던 것이다. John H. Macneil, "The International Court of Justice Advisory Opinion in the Nuclear Weapons Cases - A first Appraisal", *International Review of the Red Cross*, No.316, 1997, pp.105-106 참조. 국제연합 총회도 이러한 WHO의 권고적 의견 요청 결의를 환영하면서 1994년에 모든 상황하에서의 핵무기의 사용의 국제법상

조하에서 자위에 호소할 권리는 필요성과 비례성 요건에 따라야 한다는 것을 "자위는 무력공격에 비례하는 그리고 무력공격에 대응하기 위해 필요한 조치만을 보장한다는 특별한 규칙은 국제관습법상 확립된 규칙이다"라고 표명하였다.

자위권 행사에 있어 필요성 원칙과 비례성 원칙의 효과는 무력공격의 희생국이 공격국에 대항하여 무력에 호소할 권리를 갖지만, 그러한 권리를 자국을 방위하기 위해서 또는 공격을 격퇴하여 영토를 회복하고 장래의 안전에 대한 위협을 배제한다는 방위목표를 달성하기 위해 필요한 범위에 한정시킨다. 또한 공격을 받은 국가가 자국에 대하여 사용된 정도와 종류의 무력만을 사용할 것을 요구하는 것은 아니지만, 자위조치를 취하는 국가에 의해 사용되는 무력이 정당한 자위목적의 달성에 필요한 정도와 균형을 이룰 것을 요구한다.[26]

이러한 원칙들은 자위권 행사의 합법성을 판단하는데 중요한 기준이 되는 바, 행사된 자위권이 합법적이기 위해서는 필요성과 비례성이 부과하는 제한에 따라 행사되어야 한다. 이는 자위권을 행사하여 무력에 호소하는 국가는 무력분쟁법(jus in bello)과 과도한 무력을 행사해서는 안된다는 원칙에 따르지 않으면 안된다는 것을 의미한다. 따라서 자위권을 행사하여 무력에 호소하는 국가에 의해 사용되는 무력의 종류가 무력분쟁법과 양립하는 경우라 하더라도 그 목표를 달성하는데 필요한 것을 넘어서면 그것은 자위권의 범위내에 들지 않기 때문에 그것 역시 불법이며, 반대로 어떤 행위가 필요하고 비례적인 자위조치라 하더라

허용 여부에 대한 권고적 의견을 ICJ에 요청하였다. U.N., G.A. Res.49/75K(1994. 12. 15).

26) L. Doswald-Beck, *San Remo Manual on International Law applicable to Armed Conflicts at Sea*, Cambridge University Press, 1995, p.76.

도 그것이 무력분쟁법의 위반을 포함하는 경우 그 행위는 정당화될 수 없다.[27]

2. 예방적 자위권의 허용 여부

국제연합헌장 제51조에 따르면, 자위권은 타국의 무력공격에 대항하는 수단으로서만 허용되기 때문에 우선 '무력공격이 발생한 경우'(if an armed attack occurs)에 한하여 행사된다. 헌장 규정을 문언대로 해석할 경우 무력공격이 실제로 존재하지 않으면 국가는 이에 대항하여 자위권을 원용한 무력을 행사할 수 없다. 이처럼 자위권은 사전의 '무력공격의 발생'을 전제로 하고 있다.

그러나 핵무기, 생화학무기 등 가공할만한 무기체계가 발달한 오늘날 상대국으로부터 무력공격을 당하는 경우 엄청난 피해를 입게되어 가해국에 대한 저항능력을 상실할 수 있다. 이 경우 피해국은 사실상 자국 방위를 위한 자위권 행사 자체가 불가능하게 된다. 이러한 대량살상무기에 의한 무력공격에 대하여 자기를 방위하기 위해서는 상대국의 무력공격이 실제로 발생한 경우뿐만 아니라 무력공격의 위협이 있는 경우에도 이를 제거하기 위하여 자위권이 인정되어야 한다는 이른바 예방적 자위권(anticipatory self-defense) 개념이 등장하게 되었다.[28]

오늘날 예방적 자위권의 인정 여부에 대해서는 의견이 대립되고 있다. 부인하는 측에서는 적대관계에 있는 국가가 핵무기를 보유하고 있는 경우에도 그 국가가 핵무기를 단순히 개발, 보유 또는 배치하거나

---

27) *Ibid.*
28) 배정생, "국제법상 자위권(right of self defence)행사", 전북대학교 법학연구, 제23집, 2002, p.57.

무기를 현대화했다는 이유만으로 자위권이라는 이름하에 일방적인 무력사용을 허가하는 것은 국제공동체의 평화와 안전을 매우 위태롭게 한다고 본다.[29] 또한 급박한 침략의 위협과 이미 발생한 침략을 동일시하여 양자의 경우에 자위권을 인정하게 되면, 즉 예방적 자위권을 인정하게 되면 자위권의 남용으로 무력사용금지원칙을 위협받을 것이라는 견해도 있다.[30]

반면에 긍정하는 측에서는 핵무기 등 현대과학무기의 대량파괴력과 그 신속성으로 인하여 그러한 무기가 동원되는 무력공격의 경우 그 공격이 개시됨과 동시에 피침략국의 저항능력은 소멸되므로 자위권을 '무력공격이 이미 발생한 경우'로 제한하여 인정한다면 실제에 있어서 아무런 의미가 없다고 주장한다.[31] 또한 무력공격에 의한 피해가 아직 발생하지 않았다 하더라도 무력공격을 행할 것이라는 결정이 내려지고 그 결정에 의거 군사행동이 개시될 경우 비록 구체적 피해는 아직 발생하지 않았지만 자위권 발동조건이 충족되는 것으로 보아야 한다는 주장도 있다.[32]

이와 같이 예방적 자위권의 인정여부에 관해서는 국제판례나 국가관행 및 학자들의 견해가 일치하지 않고 있다. 이는 예방적 자위권의 행사요건에 대한 구체적이고 명확한 통일적 규정도 존재하지 않고, 개별 국가들은 자국의 이해관계에 따라 국제연합 헌장 등에 규정된 자위권 관련 조항 등에 대한 해석과 적용을 달리하고 있으며, 이를 통일적으로

---

29) 최태현, "국제법상 예방적 자위권의 허용가능성에 관한 연구", 법학논총, 제6집, 1993, p.201.

30) H. Thierry, *Droit international public*, Montchetien, 1986, p.528.

31) 김석현, "예방적 자위에 관한 연구", 국제법학회논총, 제38권 제1호, 1993, p.99; C. H. M. Waldock, "The Regulation of the Use of Forces by Individual States in International Law", 81 *Recueil des Cours*, 1952-Ⅱ, p.498 참조.

32) 田岡良一, 國際法上 自衛權, 頸草書房, 1981, p.203 참조.

판단하고 통제할 국제적 기구가 존재하지 않기 때문이다.[33]

자위권의 행사 요건에 '급박한 위협'을 포함하여 아직 군사행동을 결정하지 않고 실제로도 착수하지 않은 단순한 위험상태에까지 자위권을 확대시키는 것은 무분별한 무력사용을 조장하고 불법적인 무력사용에까지 면죄부를 부여하게 되어 무력사용금지원칙의 예외적 허용이라는 자위권의 존립 의의와 근간을 무너뜨릴 수 있다. 예방적 자위권의 허용 여부 및 허용 범위를 신중하게 검토해야 할 이유가 여기에 있다.

그러나 현실적으로 오늘날 각종 대량살상무기 체계의 발달과 국제사회에서 분쟁 양상의 변화 등으로 인하여 예방적 자위의 필요는 증가하고 있으며, 이를 원용하여 무력을 사용할 가능성도 늘어날 전망이다(실제 예방적 자위권 원용 사례는 점점 증가하고 있음). 따라서 현실적으로 금지할 수 없는 예방적 자위를 더 이상 '법 밖'에 방치할 것이 아니라, 이를 '법의 테두리 안'으로 끌어들여 제도적으로 통제해 나가야 한다는 주장이 제기되고 있다.[34]

물론 이 경우에도 예방적 자위권은 무제한적으로 인정되는 것이 아니라 일정한 조건하에서 제한적으로 인정된다고 보는 것이 현실적으로 타당하다. 즉, 침략의 급박성, 침략과 대응조치간의 비례성이나 여타 수단의 대응을 먼저 고려한 후 행사되어야 한다는 최후성과 같은 한계 내에서 인정되어야 할 것이다.

예방적 자위권과 관련한 논쟁적인 문제의 하나는 자위권 행사의 수단으로서 핵무기를 사용할 수 있는가 하는 것이다. 자위권 행사로서의 핵무기 사용은 분명히 핵무기에 의한 선제공격이 있거나 또는 그런 의혹이 짙은 경우 그리고 통상무기에 의한 대량공세가 핵대응을 부득이

---

33) 배정생, *op. cit.*, p.58.
34) *Ibid.*

하게 할 경우 등으로 엄격히 제한될 경우에는 허용되어야 한다는 입장도 있다. 또한 이론적으로 균형성을 신중히 고려한 것이라면 핵무기 사용의 가능성이 항상 막혀있는 것이 아니라는 견해도 제기되기도 하지만, 실제 자위권 발동 요건의 충족 여부 판단이 당장에는 행사국의 주관하에 이루어지는 것이어서 매우 조심스러운 면이 있다.[35]

오히려 자위권 차원에서의 핵무기 사용은 다음과 같은 논리에서 금지되어야 한다고 보는 것이 보다 타당하고 합리적이라고 판단된다. 전통적인 자위권 행사라고 하더라도 무력사용은 상대방의 불법행위에 대하여 필요성과 비례성을 충족하는 한도내에서 이루어져야 하는 바, 자위권 행사로서의 핵무기 사용은 인간과 환경에 회복불능의 파괴와 손실을 야기할 뿐만 아니라 핵공격을 받은 국가는 피해 회복을 위해 핵공격으로 대응할 수 없으며, 이럴 경우 자위권 행사의 전제요건인 필요성과 비례성은 침해받을 수밖에 없게 된다. 따라서 핵무기는 자위권 차원의 사용이라 하더라도 금지되어야 마땅하다.

Ⅳ. 천안함 사태와 자위권 행사

1. 문제 제기

천안함에 대한 북한의 어뢰공격은 북한이 고의적으로 무력을 사용한 국제법상의 의무를 위반한 국제불법행위로서, 이로 인해 실제 천안함이 침몰하고 46명(사망 40명, 산화 6명)이 희생되었다. 즉 북한의 어뢰공

---

35) 김정균, "핵무기 규제의 법리", 인도법논총, 제24호, 2004, p.38.

격과 대한민국의 물적, 인적 피해간에 인과관계가 확정적이기 때문에 북한은 불법적 무력공격에 대한 책임을 부담하여야 한다.[36]

국제법상 국가책임은 작위 또는 부작위에 의한 국가의 국제법상 의무 위반 행위의 존재, 의무위반행위에 대한 책임의 국가귀속 가능성 및 의무위반행위로 국가의 손해가 발생할 것 등의 3가지 요건에 의하여 성립되는 바,[37] 북한이 불법적으로 우리 해역을 침범하여 천안함을 어뢰로 공격한 것은 무력사용금지 및 현 휴전상태의 유지와 상대에 대한 무력사용과 침략을 금지시키고 있는 국제법상 효력을 갖는 남북간에 체결된 휴전협정 등의 법적 문서를 위반한 행위이며,[38] 이러한 불법행위의 최종 책임기관은 북한 당국으로 북한은 이에 대해 책임을 져야 한다.

이처럼 북한은 어뢰 공격으로 천안함을 침몰시키고 46명의 승조원을 사망케하는 등 정확한 계산이 어려울 정도의 인적 · 물적 피해는 물론 정신적 피해를 입혔다. 따라서 북한은 천안함 사태에 관련하여 국제법상 책임을 이행해야 할 법적 의무가 있다. 이러한 책임을 이행하는 방법으로는 손해배상, 진사, 관련자의 처벌[39] 및 장래에 대한 보장 등이

---

36) 책임은 모든 법질서의 기초인 바, 존재하는 모든 법체계는 부과된 의무를 위반한 법주체의 불법행위에는 반드시 책임을 부과하고 있다. D. J. Harris, *Case and Materials on International Law*, Sweet and Maxwell, 1983, p.374.

37) N. A. Maryan Green, *International Law : Law of Peace*, Macdonald and Evans, 1982, pp.205-206; Sörensen, *Manual of Public International Law*, MacMillan, 1968; p.534.

38) 북한이 어뢰로 천안함을 공격 침몰시킨 행위는 국제연합 헌장에 규정되어 있는 무력사용금지원칙이라는 국제적 의무를 정면으로 위반하고, '자신의 통제하에 있는 모든 무장병력이 한국에 있어서의 일체의 적대행위를 완전히 정지할 것을 명령하고 보장한다'는 휴전협정과 '수단과 방법을 불문하고 상대방에 대한 무력사용 및 침략을 금지한다'는 남북기본합의서 및 불가침부속합의서상의 납북한간 합의된 의무를 위반한 불법행위이다. 그리고 '침략의 정의'에 관한 국제연합 총회 결의 3314와 대세적 의무를 위반한 것이다.

39) 2010년 5월 24일 전쟁기념관에서 발표된 천안함 사태에 대한 담화에서 이명박 대통령도 천안함 침몰 사태를 '대한민국을 공격한 북한의 군사도발'로 규정하고 '대한민국과 국제사회 앞에 사과하고, 이 번 사건 관련자들을 즉각 처벌할 것'을 요구하면서 이것이 북한이 우

있다.[40)]

이러한 일반적인 국가간에 작동하는 국제법상의 평화적 방법에 의한 책임 이행은 북한이 천안함에 대한 어뢰공격 자체를 인정하지 않는 현 상황에서 이루어질 것이라고 기대할 수 없다.

그렇다면 강제적 대응방법의 하나인 자위권을 발동하여 북한의 불법 행위에 대해 책임을 묻고 우리의 국가주권과 국민안전을 담보할 수는 있는가? 즉, 천안함 격침사태는 자위권 발동 대상이 될 수 있는 요건을 갖추고 있는가? 국회 대정부 질문에 대한 답변과정에서 국방부 장관은 그 가능성을 검토하고 있음을 언급하는 등 정부차원에서 심도있게 검토되기도 했었다.

천안함 사태와 관련하여 합동조사단 발표 이후 자위권 행사 차원에 서 북한에 무력으로 대응할 수 있는가 하는 문제와 관련하여 국제법 학 자들을 중심으로 이를 긍정하는 입장과 부정하는 입장이 개진되었었

선적으로 취해야 할 기본적 책무임을 강조하였다. 휴전협정도 협정의 어느 규정을 위반한 각자의 지휘하에 있는 인원을 적절히 처벌하여야 한다는 것을 규정하고 있다(제2조 13항 ㅁ호).

40) USS Stark함과 USS Liberty함 피격사건도 일반적인 국가책임 이행방법에 의해 해결되 었다. 이란 이라크 전쟁중이던 1987년 3월 17일 저녁 10시경, 이라크 공군의 F-1 미라지 (Mirage전투기가 발사한 엑소세(Exocets공대함 미사일 2발이 페르시아만을 초계중이던 미해군 구축함 Stark에 명중되어 승조원 37명이 사망하고 21명이 부상당했다. 이 사건으로 인해 이라크 후세인 대통령은 오인사격을 이유로 사과하였고 손해배상금으로 약 2,700 만 달러를 지불하였다. 김동욱, "천안함 사태에 대한 국제법적 대응", 해양전략, 제146호, 2010. 6, pp.35-36. 1967년 6월 8일 지중해 시나이 반도 47㎞ 부근 공해상에서 이스라 엘 해 공군의 공격으로 Liberty함이 대파되고 34명이 사망하고 171명이 부상하였다. 이 스라엘이 어뢰정과 항공기로 국적을 선명하게 표시한 미국 정보선의 정체를 오인하여 발생 한 사건이었다. 양국의 공동조사 결과 실수로 결론이 났지만, 사고조사에 참가한 일부 미국 관료는 의도적인 공격이었다고 주장했다. 1968년 이스라엘 정부는 손해 배상금으로 미화 3,566,457 달러를 유가족에게 지급하였으며, 1980년 미국 정부가 요구한 물질적 피해배상 비 7,644,146 달러 가운데 600만 달러의 지급을 확인하였고, 1987년 12월 17일 외교각서 의 교환으로 사건을 종결하였다. 박정규, "현대적 수상함정의 피격 양상과 대응사례 소고", 해양전략, 제146호, 2010.6. p.13.

다. 즉 북한의 어뢰 공격이 자위권 행사의 대상이 된다는 점에는 의문이 없지만, 상당한 시간이 지난 후(구체적으로는 북한의 소행임이 명확하게 밝혀진 합동조사단 발표 직후) 자위권을 발동할 수 있는가 하는 점에 대해서는 상이한 입장을 보였던 것이다. 이하에서는 이러한 양자의 입장을 검토하고자 한다.

2. 북한에 대한 자위권 행사 가능 여부 논쟁

가. 부정론

부정론을 주장하는 입장은 천안함 사태와 관련하여 공격을 받은 현장에서가 아닌 합동조사단 발표 이후 자위권을 행사하는 것은 국제법상 자위권 행사요건을 갖추지 못한 대응조치라고 본다.

자위권은 정당방위 차원에서 즉시 고려되는 조치인 바, 북한의 천안함 공격행위가 무력공격이나 침략에 해당되는 것은 분명하기 때문에 천안함 사건 발생 직후에는 자위권을 행사할 수 있지만 북한의 공격이 이미 종료된 상황에서의 자위권 행사는 즉각성 원칙을 벗어난 것이라고 본다. 또한 천안함 사태는 침략행위 직후가 아니더라도 무력에 의한 영토 점령이 계속되거나 무력공격이 연속적으로 반복될 때는 자위권 행사가 가능하다는 즉각성 원칙의 예외상황에도 해당되지 않는다고 보는 것이다.[41]

이와 관련한 제성호 교수의 입장은 더욱 명확하다. 제 교수는 천안

---

41) 이러한 입장에 대해서는 이용중, "천안함 보복과 국제법", 「한국일보」, 2010년 4월 23일; 김석현, "천안함 사건의 국제법적 조명", 서울국제법연구원 세미나 자료집(2010년 5월 31일) 참조.

함 사태는 예외적으로 예방적 자위권이 논의되는 경우인 핵공격이 예상되는 상황이 아니며, 또한 한 차례 무력공격이 지나간 후여서 추가적인 무력공격의 급박한 위험도 존재하지 않기 때문에 자위권을 행사할 수 없다고 보고 있다.[42] 즉, 자위권의 행사는 긴급성을 요하는데, 천안함 사건은 이러한 긴급성을 갖추지 못했다는 것이다. 긴급성과 관련한 그의 주장은 다음과 같다.

ICJ가 1986년의 Nicaragua case에서 필요성과 비례성만을 언급했다고 해서 긴급성은 자위권 행사의 요건에서 배제된 것이라는 주장은 단견이라고 할 것이다. Caroline호 사건에서의 Webster Formula(이는 국제관습법상 인정되는 자위권의 행사요건을 정식화한 것이다)에서 알 수 있듯이 자위권의 본질은 상대방의 무력공격이 진행중일 때 이를 실력으로 배제함으로써 국가와 국민을 방위할 긴급한 필요가 있을 때 예외적으로 허용되는 무력행사이기 때문이다. 이와 관련해서 1981년 이스라엘의 이라크 원자로 폭격시 유엔 안보리에서 영국이 "이스라엘은 이라크와의 관계에서 어떠한 급박하고도 불가피한 자위의 필요가 없었다. 그것은 자기보호를 위한 강제조치로 정당화될 수 없다"고 지적하면서, "이스라엘의 간섭은 국제법과 유엔 헌장에서 근거를 찾을 수 없는 무력사용으로 결국 이라크의 주권침해라고 보아야 한다"고 강조한 것은 시사하는 바가 크다고 하겠다. 이렇게 본다면 긴급성도 자위권 행사의 정당화 요건으로 보거나 혹은 필요성 원칙에 내재하는 파생적 요건으로 파악하는 것이 타당하다고 할 것이다.[43]

이처럼 천안함 사태에서의 자위권 행사 불인정 견해는 '자위권은 무

---

42) 제성호, "유엔 헌장의 자위권 규정 제검토", 서울국제법연구, 제17권 1호, 2010, p.82.
43) *Ibid.*, pp.82-83.

력공격이 발생한 즉시 행사되어야 한다'는 입장, 즉 타국의 불법적인 무력공격에 대한 대응조치로서의 자위권은 즉각적(on the spot)이어야 한다는 논리에 기초를 두고 있다. 따라서 타국의 불법적 무력공격과 자위권 행사간에 시간적 간격이 많은 경우 이는 정당한 자위권의 행사가 아니라는 비난을 받을 수 있다는 것이다.[44]

이에 해당되는 사례로는 아프간 전쟁을 들 수 있다. 2001년 9.11 테러 사건이후 알카에다를 비호하고 있다는 이유로 테러 발생 3주만에 미국은 아프간을 공격했다. 당시 駐유엔 미국대사인 존 네그로폰테(John Negroponte)는 헌장 제51조에 따라 개별적 · 집단적 자위권 행사를 개시했음을 안보리에 통보하였다.

이는 미국에 대한 추후의 공격을 방지하고 억지하기 위한 조치였음을 또한 밝혔다. 그러나 이와 같은 미국의 자위권 행사에 대해 비판이 제기되었는데, 미국의 군사공격은 자위권의 행사기준에 부합되지 않는다는 것이었다. 미국의 뒤늦은 군사개입이 자위권의 구성요소인 즉각성을 충족시키지 못한다는 지적이었다.[45]

나. 긍정론

군함에 대한 어뢰공격은 명백한 무력공격으로, 이는 자위권의 행사 요건을 충족시키기 때문에 우리 군은 이에 상응하는 조치 즉, 무력사용에 의한 자위권 행사를 취할 수 있는 국제법적 근거가 있다는 주장도

44) Y. Dinstein, *War, Agression and Self-Defence*, Cambridge University Press, 2005, p.219.
45) 김동욱, *op. cit.*, pp.37~38.

있다.[46]

자위권을 긍정하는 측은 자위권 행사는 무력공격의 발생과 필요성 및 비례성을 충족하면 가능하고 긴급성이라는 요건은 반드시 충족되지 않아도 된다고 보는 견해도 있으며, '정당한 지연'(justified delay) 이론을 원용하여 타국의 불법적인 무력사용과 자위권 행사간에 시간적 간격이 있는 경우 그러한 시간적 간격이 정당화될 수 있는 경우에는 반드시 무력공격 직후에 자위권이 행사되어야 하는 것은 아니라고 본다.

'정당한 지연' 이론은 전장이 자위수단을 동원할 수 있는 지역에서 멀리 떨어져 있거나 공격을 받은 후 반격을 개시하기 까지는 일정한 시간이 소요된다는 것을 전제로 한 개념이다. 또한 무력공격이 발생한 경우 즉각 군사적으로 대응하는 대신에 공격국과 우호적인 교섭을 하는 경우도 정당한 지연에 해당된다고 본다. 천안함 사태의 경우 그 침몰원인이 밝혀지지 않은 시점에서는 자위권 행사대상을 알 수 없기 때문에 이를 특정하는데 시간이 걸릴 수밖에 없으며, 이러한 경우 나중에 자위권을 행사해도 이는 '정당한 지연'에 해당된다는 것이다. 천안함을 공격한 주체를 식별하기 위해 소요되는 시간도 정당화될 수 있는 지연사유라는 것이다.[47]

이러한 '정당한 지연' 이론에 대해서는 다음과 같은 비판이 제기되고 있다. 정당화될 수 있는 지연의 구체적 대상 및 판정 주체가 확정되지 않은 현 상황에서 '원인규명에 필요한 시간'이라는 불확정 내지 불특정 개념을 사용함으로서 전체적으로 애매성, 자의적 적용 가능성과 주관적 판단의 여지를 열어 놓기 때문에 동 이론을 인정할 경우 현행 국제

---

46) 이창위, "'천안함' 대응조치 국제법적 문제들", 「조선일보」, 2010년 4월 9일.
47) 김찬규, "천안함 사건의 국제법적 해석", 「국민일보」, 2010년 4월 21일; Y. Dinstein, *op. cit.*, p.243 참조.

법에서 금지하는 사후의 군사적 보복이나 무력복구를 합리화시켜 주는 구실만이 될 위험이 크며, 이는 결국 다자적 틀 내에서 무력사용의 통제를 추구하는 유엔체제를 무력화시키는 결과를 낳게 될 것이라는 것이다.[48]

다. 결언

천안함 사태에 대한 자위권 행사 가능성에 대한 위와 같은 상반된 주장의 배경에는 자위권 행사시기와 관련하여 자위권을 행사하기 위해서는 '즉각성' 요건이 충족되어야 하는가에 대한 입장차이가 깔려 있다.

자위권 행사의 불가를 주장하는 측은 정당한 자위권 행사가 되기 위해서는 필요성과 비례성외에도 즉각성이라는 요건이 충족되어야 한다고 보는 반면, 자위권 행사 가능을 주장하는 측은 불법적 무력공격을 개시한 당사자를 모르는 상황에서 공격을 당한 현장에서 즉시 자위권을 행사하라는 것은 합당하지 않다고 본다.

개인적 견해로는 천안함이 외부로부터의 공격을 받고 침몰될 당시 또는 그 직후 불법적인 무력을 사용한 주체(천안함 공격 주체)를 구체적으로 특정하지 못하는 상황에서 자위권을 행사하지 않았다 하여 자위권 자체를 부인(즉각적인 자위권만 인정)하는 것은 무력공격을 당한 피해국이 자신을 보존하기 위해 특별히 허용된 자위권조차도 행사하지 못할 수도 있다. 따라서 '즉각성' 원칙을 엄격하게 적용하는 것은 무리가 있다고 본다.

물론 '정당한 지연' 이론을 인정할 경우 자위권을 확대 해석하려는

---

48) 제성호, *op. cit.*, p.84.

개별국가들의 시도가 더욱 집요해질 수 있고, 이에 따라 무력사용금지 원칙의 근간이 위협받을 수 있다는 부정론자들의 입장은 충분히 고려되어야 한다. 따라서 '정당한 지연'은 매우 제한적으로 허용되어야 하며, 그 판단권한도 개별국가 아닌 공적인 국제기구에 위임되어야 할 것이다.

그리고 북한에 대해 자위권을 행사할 수 있다 하더라도 우리 정부 단독으로 가능하느냐 하는 문제가 있다. 지난 1994년 12월 미국으로부터 평시작전통제권을 환수하면서 연합위기관리(전쟁억제와 방어), 전시작전계획수립, 연합합동교리발전, 연합합동훈련/연습 계획 및 실시, 연합정보관리(조기경보) 및 C4I 상호운용성 등의 6개 핵심사항에 대해서는 한미연합사령관에게 연합권한위임사항(Combined Delegated Authority : CODA)으로 위임함으로서 이들 문제에 대한 작전행사는 한미연합사령관에게 있다. 북한에 군사적(자위권) 조치를 취하는 것은 전쟁억제와 방어를 위한 연합위기관리에 해당되기 때문에 우리의 독자적 판단에 따른 자위권 행사는 불가능하며 한미의 전략적 공감대가 형성되어야 한다는 것이다.

어쨌든 천안함을 공격한 주체가 북한이라는 것이 최종 확인된 직후 자위권 행사가 가능하다고 인정하더라도(정당한 지연 이론 인정) 천안함을 공격한 주체가 북한이라는 것이 확인(5월 20일)된 지 상당한 시일이 흐른 시점에서는 자위권을 행사할 수 없다고 본다. 공격주체를 확인하고도 즉각 자위권을 행사하지 않고 상당한 시일이 지나 행사한다면 '즉각성' 요건은 물론 필요성 요건조차도 갖추지 못한 것일 뿐만 아니라 확대된 '정당한 지연' 이론으로도 합리화될 수 없기 때문이다.

V. 결론

천안함 사태는 국제분쟁의 해결과 관련한 국제법적 수단 및 방법의 적용과 이해에 있어 교과서적인 사건이다. 정부는 북한에 대해 천안함 공격을 인정하고, 이에 대해 공식적으로 사과하며, 재발방지와 관련 책임자의 처벌을 엄중하게 요구하면서, 정치·경제·군사적 측면에서 법적·정치적·외교적으로 다양한 제재조치들을 발표했었다.

북한 선박의 우리 해역 운항 전면 불허, 한미연합훈련 실시, 확산방지구상(PSI)에 따른 해상차단훈련 준비, 개성공단을 제외한 남북간 일반교역 및 위탁가공 교역을 위한 모든 물품의 반입 금지, 우리 국민의 방북 불허, 대북지원 사업의 원칙적 보류 등의 조치를 시행하였으며, 이와는 별도로 국제연합 등의 국제기구와 및 미국을 비롯한 각국들과의 동맹적·외교적 관계를 통해 대북 제재의 실효성 확보를 위한 협조를 이끌어내기 위해 노력했다. 그러나 냉엄한 국제정치의 현실속에서 일부 법적 수단은 실제적 기능을 발휘하지 못했고, 정치적·외교적 수단들도 주변 강국(안보리 상임이사국)들의 전략과 이해관계에 따라 축소되거나 무실화되기도 했다.

본 논문에서 다루고 있는 자위권 문제는 국제적으로는 별다른 관심의 대상이 되지 못했지만 국내적으로는 뜨거운 논쟁을 불러 일으켰었다. 자위권 행사요건으로서의 '즉각성'이 충족되어야 한다는 자위권 행사를 부정하는 주장과 '정당한 지연' 이론에 기초한 자위권 행사를 긍정하는 주장이 대립되었던 것이다. 2010년 5월 24일 담화문에서 대통령이 "대한민국은 앞으로 북한의 어떠한 침범도 용납하지 않고 적극적

억제원칙을 견지할 것"이라며 "북한이 우리의 영해 · 영공 · 영토를 무력침범한다면 즉각 자위권을 발동할 것"이라고 한 것도 자위권 행사 가능여부에 대한 법적 논란을 고려한 것으로 판단된다. 당장의 자위권 조치는 취하지 않겠지만, 향후 유사한 사태가 발생하면 북한의 추가도발 및 대남 위협행위를 선제적으로 관리하는 '적극적 억제원칙'에 따라 자위권을 발동하여 군사적으로 대응할 것임을 천명한 것이다.

자위권이라는 이름하에 개별 및 동맹관계에 있는 국가의 자의적 무력사용을 통제하지 못할 수도 있다는 부정론자의 우려나 공격주체가 확정되지 않으면 자위권 행사대상 자체가 없기 때문에 자위권을 즉각 발동할 수 없지 않느냐는 긍정론자의 고민도 나름대로 타당성을 갖고 있다. 따라서 사태 발생 당시의 상황이나 여건을 고려하지 않고 일률적인 잣대로 자위권 행사 가능 여부를 결정하는 것은 합리적이지 못하다. 자위권 행사를 구실로 한 국제법상의 강행규범인 무력사용금지원칙을 훼손하지 않는 범위내에서 제한적인 '정당한 지연'이 용인되어야 한다고 본다.

제7장 북방한계선의 정당성에 관한 국제법적 고찰

I. 서론

1953년 7월 27일 체결된 휴전협정의 제2조(정화 및 휴전의 구체적 조치) 제15항(휴전협정의 해상 적용)을 이행하기 위한 보완책으로서 8월 30일 클라크 유엔군사령관이 작전명령서로 하달한 해상경계선이 북방한계선(NLL)으로 확정된 것이다. 동 조항은 '본 협정은 적대중의 일체 해상 군사력에 적용되며 이러한 해상 군사력은 비무장지대와 상대방의 군사통제하에 있는 육지에 인접한 해역을 존중하며 어떠한 종류의 봉쇄도 하지 못한다'로 규정하고 있는데, 이 조항에 의거하여 개전 초기부터 종전시기까지 한반도 주변수역을 전적으로 장악하고 있던 유엔군 해군이 북한측으로 확장한 해군세력을 남쪽으로 제한하기 위하여 지상 군사분계선에 따라 동해에서는 군사분계선 연장선 또는 북방경계선을 서해에서는 북방한계선을 설정했다(이후 북방한계선으로 명칭 통일). 즉, 형식상 유엔군 총사령관 휘하의 해군세력에 대한 자기제한적 명령으로 하달된 것으로서 휴전협정 조문에서는 세부적 이행사항으로 명시하지 않았던 부분을 이행하기 위한 중요한 보완조치로서 북방한계선이 설정된 것이다.[1]

---

1) 전경만, "북방한계선의 군사안보적 현실과 관리", 한국국방연구원, 북한영해침범 교훈과 대응 방향(KIDA 포럼 01-7), 2001, pp.54-55.

NLL 설정 이후 북한은 별다른 이의를 제기하지 않다가 1973년 10월부터 11월까지 43회에 걸쳐 서해 NLL을 의도적으로 침범한 이른바 '서해사태'를 야기한 이후[2] NLL 자체를 무력화하기 위한 의도적인 NLL 월선과 침범을 매년 되풀이하여 왔다.

두 차례의 연평해전과 대청해전은 이러한 북방한계선의 군사적 대치 상황이 순식간에 교전상황으로 확대된 사건으로 북방한계선상의 군사적 대치가 지속되는 한 앞으로 언제든지 재발할 수 있음을 보여준다.[3]

이처럼 북한에 의한 북방한계선 침범 문제는 어제 오늘에 국한된 남북한 현안문제가 아니다. 이는 1953년 8월 휴전협정 체결 직후부터 지금까지 줄곧 남북한간 군사적 갈등·충돌의 원인의 하나로 되어 오고 있으며, 또한 향후에도 분쟁의 요인으로 작용할 가능성이 다분히 있다.[4]

한편, 남북한간 특수관계를 고려할 때 NLL과 같은 민감한 문제가 법적인 차원의 문제에만 국한 되는 것은 물론 아니며 이러한 문제일수록 정치적 판단을 할 필요가 있을 수 있다. 특히 NLL과 같이 양측이 군사적으로 첨예하게 대립되는 사안에 대해서는 더욱 그러하다. 그러나 그러한 정치적 판단을 시도하는 경우에도 그 출발점은 면밀한 법적 평가여야 한다. 현재 상황에 대한 정확한 법적 평가가 선행되어야 이에 기초한 양측간 타협책 모색이 시도될 수 있을 것이기 때문이다.

NLL과 관련된 남한과 북한의 정확한 법적 지위가 확인된 이후, 이를 토대로 평화체제 유지를 위하여 상호 협의를 진행할 수 있을 것이다. 법적 평가를 무시한 정치적 타협만의 모색은 현 휴전협정 체제를

---

2) 국방부, 북방한계선(NLL)에 관한 우리의 입장, 2007, p.8.
3) 박창권, "서해 북방한계선(NLL)과 남·북한 관계," Strategy 21, Vol.6, No.2, 2003, p.43.
4) 전경만, *op. cit.*, p.53.

유지하여 온 법적 안정성을 불필요하게 흔들 가능성이 있다. 특히 가변적인 남북문제와 내재적 폭발력을 보유한 영토문제의 성격을 공히 보유한 NLL과 같은 문제에 대해서는 법적 접근이 지극히 중요하다.[5]

Ⅱ. 북방한계선의 설정

NLL은 휴전협정 당시 해면에 관한 넓이와 구역에 관해 명백하게 규정되지 못함에 따라 유엔군측 함정 및 항공기의 초계활동의 북방한계를 제한할 목적으로 유엔군사령관이 일방적으로 설정한 선이다.[6] 즉, 1951년 7월 10일 이후 2년여 간 이어진 휴전협상 과정에서 유엔군 측과 공산군 측은 연해수역(coastal waters)을 둘러싼 견해차이로 인하여 지상에서의 군사분계선(MDL)과 같이 쌍방간의 경계를 명확히 구분할 수 있는 해상경계선에 대한 합의가 실패하자, 1953년 유엔군사령관(Mark W. Clark 대장)이 한반도 해역에서 남북간 우발적 무력충돌 발생 가능성을 줄이고 예방한다는 목적으로 동해 및 서해에 아 해군 및 공군의 초계활동을 한정하기 위하여 북방한계선을 설정한 것이었다.[7]

이러한 NLL의 설정 과정을 두고 남측(유엔측)의 작전 한계범위를 통제하는 것이 NLL 설정의 주된 목적이라고 보는 견해도 있긴 하지만 이는 NLL에 대한 잘못된 이해라고 판단된다. NLL은 해상에서의 군사분

---

5) 이재민, "북방한계선(NLL)과 관련된 국제법적 문제의 재검토", 서울국제법연구원, 남북한 현안문제에 관한 국제법적 검토(송현 백충현 교수 추모 학술대회 논문집), 2008. 5. 29, p.31.
6) 통일부 정보분석국, "서해 해상경계선 문제," 통일부 보도참고자료, 1999. 6. 14, p.4.
7) 국방부, op. cit., p.7.

계선이 명확하게 확정되지 못함에 따른 실효적인 해상 경비임무를 수행하기 위해 설정된 것이 일차적인 목적이고 휴전상태의 유지를 위해 남측 선박의 북상을 제한하는 것은 이차적인 것이었다고 보는 것이 보다 합리적인 해석이다.

현재 NLL은 서해와 동해에 모두 설정되어 있다. 서해에서는 1953년 7월 27일 6·25 전쟁이 휴전협정의 체결 발효로 무력행위가 정지되자 유엔군사령부는 휴전협정 제2조에 따라 해상에서의 병력 철수 등 휴전협정 내용의 이행과 해상경비 임무를 위한 실질적 필요에 위해 동년 8월 30일 서해지역 남북한의 관할 도서상 이른바 북방한계선을 설정하고 이를 휘하 해군부대에 시달하였다.[8] 서해 북방한계선은 한강 하구로부터 서북쪽으로 12개의 좌표를 연결한 선이다.

〈그림 7-1〉 서해 북방한계선

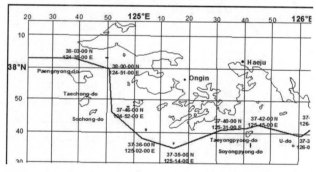

한편 동해 NLL은 군사분계선(Military Demarcation Line : MDL)이 끝나는 지점(북위 38도36분6초)에서 같은 위도의 동쪽 방향으로 218마일(약 400㎞)까지 군사분계선을 연장한 선(MDL Extended)으로 북방경계선

---

8) 김영구, "북방한계선(NLL)과 서해교전 사태에 관련된 당면문제의 국제법적 분석," Strategy 21, Vol.5, No.1, 2002, p.10.

(Northern Boundary Line : NBL)이라는 이름으로 불리다가 1996년 7월 1일부터 서해와 동일하게 NLL로 그 명칭이 통일되었다.

〈그림 7-2〉 동해 북방한계선

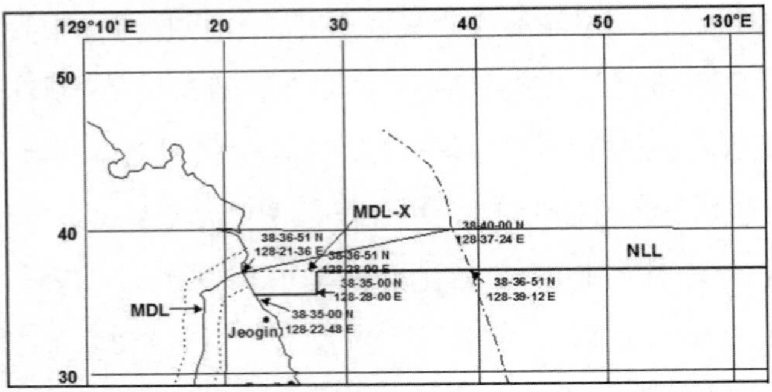

〈표 7-1〉 군사분계선과 북방한계선의 비교

구분	군사분계선	북방한계선
영문 표기	MDL (Military Demarcation Line)	NLL (Northern Limit Line)
설정 목적	무력충돌 방지	무력충돌 방지목적으로 유엔사 측 해군 및 공군 초계활동 한정
설정자	휴전협정 서명자(국제연합군총사령관 미 육군대장 Mark W.Clark, 북한군총사령관 김일성, 중공군사령관 팽덕회)	유엔군사령관 (미육군대장 Mark W. Clark)
설정 시기	1953. 7. 27	1953. 8. 30
설정 위치	지상	동·서 해상
설정 근거	휴전협정 제1조 (군사분계선과 비무장지대)	휴전시교전규칙 제1절 (북방한계선)
비고	합의에 의해 설정 통상적으로 휴전선이라 불림	일방적으로 설정되었으나 실질적해상 군사분계선 역할 수행

출처 : 국방위원회 수석전문위원실, "북방한계선의 설정배경과 법적 효력," 국방위원회 현안 분석 제1호, 1999. 7, p.14.

NLL은 1953년 8월 설정된 이후 1959년, 1961년, 1980년 및

1981년에 각각 일부 구간에서 약간 조정되었다. 한편, 휴전 성립 이후 북한이 급조된 해군병력을 기반으로 해서 자체적으로 설정 · 운용하여 온 '해군경비구역선'은 현행의 NLL과 거의 일치하는 것이었다.[9]

Ⅲ. 북방한계선의 법적 지위에 관한 관련 당사자의 입장

1. 남북한

가. 한국

NLL에 대한 한국의 공식적인 입장은 휴전협정의 안정적 관리를 위해 설정된 선으로서 현재까지 우리가 실효적으로 관할해 왔고 해상 군사분계선의 기능과 역할을 해왔기 때문에 남북간의 실질적인 해상계선이라는 것이다. 북방한계선은 전쟁 종결 당시 쌍방 당사자간의 특수한 전력배치 관계와 휴전협정 제2조 제13항 및 제15항의 조문해석에 의거해서 적법하게 성립된 해상 군사분계선으로 휴전협정 주체들은 당연히 준수해야 한다.

즉, 휴전협정 제2조 제13항을 충실히 이행하기 위한 조치였으므로 북방한계선은 휴전협정 목적에 부합할 뿐만 아니라 현재까지 한국이 실효적으로 관할해 오고 있는 실질적인 해상계선이라는 입장이다.[10]

---

9) 김영구, "북한이 주장하는 "서해 해상경계선과 통항질서"에 대한 분석," 서울국제법연구, 제7권 1호, 2000, pp.3-4 참조.

10) 국방부, *op. cit.*, p.26. 1953년 7월 27일 휴전협정 체결 당시 해상경계선에 대해서는 명확히 확정하지 못한 채 휴전협정 제2조 13항에서 상대방 지역의 후방과 연해도서(연해도서란 휴전협정이 효력을 발생할 대에 비록 일방이 점령하고 있더라도 1950년 6월 24일 당시

또한 북방한계선은 남북기본합의서에 의해 남북간의 해상불가침경계선으로 인정되고 있다고 본다. 1992년 체결·발효된 기본합의서 제11조에서 "남과 북의 불가침경계선과 구역은 1953년 7월 27일자 군사휴전에 관한 협정에 규정된 군사분계선과 지금까지 쌍방이 관할하여 온 구역으로 한다"고 명시되어 있으며, 불가침부속합의서 제10조에서 "남과 북의 해상불가침경계선은 앞으로 계속 협의한다." "해상불가침구역은 해상불가침경계선이 확정될 때까지 쌍방이 지금까지 관할하여 온 구역으로 한다."고 규정하고 있다. 이와 같이 남과 북은 남북군사공동위원회에서 새로운 해상불가침경계선이 협의·확정되기 전까지는 지금까지 쌍방이 관할하여 온 구역의 경계선인 북방한계선이 해상불가침경계선임을 확인한 것이다. 앞으로 새로운 해상불가침경계선은 남북간에 합의되어야 하며, 남과 북 사이에 합의가 있기 이전까지 북방한계선은 남북간의 실질적인 해상경계선으로 반드시 준수되어야 한다.[11]

상대방이 통제하고 있던 도서를 말함. 해면으로부터 모든 병력을 철수한다는 것과 황해도와 경기도의 도계선 북쪽과 서쪽에 있는 도서 중 백령도 등 서해 5개 도서는 남측 통제하에, 나머지는 북측 통제하에 두는 것으로 합의하고 협상을 종결하였다. 여기에서 주목되는 것은 먼저 북위 38도선과 황해도와 경기도의 도계선 북·서쪽 사이에 위치한 도서 및 해면은 전쟁 발발 이전은 물론이고 휴전협정 체결 당시에도 남측의 통제하에 있었음을 상호 인정한 사실이다. 유엔군은 휴전협정 당시 점령하고 있던 38도선이북 도서(남포 서방 '초도', 청천강 서방 '대화도', 원산 동방 '여도')들을 북한에 돌려주고 38도선 이남까지 철수하기로 합의한 것이다. 그러나 이 경우 38도선 이남에 있는 해주 및 옹진반도에 대한 유엔군의 완전봉쇄상황이 초래하므로 유엔군은 북한 측에 좀 더 양보하여 우리가 주권을 행사할 수 있는 38도선 이남의 도서 중 북한 측의 육지에 인접한 일부도서를 북한 측의 통제 하에 두는 것으로 인정한 것이다. 따라서 휴전협정 체결 당시 남측의 통제 하에 있던 북위 38도선과 황해도와 경기도의 도계선 북·서쪽 사이의 해면은 상기와 같은 휴전협정의 정신에 비추어 볼 때 당연히 남측의 관할로 계속 남아 있는 것이다. *Ibid.*, pp.24-25.

11) *Ibid.*, pp.26-27.

나. 북한

북한은 휴전협상 당시 수도권에 인접한 개성과 옹진반도 지역을 확보하기 위한 노력을 기울여 이를 달성하였으나 서해상에서의 영해 12마일 주장은 유엔군측의 강력한 거부로 받아들여지지 않았다. 그러나 북한측이 이 문제에 집착하였던 것은 북한이 수도권 서측 해역의 전략적 중요성을 인식하고, 연합군측과의 휴전협상에서 자국에 유리한 결과를 얻어내려고 하였던 하였던 사실을 반영하고 있다.

북한은 해군능력이 증대됨에 따라 1970년대 이후부터 북방한계선 근해 해역에 대한 관할권을 강조하기 시작하였다. 또한 최근에는 경제적 어려움이 심화됨에 따라 성어기에 북방한계선 근해에서의 조업을 빌미로 빈번히 북방한계선을 침범하였었다.

1993~1994년의 핵문제 해결과정에서 잘 나타났듯이 북한은 한반도에서의 군사적 긴장을 조성하는 것과 같은 벼랑끝 전술을 구사하여 협상에서 최대한의 이익을 확보하고자 하는 형태를 보여 오고 있다.[12] 북한의 북방한계선에 대한 공식적 입장을 살펴보기 위해서는 우선 다음과 같은 주요 사례들을 검토할 필요가 있다.

첫째, 북한은 1973년 2월 15일 공해상에서 조업중이던 우리나라 어선 수원 32호 및 34호를 포격하여 수원 32호는 침몰시키고 수원 34호는 납북하였다. 그리고 동년 10월부터 11월까지 43회에 걸쳐 NLL을 침범했었다(이를 소위 '서해사태'라고 함).[13] 이 사태에 대한 사항을 논의하기 위해 1973년 12월 1일 제346차 군사휴전위원회가 소집되었다. 동

---

12) 박창권, *op. cit.*, pp.12-13.
13) 서해사태에 대한 자세한 설명은 임성채, "서해북방한계선(NLL)에 관한 북한의 전략 : 남·북한 서해상 주요 충돌사건 중심으로", 명지대학교북한연구소, 북한연구, 제10권, 2007, pp.60-63 참조.

회의에서 북한은 황해도와 경기도의 도계선 서쪽 연장선을 하나의 '경계선'으로 그 북쪽을 북한의 '연해'(沿海)라고 주장하였다. 또한 남한 해군이 자기들의 근해에 와서 해상범죄를 자행하고 있다면서 서해 5도가 북한군 통제하에 있는 해역에 위치하고 있으므로 이들 도서에 출입하기 위해서는 북한 당국의 사전허가가 있어야만 한다고 주장하였다.[14]

둘째, 1999년 6월 서해상에서 제1차 연평해전을 일으킨 북한은 동 문제를 논의하기 위해 개최된 유엔사와 북한간 제9차 판문점 장성급회담에서 북방한계선은 인정할 수 없다면서 구체적인 기준점이 포함된 새로운 해상경계선을 제시하였다.

또한 해상경계선 문제를 장성급회담에서 논의하자고 주장하는 한편, 해상경계선 문제를 토의할 전문가 및 군사관계자를 포함한 북·미·남 실무회담을 제의하였다. 이에 대해 유엔사는 NLL을 준수해야 하며, 새로운 해상불가침경계선 문제는 남북군사공동위원회에서 협의할 사항이라고 대응하고 북측 제의를 거부하였다. 이에 북한은 그 해 9월 2일에 '조선 서해해상 군사분계선'을 선포하고 북방한계선은 무효라고 주장하면서 해상군사경계수역의 범위를 제시하는 한편, 동 수역에 대한 자위권 행사를 할 것이라고 하였다.[15]

---

14) 제346차 군사휴전위원회에서 북한측 수석대표 김풍섭의 발언은 다음과 같다. "휴전협정의 어느 조항에도 서해 해면에서 계선(界線)이나 휴전해역이라는 것이 규정되어 있지 않았으므로 황해도와 경기도의 도계선 북쪽과 서쪽의 서해 6개 도서를 포괄하는 수역은 북한의 군사통제하에 있는 수역이다. 그리고 휴전협정 제2조 13항 ㄴ목의 해석에서 황해도와 경기도의 도계선의 서쪽 연장선을 하나의 '경계선'으로 상정하고 있으므로 그 북쪽은 우리의 연해이다. 따라서 당신측은 휴전협정의 요구에 따라 해군함선과 간첩선을 우리측 연해에 침입시키는 행위를 당장 그만두어야 하며, 앞으로 서해의 우리측 연해에 있는 백령도, 대청도, 소청도, 연평도, 우도에 드나들려 하는 경우에는 우리측에 신청하고 사전승인을 받아야 한다." 이 발언에서 북한은 최초로 서해에서의 경계를 '황해도와 경기도의 도계선의 연장선으로 하여야 한다'는 주장을 하였다.

15) 국방부, op. cit., pp.10-11. 북한은 인민군 총참모부 대변인 명의의 9월 2일자 발표문에서 휴전협정 도계선 (가)로부터 서해 5도를 제외한 남북한 및 중국과의 등거리선 서해 해상분

이러한 서해 해상경계선 문제에 대해서 북한이 제기한 주장의 내용은 대체로 1953년 휴전협정의 해석에 관한 종래의 입장을 반복하는 것이었으나 남북간 서해 해상경계선에 대한 구체적인 제의가 나타나있고, 이 제의의 내용은 종래의 북한측이 남북한간 해상경계로 주장해 온 내용과는 다르게 변경되어 있다는 점은 중요한 변화로서 우리가 주목해 두어야 할 점이라고 하겠다.[16] 북한이 제시한 새로운 해상경계선은 다음 그림과 같다.

〈그림 7–3〉 북한 주장 서해상 군사분계선

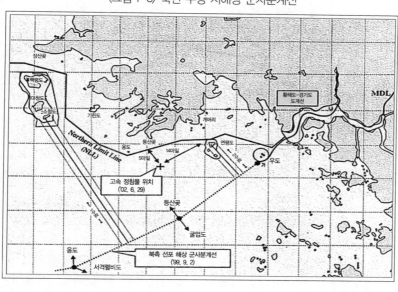

2000년 3월 23일에는 '서해 5개섬 통항질서'를 공포하였다. 여기에

<hr />

계선을 설정하여 이 선 이북을 북한군측의 해상 군사통제수역으로 하고, 미군측의 북방한계선이 무효임을 선포하며, 해상 군사분계선에 대한 자위권은 '여러가지 수단과 방법'에 의해 선포될 것이라고 명시하였다.

16) 김영구, "북한이 주장하는 "서해 해상경계선과 통항질서"에 대한 분석," *op. cit.*, pp.7-8.

서 북한은 서해 5개 섬을 3개 구역으로 구분하고 각 구역으로 출·입항하는 2개 수로를 지정하여 모든 미군함정, 민간선박 통항은 제1, 2 수로만 이용토록 하고 통항질서 미준수시에는 무경고 행동을 하겠다고 발표하였다. 이러한 북한 주장에 대해 우리 정부는 국방부 및 해군본부 대변인 성명을 통해 인정할 수 없다는 점을 분명히 천명하였다.[17]

〈그림 7-4〉 북한 주장 서해 5개섬 통항질서

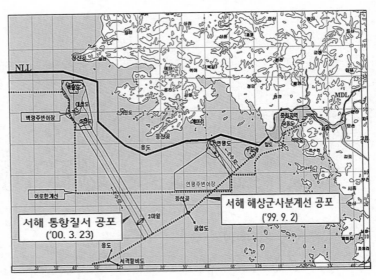

또한 북한은 2002년 6월 29일 서해 해상에서 NLL을 침범하여 우리 해군함정에 의도적이고 계획적인 무력도발을 자행하였다. 이에 대해 우리 정부는 북한의 사과, 진상규명과 재발방지를 강력하게 요구하였다. 유엔사는 이를 명백한 휴전협정 위반으로 규정하여 항의하고 이를 토의하기 위한 판문점 장성급회담을 개최할 것을 북측에 제의하였

17) 국방부, *op. cit*., p.11.

다. 그러나 북한은 2002년 8월 소위 '백서'에서 "북방한계선은 서해 해상경계선이 아니며, 미국이 자신들과 사전합의나 통보없이 일방적으로 설정한 비법적인 선"이고, "NLL이 무장충돌과 전쟁발발의 화근이라고 하면서 한국과 미국이 군사적 충돌을 야기시키기 위해 NLL을 고집하고 있다"는 주장을 하였다.[18] 북한이 주장해 온 서해 해상경계선과 관련된 내용은 다음과 같이 요약된다.

첫째, 서해 문제의 근원적 해결을 위해서는 새로운 해상경계선 설정이 시급히 요구된다. 북방한계선은 휴전협정과 국제법의 초보적인 요구마저 무시하고 유엔군측에 의해 일방적으로 설정된 비법적인 선이므로 해상경계선으로 인정할 수 없다.

둘째, 조선 서해 해상 군사분계선은 휴전협정과 국제법에 입각하여 황해도와 경기도 도계선의 끝점으로부터 남북한 기점간의 중간선과 중국과의 반분선까지 연결한 선으로 하며, 이 선의 북쪽 해상수역을 해상 군사경계수역으로 설정한다. 해상 군사분계선에 대한 자위권은 여러 가지 수단과 방법에 의해 행사될 것이다. 서해 해상군사분계선 이북에 위치하고 있는 서해 5도를 백령도 · 연평도 · 우도의 3개 구역으로 구분하고 백령도와 연평도를 출 · 입항하는 2개 수로를 지정하여 모든 미군 함정과 민간선박은 동 통항로만을 이용하여 출 · 입항할 수 있다.[19]

다. 남북한 입장 비교

남북한간 NLL 문제가 논란이 되고 있는 이유는 이에 대한 양측의 입장 차이가 존재하고 있기 때문이다. 그러한 입장 차이를 요약하면 다

---

18) *Ibid.*, p.12.
19) *Ibid.*, p.13

음과 같다.[20]

첫째, 한국은 NLL을 휴전협정 체결 후 실질적 해상군사분계선으로 보고 있으나 북한은 유엔군사령관의 일방적 설정에 의한 인위적 분계선으로 보고 있다.

둘째, 국제적인 위상의 차이이다. 한국은 실효적인 지배를 하고 있기 때문에 우리의 영해라는 입장이지만 북한은 남측의 불법적인 지배라고 보고 있다.

셋째, 남북정상회담에서 합의한 합의한 공동어로수역 설정과 관련하여서도 NLL이 문제가 되고 있다. 한국은 기존 NLL을 전제로 설정하고자 하나, 북한은 새로운 해상분계선을 지정한 후 설정하고자 한다.

넷째, 신 해상분계선 논의에 대한 접근이다. 우선적으로 한국은 NLL 준수 원칙을 고수하면서 남북 긴장완화 이후에 논의가 가능하다는 입장이지만, 북한은 즉각적인 논의 후 신 해상분계선을 설정해야 한다고 주장하고 있다.

〈표 7-2〉 북방한계선에 대한 남북한 입장 비교

구 분	한 국	북 한
성 격	휴전협정 체결 후 실질적 해상군사분계선	유엔군사령관의 일방적 설정에 의한 인위적 분계선
국제적 위상	실효적 지배로 한국의 영해	남측의 불법적 지배
공동어로수역	기존 NLL을 전제로 설정	새로운 해상분계선 지정 후 설정
신 해상분계선	NLL 준수원칙 고수 및 남북 긴장완화 이후 논의 가능	즉각적인 논의 통해 설정

---

20) 국회남북교류협력의원모임, 북방한계선(NLL)의 역사와 현황, 2007. 12, pp.12-13.

2. 유엔사 및 미국

가. 유엔사

NLL 관련 유엔사의 입장은 연평해전 발발 이전에는 신중한 태도를 보이면서 한국측 입장과는 다소간의 차이를 보였었다. 1989년 유엔사는 군사휴전위에서 서해 5개 도서 주변 3해리 범위의 수역만을 유엔사 관할도서의 '인접수역'으로 본다고 하였다.

동년 6월 3일 유엔군사령관은 국방장관에게 보낸 서한에서 "북측 함정이 서해 도서 해상 3해리 내에 들어오거나 대한민국 선박에 대해 발포하고 이들을 격침시키거나 나포하려는 등 명백한 도발행위를 자행할 시에 유엔사는 북한측에 항의 전문 발송 및 군사휴전위 본회의를 소집하여 북한측의 행위를 항의·비난할 수 있다"라고 하였다.[21]

하지만 유엔사의 이러한 입장은 1999년 제1차 연평해전 이후에 해소되었다.[22] 유엔사는 1999년 6월 15일 연평해전 당일 개최된 판문점 장성급회담에서 "수십 년 동안 쌍방은 동해와 서해에 실질적인 분계선이 존재하고 있다는 사실을 인정해왔으며 이 분계선이 쌍방의 군사력을 분리하는 경계선 역할을 해왔다. 그동안 이 수역에서 주기적으로 문제들이 있어 왔지만 대부분의 경우 이 실질적인 분계선(NLL)이 안정을 유지하는 핵심역할을 해왔다. 이는 쌍방이 통제불능 사태로 쉽게 확대

---

21) 백봉종, "북방한계선과 해상군사경계선," 동북아 국제관계와 남북관계(한국동북아학회 연례학술대회 논문집), 2000. 12. 12, p.20 참조.

22) 사실 이러한 유엔사의 입장 변화는 연평해전 발발 직전에도 확인되었다. 연평해전이 발발하기 직전에 북한 경비정이 NLL을 침범하고 이를 우리 함정들이 저지함에 따라 남북한 함정들간에 긴장이 고조되자 유엔사는 1999년 6월 11일 북한에 장성급회담을 제의하면서 보도자료를 통해 "NLL은 46년 동안 북한군과 한국군 사이의 군사적 긴장을 방지하는 효과적인 수단으로 기여해 왔고, 군사력을 분리하는데 기여해 온 실질적인 경계선으로 사용되어 왔다"라고 발표하였다.

될 수 있는 충돌을 막아 왔다. 다시 말하지만 이 선은 지난 40여 년 동안 우리 쌍방이 존중해왔다"라는 입장을 명백히 했다.[23]

나. 미국

미국도 과거 휴전협정 당시부터 3해리만을 연해수역으로 보아 서해 5도와 인접하는 북한 지역 모두에 대해서도 3해리까지만 인정하고 그밖의 부분은 국제수역(international waters)이라고 규정하는 입장을 유지했었다.

그러나 연평해전 직후인 1999년 6월 15일과 17일 미국무부 정례브리핑에서 6월 11일 발표한 유엔사 입장을 인용하여 "NLL은 46년 동안 북한군과 한국군 사이의 군사적 긴장을 방지하는 효과적인 수단으로 기여해 왔고, 군사력을 분리하는데 기여해 온 실질적인 경계선으로 사용되어 왔다."라고 분명히 언급하고, "우리는 북한이 NLL 이북에서 그들의 함정을 통제하므로써 이러한 현실성을 인정할 것을 촉구한다.

여러분들도 알다시피 1953년에는 동 수역이 전쟁수역이자 분쟁수역이었으며, 영해 관할권에 대하여 오늘날 분쟁으로 이어지고 있다. 그러므로 우리는 NLL이 긴장을 감소시키거나 긴장을 해소하는 수단이라는 점에서 현실적인 방법이자 메카니즘이라고 믿는다. 우리는 북한이 현실적인 이유에서 NLL 이북에서 그들의 해군 함정을 통제해 줄 것을 촉구한다."라고 하며 유엔사의 입장을 다시 한번 확인하였다.[24]

1999년 9월 2일에는 북한측이 소위 '조선 서해해상 군사분계선'을

---

23) 김성주, "서해상 국가안보 위협 : 현황과 과제," 한국정치외교사논총, 제26집 2호, 2005, pp.294-295.
24) 국방부, *op. cit.*, pp.33-34.

선포하자 제임스 루빈 미국무부 대변인은 9월 3일 브리핑에서 "북방한
계선은 남북한 양측의 군사력을 분리시키는 현실적인 방안으로 유엔군
사령부에 의해 설정되어 지난 46년간 남북한간 군사적 긴장을 막는 효
과적인 수단이 되어 왔다. 북한은 북한 함정의 북방한계선 접근을 통제
함으로써 북방한계선의 현실성을 인정해야 한다."라고 하였다.[25]

Ⅳ. 북방한계선의 정당성

1. 사실상의 정당성

가. 설정 초기(서해사태 이전)의 사실상 묵인

북한은 NLL 설정 이후 소위 1973년의 서해사태시 까지 별다른 이
의를 제기하지 않았다. 이 부분에 대해 이의를 제기하기 전까지 북한
은 약 20여년에 걸쳐 NLL을 남북한간 해상경계선으로 인정하여 왔으
며 그 이후에도 이를 인정하는 듯한 입장을 취한 것은 법적으로도 상
당한 의미를 내포하고 있다. 즉, 유엔사가 설정한 NLL을 사실상 묵인
(acquiescene)하여 온 것이라고 볼 수 있다.[26]

---

25) *Ibid.*, p.34.

26) 이재민, *op. cit.*, pp.39-40. 물론 북한이 NLL 효력 자체를 부인하고 여러 차례에 걸쳐 군사
적 충돌을 야기한 사례 역시 적지 않다. 이러한 사례는 최소한 그 시점 이후부터 북한의 입
장이 국제법에서 의미하는 묵인의 단계로 전화하는 것을 저해하는 효과가 있다. 다만 치열
한 교전행위 이후 체결된 휴전협정 이후 20여년에 걸쳐 일관되게 이의를 제기하지 않았다
는 점, 그리고 그 문제 제기 이후의 북한 태도도 반드시 일관된 것으로 보기는 힘들다는 점
을 감안할 때 이러한 북한의 NLL 부인 시도가 과연 어느 정도 법적 효과가 있을지는 의문
이다. 그리고 이 문제와 관련하여 북한의 태도를 평가함에 있어서 최근의 북한 입장보다는

북한이 소위 서해사태시까지 이의를 제기하지 않았던 것은 북방한계선이 북한에게 유익한 선이었기 때문이다. 휴전협정 협상과정에서 공산군측은 유엔군측으로부터 38도선 이남의 황해도 인접 도서군의 통제권을 얻었다. 당시 황해도뿐만 아니라 북한 전체의 해역을 사실상 통제하고 있던 유엔군측은 38도선 이북의 주요 도서로부터 철수함은 물론 38도선 이남 해역에서도 전략도서인 서해 5도를 제외하고 황해도 육지와 인접한 도서 통제권을 북한에 양보하였다.

휴전협상 당시 군사분계선은 쌍방 군사력의 접촉선이 기준이 되었으며, 이러한 기준에 따라 지상에서는 군사분계선(MDL)이 설정된 것이다. 해상에서 군사력의 접촉선은 유엔군이 북한의 전 해역을 장악하고 있었기에 북한측 해안선이었다. 그러나 "상대방의 군사통제하에 있는 육지에 인접한 해면을 존중하고 어떠한 종류의 봉쇄도 할 수 없다"는 휴전협정 제15항의 이행을 위해 유엔군은 NLL까지 해상군사력을 철수하는 양보 조치를 취한 것이다.

이로써 NLL이 해상에서 군사력의 접촉선이 된 것이다. 이와 같이 유엔사는 휴전협정 제13항과 15항을 충실히 이행하기 위한 조치의 일환으로 상호 무력충돌을 방지하기 위해 1953년 8월 30일에 유엔군의 북방한계 통제선으로 현재의 북방한계선(NLL)을 설정하였던 것이다. 북방한계선은 비록 유엔군사령관에 의해 설정되었지만 남북 군사력의 직접적인 충돌을 막고 이 지역에서 평화와 안정을 유지하는 데 유용한

NLL 설정 이후의 북한 입장이 보다 법적으로 의미가 있을 것이다. 즉, 동일한 조건 하에서는 NLL 최초 설정 이후 상당 기간 동안의 북한의 행위가 법적으로 보다 중요한 의미를 보유하며 분쟁이 촉발된 이후의 행위는 조심스럽게 평가할 필요가 있다. 이러한 NLL이 법적 근거가 전혀 부재한 것이라면 최초 20년간의 북한의 침묵이 설명되기 힘들며, 남북한이 모든 사안에서 첨예하게 대립하던 상황에서 20년이 지난 상황에서 갑자기 그 불법성이 확인되었다고 보기도 힘들기 때문이다. *Ibid.*, p.40.

선이었기 때문에 당시 해군력이 미미하던 북한에게는 더없이 고마운 선이었다. 북한으로서는 NLL이 울타리의 역할을 한 것이어서 결과적으로 유엔군의 간접보호를 받은 것이나 다름없는 것이었다. 이것이 북방한계선 설정 이후 20년간 즉, 1973년 소위 '서해사태'가 있기 전까지 북한이 북방한계선에 대해 전혀 이의를 제기하지 않은 이유라 할 수 있다.[27]

나. 북한의 북방한계선 인정 사례

(1) 조선중앙연감에 북방한계선 표기(1959년)

북한은 북방한계선이 북한에 통보되지 않았기 때문에 인정할 수 없다는 주장을 하고 있으나 이는 납득할 수 없는 주장이다. 왜냐하면 북방한계선이 설정된 후 북한측이 행동한 정황자료들을 두고 볼 때는 어떤 방법으로든지 직·간접적으로 북한측에 통보되었다는 것을 알 수 있기 때문이다. 그 대표적인 사례가 1959년 조선중앙통신사가 발간한 조선중앙연감이다.[28] 동 연감에서 북한은 현재의 북방한계선을 군사분계선으로 표기하고 있다. 아래 사진의 붉은 선이 북한이 표기한 군사분계선인데, 이는 오늘날의 북방한계선과 일치한다.

(2) 북한 간첩선 격퇴위치 논란(1963년)

1963년 5월에 개최된 군사휴전위 제168차 회의에서 북한 간첩선의 격퇴위치에 대한 상호간 논란시에 유엔사측은 북방한계선이 그려진 지도를 제시하며 북한 간첩선의 침투사실에 대해 항의하면서 "간첩선이

27) 국방부, 국방저널, 통권 제311호, 1999. 11, pp.57-58.
28) *Ibid.*, p.59.

북방한계선을 침범하였기 때문에 사격하였다"라고 주장하였다. 이에 대해 북한은 "북한 함정이 북방한계선을 넘어간 적이 없다"고 언급하였는 바, 이는 북방한계선의 존재를 전제한 것으로써 북한이 북방한계선의 존재 사실을 인지하고 이를 준수하고 있음을 인정한 것이다.[29]

⑶ 수해물자 적재 선박 인계·인수(1984년)

1984년 9월 29일부터 10월 5일 사이에 북한 적십자사 수해물자를 우리에게 인도하고 복귀하는 과정에서 휴전협정 및 국제법상 자국의 관할권이 미치는 해역에서만 활동이 가능한 경비함정 등 군함으로 구성된 양측 호송선단이 북방한계선 선상에서 상봉하여 인계·인수함으로써 북한도 북방한계선이 실질적인 해상경계선임을 인정한 바 있다.[30]

⑷ 국제민간항공기구의 비행정보구역(안) 수용

국제민간항공기구(International Civil Aviation Organization : ICAO)는 1993년 5월 항공항행계획(ANP : Aeronautical Navigation Plan)에서 북방한계선에 준해 조정된 한국의 비행정보구역(FIR : Flight Infirmation Region) 변경(안)이 공고되었음에도 불구하고 1998년 1월 발효시까지 그리고 발효 이후에도 북한측은 이에 대해 전혀 이의를 제기하지 않았다. 비행정보구역이 해당 국가의 영토와 영해를 규정하는 의미는 없으나 조난항공기에 대한 탐색 및 구조임무가 있기 때문에 통상 해당국가의 주권이 미치는 구역을 따라 설정되는 것이 관례임을 감안시 북한이 북방한계선을 묵시적으로 인정한 사실이 확인된다.[31]

---

29) 국방부, 북방한계선(NLL)에 관한 우리의 입장, *op. cit.*, p.28
30) *Ibid.*, p.29.
31) *Ibid.*, p.30.

⑸ 북한 선박의 북방한계선상 인계

2002년 6월 20일 연평도 서방에서 기상불량에 의한 항로착오로 NLL을 월선한 북한선박 1척(승조원 10명, 전마선 2척 포함)을 나포했을 때에도 연평도 서방 18마일 NLL 선상에서 북측 경비정을 조우하여 북측에 인계하였고, 2002년 12월 11일 대청도 북방에서 좌초된 유류바지선 승조원도 NLL 선상에서 북측에 인계했으며, 2003년 11월 1일 유류바지선 역시 수리후 NLL 선상에서 북한에게 인계한 사례는 북한이 북방한계선을 실질적인 해상경계선으로 인정·준수하고 있음을 보여주고 있다.[32]

2. 법적 정당성

북한은 1999년 9월 2일 조선중앙방송을 통해 '조선 서해해상 군사분계선을 선포함에 대하여'라는 조선인민군 총참모부 특별보도를 통해 'NLL 무효화 선언'을 공포한 바 있다. 이 보도는 "조선반도의 불안정한 군사정세는 언제 전쟁이 터질지 모를 긴장된 상태가 지속되고 있다"면서 "이러한 상태는 지난 6월 15일 서해해상 교전이 있은 이후 더욱 엄중한 단계"에 이르고 있으며, "서해해상 충돌이 있은 직후 문제의 수역에서 충돌의 재발을 막고 긴장을 완화하기 위하여 여러 차례의 조·미 군부 장령급회담을 주동적으로 소집하고 그 실현을 위하여 모든 노력을 다하여 왔다"고 전제하면서 북방한계선은 미군측이 조선휴전협정과 국제법을 무시하고 일방적으로 자기네 영해안에 그어놓은 선으로서, 이를 그대로 유지하려고 고집하는 것은 남의 집 마당 한복판에

---

32) *Ibid.*, p.31.

슬그머니 금을 그어놓고 그것을 제집 마당이라고 우겨대는 것과 같은 날강도적 행위라는 비유를 통해 북방한계선을 유지해야 한다는 미군측의 주장을 자신들의 주권에 대한 엄중한 침해라는 적반하장격인 논리를 피력했다.[33]

　과연 북한의 주장대로 북방한계선은 휴전협정과 국제법에 반하는 불법적인 해상분계선인가? 북한의 주권을 침해하는가? 이러한 물음에 답하기 위해서는 휴전협정의 체결과정 및 목적과 관련 국제법에 대한 검토가 우선되어야 하겠지만, 결론적으로 북한의 주장은 법적 근거가 결여된 자신들의 행위를 정당화하기 위한 정치적 주장일 뿐이다.

가. 휴전협정상의 정당성

　휴전협정상에는 육지의 군사분계선은 명확하게 규정되어 있는데 반해 해상에서의 군사분계선은 규정되어 있지 않다. 이는 휴전협정 협상 과정에서 육지의 군사분계선이나 비무장지대에 관하여는 관심이 컸지 인근 해양문제에 대해서는 별로 주의를 기울이지 않은 것으로 보인다. 그것은

　첫째, 휴전협정 체결에 관한 미군당국의 지침에서나 교섭과정에서 알 수 있듯이 국가간의 영토경계선 문제를 다루거나 한국문제의 해결을 다루는 것이 아니라 단지 군사적 성격의 장기적 휴전을 합리적으로 유지하기 위한 협정체결이 목적이며, 따라서 적대행위의 중단과 재발방지, 유엔군측의 안전보호에만 주력하였던 것이다.

　둘째, 그 당시 해양에서의 군사력은 유엔군측이 일방적으로 완전히

---

33) 강석승, "북한의 'NLL' 무효화 선언과 우리의 대응," 통일로 10월호, 1999, pp.27-28.

지배하고 있었기 때문에 양측의 분계선을 획정하는 문제라기보다는 유엔군측이 일방적으로 양보하여 철수하는 것이었다.

그러므로 공산측은 바다나 섬 문제는 가능한 한 논의를 피하려고 했었다. 그리고 그 당시 유엔군측의 해군력, 공군력이 압도적이었기 때문에 유엔군측은 공산측의 위협을 별로 느끼지 않은 점도 있었을 것이다.[34] 휴전협정은 제2조 13항 (b)에서 다소 모호하고 복잡하게 해상군사분계선의 결정요소를 규정하고 있긴 하지만, 북한이 철수의무를 면제받은 다른 도서들과 유엔군사령관이 통제권을 유지하는 서해5개 도서들을 구획하기 위한 구체적인 획선, 즉 군사적 적대행위를 정지 또는 종식시킨다는 휴전협정의 본질적인 내용의 불가분적 요소인 해상군사분계선을 명시적으로 규정하지 못했다.

6.25전쟁의 종결시 압록강 하구지역으로부터 유엔군측의 우세한 해상봉쇄 세력을 육상 군사접촉선까지 끌어내려야 했던 특이한 상황에서 양방의 전투행위 종지선, 즉 해상군사분계선은 유엔군사령관의 일방적 조치로 설정된 북방한계선으로 비로소 확정되었다.

특히 휴전 당시 압록강 하구로부터 서해지역에 이르기까지 분한측에는 해상 군사력량이 존재하지 않았으므로 유엔군사령관의 일방적인

---

34) 김현기, "서해 북방한계선과 6도서의 위협 평가," 한국의 해양안보와 당면과제(한국군사학회 제9회 국방 · 군사세미나논문집), 2000. 10. 13, pp.50-51. 휴전협정은 비교적 치밀한 규정을 갖춘 협정으로서 1950년대 이후 전쟁행위를 종식시키기 위한 다른 많은 휴전합의의 모범이 되어 왔으나, 구체적으로 분석하면 협정의 치밀성이란 피상적인 것에 불과하고 휴전 당사국간에 일방적이고 자의적인 의도가 서로 합의되지 않은 채로 공존할 수 있도록 가식적으로 불합리하게 조합시킨 아주 모호하고 문제가 많은 협정으로 성립된 것이다. 김영구, "북한이 주장하는 "서해 해상경계선과 통항질서"에 대한 분석," op. cit., p.18. 김영구 교수는 휴전협정에서 해상군사분계선에 대해 아무런 명시적 합의에 도달하지 못한 입법적인 흠결은 협상당사자들의 과실이나 무지에서 연유된 실수가 아니라, 쌍방의 복잡한 정치적 욕구를 충족시키는 과정에서 결과적으로 다른 선택의 여지없이 형성된 의도된 함정이며 이러한 함정을 북한측은 끝까지 활용하고 있다고 본다. Ibid

조치는 쌍방의 합의된 조치와 결국 같은 효과를 갖는 것이었다. 중요한 점은 이러한 구획선은 휴전 합의의 본질적인 내용을 구성하는 것이므로 이 북방한계선은 쌍방간의 군사력량의 접촉선으로서 '즉시' 성립되었다는 점이다. 그러므로 북한에 대한 공식적인 통보나 장기간의 평화적인 점유 및 상대방의 묵시적 승인같은 것은 이 획선이 성립되기 위한 논리적인 요건이나 전제가 아니다.

휴전이 발효되어 실시되고 난 뒤에 유엔군이나 북한측 중 어느 일방이라도 이 북방한계선을 월선하여 상대방구역을 침해하면 휴전협정 제1조 6항 및 제2조 15항 위반이 되는 것이다. 좀더 쉽게 표현한다면 휴전이 성립된 이후 군함으로 이 북방한계선을 침범하는 것은 탱크를 몰고 휴전선을 건너가는 것과 똑같은 법적인 효과를 갖게 되는 것이다.[35]

또한 육지나 섬의 인근수역은 그 육지나 섬에 속한 것으로 존중하라는 것이 휴전협정의 정신이라고 한다면, 북방한계선은 이러한 규정을 구체화한 경계선으로서 가장 적합하다고 할 수 있다. 그러므로 북방한계선은 휴전협정에 위반하거나 전혀 근거없는 경계선을 일방적으로 설정한 것이 아니라 휴전협정 규정의 의미를 충실히 이행하기 위하여 불분명한 구체적 내용을 분명하게 보완하였다고 보아야 한다.[36]

나. 해양법(국제법)상의 정당성

휴전협정 체결 협상에 있어 1952년 1월말에 집중적으로 전개된 영해수역 관련 협상과정에서 유엔군측은 당시의 국제적 영해범위 관행에 따라 3해리를 주장했고, 유엔군측에 의한 해상봉쇄를 우려한 공산군측

---

35) *Ibid.*, pp.19-20.
36) 김현기, *op. cit.*, p.58.

은 12해리를 주장하였다. 유엔군측은 해상봉쇄를 하지 않는다는 규정 (15항)이 별도로 있기 때문에 문제가 없다고 주장하였으나 공산군측은 입장을 굽히지 않으면서 관련 조항의 전면 삭제를 요구했고 유엔측이 이를 수용함에 따라 결국 해상경계선에 관한 규정이 휴전협정에 포함되지 못했다.[37]

1982년 유엔해양법협약은 "2개국의 해안이 상호 대향 또는 인접하는 경우에는 양국 중 어느 국가도 양국 간의 별개의 합의가 없는 한 양국의 각 영해의 폭을 측정하는 기선상의 최근점에서 같은 거리에 있는 모든 점의 연결인 중간선을 넘어서 영해를 확장하지 못한다. 단, 본 조의 규정과 상이한 역사적 근원 또는 기타 특수사정으로 인하여 본 규정과 상이한 방법으로 양국의 영해를 확정할 필요가 있는 경우에는 적용되지 아니한다"(제15조)고 영해에서의 해양경계획정 원칙을 밝히고 있다. 이른바 중간선 원칙과 등거리선 원칙이다.

서해 5도와 북한의 옹진반도(인근 섬 포함) 사이의 거리는 6해리 내외로서 영해의 폭을 3해리로 규정하던 당시의 해양(관습)법으로 보면 대체로 중간선을 채택한 북방한계선은 합당한 것으로 평가할 수 있다.[38] 또한 영해범위를 12해리까지로 명문으로 규정하고 있는 오늘날의 해양법으로 보아도 남북간의 해양경계는 중간선으로 결정할 수밖에 없다. 따라서 북방한계선은 설정 당시나 현재의 해양법상의 경계원칙에 비추어 볼 때 합법적이다.[39]

북한은 1955년 3월 5일 당시의 국제적인 추세인 3해리 영해에 반

---

37) 박영규, "북방한계선은 합법적 해상경계선," 통일로, 2002. 8, p.50.
38) 손기웅·허문영, "서해 교전" 분석과 향후 북한 태도 전망, 통일연구원 통일정세분석 99-06, 1999. 8, p.10
39) 최창동, "북한의 '서해 해상경계선 재설정 요구'의 부당성 고찰," 국제문제연구, 2006 가을, p.181 참조

하여 12해리 영해를 선포했으나 남북한의 실질적인 해상경계선 역할을 하고 있는 NLL에 대해서는 특별한 이의를 제기하지 않았다. 그러나 1970년대에는 12해리 영해가 국제법적으로 일반화되는 추세가 시작되면서 사정이 달라졌다. 그 이유는 북한의 뭍과 섬에서 12해리를 그으면 NLL을 넘어서기 때문이다. 그러나 우리 측의 5개 도서에서도 마찬가지로 12해리 선을 그어야 하므로 중간선의 원칙이 적용될 수밖에 없다. 다만 12해리를 적용할 경우에 연평도와 소청도 사이의 폭이 47마일로서 해양법상 24해리를 넘어설 수 없다는 일부 국제법 학자들의 지적이 있을 수도 있으나, 만약 이 선이 끊어질 경우 서해 5도의 좌측 부분, 즉 백령군도와 연평도가 완전히 고립되어 그 안전이 심각하게 우려될 수 있다는 점을 고려하여 군사적 견지에서 이를 하나의 선으로 연결하였는 바,[40] 이러한 저간의 사정을 종합할 때 현 북방한계선을 국제해양법을 무시한 불법적인 것으로 보는 것은 옳지 않다.

다. 관습법상의 정당성

NLL은 유엔군사령관이 일방적으로 설정한 자기제한적 선이지만 한국이 서해 5도 주변해역을 실효적으로 관할하여 왔으며, 이에 대해 북한이 20년간 이의를 제기하지 않고 묵시적으로 인정함으로써 NLL은 관습법상의 지위를 획득했다고 볼 수 있다. 즉 NLL은 '실효성의 원칙'(principle of effective), '응고의 원칙'(principle of consolidation), 및 '묵시적 합의의 준수 원칙'(pactum tacitum sunt servanda) 등에 의거, 휴전협정과 같은 효력을 갖는 관습법으로 형성 · 응고되었다고 보는 것이다.[41]

---

40) 김태준, "북방한계선 문제," 외교, 제71호, 2004. 10, p.94.
41) 손기웅 · 허문영, op. cit., p.10. 유병화, 국제법, 진성사, 1987, pp.325-337 참조. 김명기

V. 결론 및 향후과제

현재 남북간의 법적 관계는 1953년 휴전협정, 1991년 남북한 유엔 동시가입, 1992년 남북기본합의서과 불가침부속합의서라는 3가지 기본 틀에 의해 관리 및 유지되고 있다. 따라서 남과 북은 휴전협정상으로는 상호 적대관계에 있으나 민족 내부적으로는 평화공존 및 통일을 지향하는 과정에서의 잠정적인 특수관계(modus vivendi)를 유지하고 있으며, 대외적으로는 각각 독립적 국가주권을 행사하고 있다. 따라서 남북간에 갈등상황이 발생할 때는 이 3가지의 규범을 함께 고려해야 하는 복잡 미묘한 상황에 놓여져 있다.[42]

NLL 문제도 마찬가지다. 휴전협정 체결 이후 남북간 무력충돌을 방지하기 위한 실질적인 해상경계선의 역할을 하고 있기 때문에 이는 휴전협정과 남북기본합의서의 틀내에서 군사적 신뢰구축 문제와 함께 협의되어야 한다. 다만, 남북이 유엔에 동시가입함으로써 대외적으로는 국가성을 인정받고 있다는 사실은 먼저 남북간 군사적으로 긴장이 완화되고 신뢰가 구축된 이후 새로운 해양경계선 설정을 위한 논의과정에서는 고려될 수도 있을 것이다.

새로운 서해 해상불가침경계선 문제와 관련하여 기존 주장을 포기하고, 휴전협정과 국제해양법을 준수하면서 장성급회담에서 협의하자

교수는 묵인은 국제법 주체의 일방적 행위의 하나로 묵인에 의해 역사적 권원은 응고되게 되며, 따라서 묵인은 영역권 취득의 한 원인으로 인정된다고 본다. 또한 국제법상 묵인은 금반언(estoppel)의 법적 효과를 가져오기 때문에 북한은 북방한계선을 인정한 니전의 언행과 모순되는 주장, 즉 북방한계선을 부정하는 주장을 할 수 없다고 본다. 김명기, "서해 북방한계선의 국제법상 유효성의 근거," 국제문제, 제348호, 1999. 8, pp.28, 29

42) 국방부, "북한선박의 영해 침범과 우리 정부와 군의 대응," 한반도 군비통제(군비통제자료 29), 2001. 6, p.277

는 북한의 주장에 대해 우리측은 현 NLL을 준수하면서 남북기본합의서와 불가침부속합의서의 군사분야 합의사항 이행문제와 함께 국방장관회담에서 협의하자는 입장을 견지하는 것도 이와 동일한 맥락이라고 보여진다.[43]

남북은 NLL 주변 해역에서 3차례의 무력충돌(제1, 2차 연평해전과 대청해전)을 포함하여 위기상황을 겪었고 NLL 은 한반도에서 긴장과 위기를 고조시키는 문제지역으로 인식되고 있다. 군사적 무력충돌은 군사 경제적인 손실뿐만 아니라 국민적인 적개심을 유발시키기 때문에 한반도의 평화를 저해하는 요소가 되기도 한다.[44]

따라서 현실 존중과 새로운 질서확립에 대한 진정한 선의가 담보되어야 가능한 일지만, 장기적으로는 남북이 서해의 공동 이용과 상호 경제협력을 통해 공동이익 향유 및 신뢰구축이 확보되어야 한다. 물론 과거에 이러한 시도가 없었던 것은 아니나, 매번 북한의 일방적 약속 파기와 NLL 무력 도발로 인해 무산되었다.

일례로 2004년 6월 4일 제2차 장성급 군사회담에서 남북 양측은 서해에서의 우발적 충돌 예방과 관련 서해상에서 양측 함정의 철저한 통제, 국제상선공통망 활용, 기류 및 발광신호 제정·활용, 제3국 어선의 불법조업 문제를 해결하기 위한 외교적 노력 및 정보 교환, 서해지구 통신 선로 이용 등의 조치에 의견을 모으고 이를 6.15 4주년을 기해 실행키로 합의가 되었음에도 서해 5도와 NLL은 아직도 남북한간 긴장지대로 남아 있을 뿐만 아니라 대청해전, 천안함 폭침 및 백령도 포격

---

43) 국회남북교류협력의원모임, *op. cit.*, p.21. 북방한계선에 대한 남북한의 입장 차이에 대해서는 이용중, "서해북방한계선(NLL)에 대한 남북한 주장의 국제법적 비교 분석," 경북대학교 법학연구원, 법학논고, 제32집, 2010. 2, pp.538-569 참조
44) *Ibid.*, p.35.

도발 사건 등으로 과거 어느 때보다 군사적 대립과 긴장이 고조되어 있다.

분단국인 남북한간의 법적 관계는 잠정성, 이중성 그리고 특수성을 띠고 있어 분단고착을 전제하지 않고서는 평화통일 시까지 최종적인 경계획정이란 있을 수가 없다. 즉, 분단국가 상호간 경계선은 어차피 모두 잠정적일 수밖에 없다. 남북한의 문제는 엄격한 국제법적 노리로 풀기에는 현실적으로 비논리적 요소가 너무 많다.

그러므로 평화통일 시점까지 엄격한 국제법적 해법으로 중간선 및 등거리원칙을 적용하는 것은 현실성이 낮다. 결론적으로 북방한계선은 남북간에 지난 60여 년동안 지켜온 실질적인 해상불가침경계선으로 이는 1992년 남북기본합의서에 의해서도 확인된 사항이다. 새로운 해상불가침경계선이 확정될 때까지 NLL을 지상에서의 군사분계선(MDL)과 같이 확고히 유지하고 이를 북한이 침범할 경우 단호히 대처할 필요가 있다. 그리고 새로운 해상불가침경계선은 남북간 협의를 통해 이루어져야 할 것이다.[45]

---

45) 김성주, *op. cit.*, pp.314-315.

제8장 국제법상 연평도 포격의 불법성에
관한 연구

I. 서론

2010년 3월 26일 1,200톤급 초계함 천안함(PCC-722) 폭침 사건(승
조원 104명중 58명 생존, 46명 사망) 이후 8개월 만인 동년 11월 23일 북한
은 오후 2시 34분과 3시 12분 두 차례에 걸쳐 기습적으로 연평도(북한
개머리 해안포 기지와 12km 떨어져 있음)에 170여 발의 해안포와 곡사포 그
리고 122mm 방사포 공격을 감행했다. 이는 1953년 휴전협정 체결 이후
북한이 대한민국 영토를 직접 공격한 최초의 사건이었다.

북한군이 발사한 170여 발의 포탄 중 해상에 90여발을 제외한 80여
발은 연평도 부대와 주민들이 거주하는 마을에 떨어졌다. 당시 포격으
로 해병대 연평부대 소속 서정우(22) 하사와 문광옥(20) 일병이 전사했
고, 16명의 장병들이 중경상을 입었다. 또한 해병대 관사 신축공사 현
장에서 민간인 김치복(61)씨와 배복철(60)씨가 사망했고, 연평도 주민
4명도 부상했다. 주택 20여 채가 화염에 휩싸였고 곳곳에 산불이 났다.
통신기지국 3개소도 파괴됐으며, 연대본부 지역 유류시설도 전소됐다.
휴전협정 이후 처음으로 피란민이 대규모로 발생하면서 온 국민이 잊
고 살았던 전쟁공포가 현실로 다가온 순간이었다.[1] 이에 우리 군은 진

---

1) 국방일보, 2011년 11월 21일자.

돗개 하나를 발령하고 교전규칙에 따라 북측에 대응사격 경고통신을 보낸 후 북한이 포를 발사한 황해남도 강령군 무도 기지와 개머리 기지에 K-9 자주포 80여 발을 대응사격하였고, 공군 F-15/16 전투기와 해군 함정을 긴급 출동시켰다.

이에 앞서 2010년 11월 23일 오전에 북한은 육해공 합동 호국훈련과 관련해서 한국군이 자신들에게 공격을 가하려는 것이 아니냐며 중단을 요청하는 전통문을 발송했었다. 하지만 국방부에서는 연례적인 훈련일 뿐이라며 북한의 요청을 거절하고 예정대로 해상 사격훈련을 실시했다.[2]

이날 해병 연평부대는 해상사격훈련과 대대전술훈련평가(ATT) 사격이 예정되어 있었다. 오후 1시 30분 155㎜ K-9 자주포 원거리 사격이 시작되었다. 표적은 연평도 서방 4.5㎞ 지점의 해상이었으며, 북방한계선 북쪽으로는 단 한발도 지향하지 않아 북한이 위협을 거론할 만한 상황이 아니었다.

〈표 8-1〉 연평도 포격도발 작전 경과

일 시	내 용
10시 15분 ~ 14시 30분	해병대 연평부대, NLL 이남 우리 해상사격구역에 정례적인 해상사격훈련
14시 34분 ~ 14시 46분	북한군, 개머리에 배치된 방사포와 무도에 배치된 해안포로 연평부대와 민가 무차별 포격(150여발 중 60여발 군부대와 민가 공격, 90여발 해상 낙탄)
14시 47분 ~ 15시 15분	연평부대, K-9 자주포로 북한 무도 해안포 부대에 대응사격(50여발). 대응사격 전 2차례 경고통신
15시 12분 ~ 15시 29분	북한군, 방사포와 해안포 20여발로 연평부대 지휘소와 레이더기지 일대 2차 공격
15시 25분~ 15시 41분	연평부대, K-9 자주포로 북한의 개머리 진지에 30여발 대응사격

출처 : 국방부, 2010 국방백서, 2010. 12. 31, p.266.

---

2) 국방부 국방교육정책관실, "북한의 연평도 포격도발과 우리 군의 자세," 국방일보, 2010. 11. 30, p.12.

이 사건으로 인해 우리 정부는 긴급 안보관계장관회의를 소집하였으며, 대통령은 후속조치로 2011년 11월 25일 안보경제점검회의에서 "교전수칙을 수정하여 민간인이 공격받을 시 더욱 강력한 대응방안을 강구함과 동시에 서해 5도의 군전력을 증강하라"고 지시하면서 국방력 강화를 통해 국민보호에 만전을 기할 것을 주문했다. 이날 서울과 경기, 인천, 강원 경찰청은 갑호 비상령을 내렸다.[3]

연평도 포격도발은 1953년 체결된 휴전협정 이후 북한의 직접적 공격으로 군인과 민간인이 사망한 최초의 사건으로 유엔헌장, 휴전협정 및 그 이후에 체결된 남북간의 법적 문서(불가침부속합의서)를 위반한 불법행위임은 물론이거니와 민간인에 대한 무차별 포격은 국제법상 중대한 범죄에 해당된다.

본 소고는 북한 포격도발의 불법성을 국제법적 관점에서 분석하고자 한다. 사건의 이해를 돕기 위해 먼저 북한의 의도 및 그 영향을 먼저 살펴볼 필요가 있다. 북한의 연평도 포격 도발행위의 불법성 판단근거는 국제인도법상의 '군사목표 구별원칙' 위반을 제외하고는 동일한 내용이므로 천안함 폭침행위의 법적 분석과 동일하기 때문에 약술하였고, 북한에 대한 제재조치는 천안함 폭침사건에서의 우리의 대응과 동일한 문제이기 때문에 본고에서는 생략하였다. 이에 대한 자세한 설명은 '제6장 북한의 천안함 격침행위의 불법성과 국제법적 대응조치' 참고.

---

3) 김강녕, "천안함 폭침과 연평도 포격도발 : 그 교훈과 한국의 대응전략," 해양전략, 제149호, 2011. 4, p.27

II. 사태의 의도 및 영향

북한의 연평도 포격도발은 휴전협정 체결 이후 약 60여년간 지속되어온 북한의 대남도발과는 차원이 다른 형태로 북한 정규군이 직접 대한민국 영토에 대규모 무력도발을 감행한 최초의 사례로서 대내외적으로 엄청난 영향을 미쳤다. 그렇다면 국제사회의 비난이 예상되는데도 불구하고 국제적 불법행위를 자행한 북한의 의도는 무엇이며 그것은 구체적으로 어떤 영향을 미쳤는가?

1. 의도

가. 북방한계선 무력화 및 서해 5도 인근해역의 분쟁수역화

북한은 우리 군이 연례적으로 실시하는 정상적인 사격훈련마저 자신들의 영해에 대한 군사도발이라는 억지주장을 펴면서 연평도 포격도발을 정당화하려고 했다.[4] 이러므로서 휴전협정의 불안정성을 야기하여 북한이 2010년 들어 더욱 노골적으로 주장해온 '선평화협정 후비핵화'

---

4) 해군본부, NLL, 우리가 피로써 지켜낸 해상경계선, 2011. 3. 26, p.100. 안기석, "NLL 수호와 서북도서 방어개념 발전방향," 통일로, 통권 제269호, 2011. 1, pp.28-29 참조. 북한은 연평도 포격도발을 '괴뢰(대한민국을 지칭)들의 군사적 도발에 대한 단호한 조치'라고 강변하며 '무자비한 군사적 대응타격'을 위협하면서, '인민군 최고사령부 보도'(2010. 11. 23), '외무성 대변인 담화'(11. 24), '조평통 대변인 성명'(11. 26), '중통 논평'(11. 27등을 통해 '북의 자위조치 정당화,' 'NLL 부정' 및 '서해 분쟁수역화'와 '평화협정 체결 필요성'을 부각시키고자 궤변을 늘어놓았다. 통일부, 주간 북한동향, 제1023호(2010. 11. 22 11.28), pp.10-12 참조.

논의를 관철시키려한 의지도 엿보였다.[5] 북한은 2010년 12월 4일 조선신보 논평을 통해 한·미의 군사도발로 인해 연평도 포격사건이 발생했다고 왜곡 주장하면서, 휴전체제는 유명무실해진지 오래되었고 한반도의 긴장고조는 임계점에 다달았으므로 그 대책으로 평화협정 체결이 필요하다고 재차 주장하였다. 이러한 북한의 주장은 2010년 1월 11일 한·미 등 국제사회의 대북 비핵화 압력에 대해 평화협정 논의 제기로 의제를 바꿈으로써 국면을 전환하려고 시도했던 것과 동일한 맥락이다.[6]

나. 안보불안감 조성을 통한 남한내 갈등 유발

우리 군의 군사활동을 위축시키고 국민들의 안보 불안감을 조성하는 것도 북한의 노림수 중의 하나였다. 북한이 우리 군의 호국훈련을 비난하면서 연평도 K-9 포대를 직접 겨냥하여 사격한 것은 통상적인 훈련마저 우리 사회 내부에 논란거리로 만들려는 의도가 엿보인다. 또한 전시에도 금지된 민간주민 거주지역까지 무차별 폭격한 것은 우리 국민들의 안보 불안감을 조성하려는 의도도 엿볼 수 있다.[7]

이는 포격도발 이후 발표된 일련의 북한 성명에서도 잘 나타나고 있는데, '물리적 보복 타격' 및 '전쟁 강조' 등을 강조함으로써 우리의 군사훈련을 위축시키고 우리 사회 내부분열 의도를 확인할 수 있다.

---

5) 김강녕, "천안함 폭침과 연평도 포격도발 : 그 교훈과 한국의 대응전략," *op. cit.*, p.30.
6) 북한의 평화협정 회담 개최 제의에 대해 북한의 6자회담 복귀와 핵 프로그램 해체를 위한 확증적 조치가 선행되어야만 가능하다는 입장을 표명하고 북한의 제의를 거부하였다. 그럼에도 북한은 2010년 1월 18일의 외무성 담화 등을 통해 평화협정 회담 개최를 집요하게 요구하였으나 결국 무산되었다. 박대광, "북한의 서해 무력 도발 : 배경, 전략적 계산, 결과," KIDA, 동북아안보정세분석, 2010. 12. 16, p.2.
7) 국방부 국방교육정책관실, "북한의 연평도 포격도발과 우리 군의 자세," *op. cit.*, p.12.

다. 북한의 후계체제 강화 및 체제결속 강화

북한은 연평도 포격도발을 김정은의 지도능력 과시로 후계체제를 강화하고 체제결속을 유도하려는 내부단속용 목적으로 활용하고자 했다. 최근 들어 북한 경제사정은 더욱 악화되고 있으며, 후계자 김정은도 북한주민들로부터 외면당하는 등 체제 존립이 위태로운 상황이다. 이에 김정은 후계체제를 공고히 하고 북한의 내부동요 방지와 군부의 확고한 지지를 이끌어내기 위해서는 남북간의 긴장조성이 필요하다고 판단했을 것으로 판단된다.[8]

라. 국제사회의 대북제재 불만 표출 및 유리한 국면 조성 유도

연평도 포격도발에는 국제사회의 대북 제재에 대한 불만을 표출하고, 극단적인 상황 조성을 통한 국면 전환이라는 노림수도 담겨 있다. 천안함 피격사건 이후에도 한·미의 '전략적 인내'가 계속되고 미국이 대북정책이나 6자회담 재개에 대한 정책변화 움직임이 보이지 않자, 노골적인 도발로 북한이 원하는 형태의 대화 국면을 조성하려는 목적도 있었다고 볼 수 있다.[9]

북한은 2010년 9월 28일 당대표자회를 중심으로 한 내부의 급격한 변화와 이에 따른 북·중 우호협력관계의 강화라는 지역정세 변동 속에서 '기다림의 정책'과 '전략적 인내'로 대변되는 한국과 미국의 대북정책 변화 유도를 목적으로 하고 있다고 볼 수 있다. 중국의 대북친화

---

8) 박세환, "단호한 응징, 보복만이 최선의 상책이다." 향군보, 제570호, 2010. 12. 1, p.2; 조성렬, "북한의 연평도 포격의도와 향후 한반도 정세 전망," 통일로, 통권 제269호, 2011. 1, pp.25-26 참조; 차두현, "연평도 포격도발 관련 북한 의도 분석," 통일전략포럼, Vol.46, 2010, p.37 참조.

9) 해군본부, NLL, 우리가 피로써 지켜낸 해상경계선, *op. cit.*, p.100.

정책 및 한국과 미국의 보수·강경정책의 배경 속에서 강온양면 전술을 사용해왔던 북한이 결국 자신이 던질 수 있는 거의 최대한의 카드를 꺼냈다고 볼 수 있다.[10)

2. 영향

가. 국내적 영향

(1) 군사적 대비태세 강화

북한의 연평도 포격 도발 이후 우리 군은 서북도서방위사령부 창설, 서북도서의 전력 보강 및 합동성 강화 등 유무형의 전력과 조직 개선을 통해 북한의 재침에 대비하여 왔다. 서북도서방위사령부(서방사)는 2011년 6월 7일 국무회의에서 부대령을 제정한 후 동월 15일 창설식을 갖고 임무를 시작함으로써 서북도서에 대한 북한 도발위협에 보다 효과적으로 대처할 수 있게 되었다.

서방사 창설은 군사적으로는 서해 5도 지역의 방위전력이 크게 강화되었음을, 전략적으로는 대북 억제력을 강화시키며 북한 도발 응징을 자동으로 담보하는 인계철선의 의미를 갖는다. 또한 서북도서에 음향표적탐지장비(HALO) 및 포병관측장교용 주야 관측장비와 대포병 탐지 레이더 등이 보강되었을 뿐만 아니라 다연장로켓·자주포·탄약운반장갑차 등 화력장비도 보강되었다(2011년 12월 현재). 그리고 서북도

---

10) 한동호, "북한의 연평도 도발과 우리의 대응," *IFANS FOCUS*, IF2010-18K, 2010. 12. 29, pp.1-2; 유동열, "연평도 포격 도발의 배경과 대응과제," 자유기업원, CFE Viewpoint, No.200, 2010. 11. 29, p.2; 형혁규, "북한의 연평도 도발 배경과 우리의 안보태세," 이슈와 논점, 제57호, 국회입법조사처, 2010. 11. 29, p.4 참조.

서 방어력을 한차원 향상시키기 위해 단순한 전력증강을 더나 합동성 강화 등 시스템을 개선하였는 바, 정보 · 작전 · 화력처 등 작전과 밀접한 관련이 있는 처 · 부의 기능을 보강하거나 새롭게 편성하고, 여기에 항공지원작전본부(Air Support Operation Center : ASOC)와 해상지원작전본부(Naval Support Operation Center : NSOC)도 신설해 서방사 임무수행을 뒷받침하도록 했다. 특히 기능을 보강하거나 새롭게 편성된 처 · 부에는 해병대 장교뿐만 아니라 육 · 해 · 공 장교들이 함께 근무하여 유사시 북한의 도발에 각군들이 더 밀접하게 협조 · 협력에 대처할 수 있는 발판을 마련했다.[11]

(2) 정부 대비태세 비난 및 대북인식의 양면성 심화

북한의 연평도 포격에 제대로 대응하지 못한 군에 대해 우리사회의 비판의 목소리가 높았다. 특히, 천안함 폭침 도발 이후 북한군 도발에 대비하는 대비태세에 대한 문제점을 노정시킴으로서 국민들이 군을 신뢰하지 못하는 상황으로 발전하게 되었다.[12]

하지만 2000년 이래 국민들의 안보 불안이 가장 심각한 것으로 나타나면서도 국민들의 안보의식이 높아지는 계기가 되었다. 동아시아연구원(East Asia Institute)이 2010년 11월 조사한 '북한의 연평도 포격이 국민여론에 미친 영향'에서 2009년 3월 29.5%에서 2009년 6월 2차 북핵실험시 59.2%, 2010년 5월 천안함 폭침사건 발표시 75.4%였던 것에 비해 연평도 포격시 81.5%가 안보불안감을 응답하였다. 연평

---

11) 김병륜, "연평도 초격도발 1년, 우리 군 어떻게 달라졌나," 국방저널, 통권 제456호, 2011. 12, pp.16-17 참조; 공정식 "산화한 전우들 · 국민 희생 결코 잊지 말아야," *Ibid.*, p.21 참조.

12) 김진무, "북한의 연평도 포격도발 1년 : 평가와 교훈," 국방저널, 통권 제456호, 2011. 12, p.41.

도 포격의 경우 안보불안감을 크게 상승시킨 것은 무엇보다 휴전협정 이래 한국의 영토와 민간인을 직접적인 타격의 대상으로 삼아 곡사포라는 중강도 이상의 군사행동을 감행했다는 점이 크게 작용했던 것으로 보인다. 그동안 남북간 적지 않은 군사적 충돌과정에서 지켜져 왔던 국제법상의 민간인, 민간물자에 대한 공격을 금지하는 '구별원칙' 마저 이번 공격을 통해 허물어졌다는 점에서 국민들의 분노와 우려가 심각해진 결과로 해석된다.[13]

한편, 연평도 포격 도발로 인해 대북인식의 양면성(ambivalent attitude), 즉 군사조치는 수용(68.6%)하면서도 유화적 대북정책 선호(55.2%)가 공존하는 양면성은 심화되었다. 하지만 군사조치의 수용은 재북인식의 전환점이 될 수 있다. 그동안 한국사회에서 일종의 금기처럼 다수 여론이 대북 군사조치에 대한 거부감이 컸지만 연평도 포격을 계기로 그 금기가 깨졌던 것이다. 이는 앞으로 대북 대응의 최후의 수단으로서 군사행동이 이제 북한의 태도에 따라서 국민들이 선호하는 대북정책의 수단으로서 상당한 우선순위가 부여될 수 있음을 의미한다.[14]

나. 대외적 영향

연평도 포격 도발은 북한의 천안함 도발 성과를 잠식하는 결과로 나타났다. 여전히 대북 군사적 응징은 억제되었고 중국의 북한 편향적 입장을 재확인할 수 있었다. 그러나 한미 양국간의 군사적 결속력은 보다

---

13) 동아시아연구원, "북한의 연평도 포격이 국민여론에 미친 영향," EAI 여론브리핑 제91호, 2010. 11. 28, pp.2-3 참조.
14) *Ibid.*, p.11.

공고화되었다. 중국은 서해에서의 한미연합 무력시위를 저지할 능력이 없으며 대화구도를 중재할 능력에도 한계가 있다는 사실이 판명되었다.[15] 러시아는 중국과 달리 북한에 대한 일방적 지원세력이 아닐 수 있음을 확인시켜 주었다. 이러한 결과는 북한이 스스로 전략적 선택의 자유를 상당 폭 제한하게 되었음을 의미한다. 또한 향후 보다 강도 높은 대남 군사적 도발 카드를 사용하게 될 경우, 북한의 미래를 그들이 원하지 않는 방향으로 결정짓는 결과를 초래할 가능성을 열어 놓았다.[16]

---

15) 연평도 포격도발 이후인 2010년 11월 28일 서해상에서 한·미국은 항공모함 조지워싱턴호를 동원해서 사상 최대 규모로 4일간 합동군사훈련을 실시했다. 한미연합훈련의 작전 반경이 1,000㎞에 달해 유사시 북한 전역은 물론 중국까지 사정권 안에 포함되어 중국이 반대 입장을 표명하기도 하였다. 또 한·미 양측은 교전규칙을 전면 보완하기로 했고, 다음부터 이런 일이 발생하면 자위권 차원에서 즉각 남측이 반격한다는 데도 의견을 같이 했다. 이인호, "연평도 포격도발 이후 미국의 대북정책과 한반도 정세 전망, 국," 국제문제연구, 2011. 봄, p.37

16) 박대광, *op. cit.*, p.4. 북한의 천안함 폭침 도발 결과는 북한의 전략적 계산에 부합되는 것이었다. 비록 남북간 정치·군사적 대립구도가 심화되었고 미국의 대북제재가 강화되기는 하였으나 북한에 대한 무력응징은 억제되었다. 또한 한·미·일 對 북·중간 대립구도가 표면화되었으며 대북제재 국조공조체제도 약화될 가능성이 표출되었다. 북한과 중국은 불과 3개월 사이에 두 차례의 정상회담을 가졌다. 중국은 북한과의 전통적 우호관계 강화와 계승발전, 경제적 협력과 지원 의사를 확인해 주었다. 김정일은 그에 고무되어 3대 세습의 권력승계를 공식화할 수 있었다. 천안함 도발 이후 북·중간의 정치·경제·군사적 관계 긴밀화는 북한이 얻어낸 가장 큰 성과였다. *Ibid.*, pp.3-4

Ⅲ. 북한의 연평도 포격행위의 불법성

1. 불법적 무력행사[17]

가. 유엔 헌장상의 무력사용금지원칙 위반

연평도 포격도발과 관련하여 북한 유엔 대사인 박덕훈은 "남측이 먼저 우리 영해에 포탄을 발사했다"면서 "이번 조치는 자위적 조치"였다고 주장했다(연합뉴스, 2010년 11월 23일). 또한 "괴뢰(우리측 군)들의 이번 군사적 도발은 이른바 '어선단속'을 구실로 해군함정을 우리 측 영해에 빈번히 침범시키면서 '북방한계선'을 고수해보려 했던 악랄한 기도의 연장"이라고 주장하였다.

또한 조국평화통일위원회는 "우리의 영해에 직접적으로 불질을 한 괴뢰군 포대를 정확히 명중타격"하였다며 남측의 선제공격을 주장하였다(연합뉴스, 2010년 11월 21일). 민간인들의 피해에 대해서도 "민간인 사상자가 발생한 것이 사실이라면 지극히 유감스러운 일"이라면서도 "포진지 주변에 민간인을 배치해 인간방패를 형성한 남측의 비인간적인 처사"에 있다고 비난했다. 또한 "이번 사태에서 교훈을 찾지 않고, 또 도발을 걸어온다면 우리의 보다 강력한 군사적 타격을 면치 못할 것이다. 영해를 침범하는 도발책동에 대해 무자비한 군사적 대응타격을 가할 것"이라면서 우리나라 측에 군사적 위협을 가하였다.

이러한 북한의 주장이나 태도는 전혀 사실에 근거하지 않은 것으로 일고의 가치도 없다. 북한이 연평도에 포격을 감행한 것은 국제연합 헌

---

17) 무력사용금지원칙의 내용 및 휴전협정의 체결과정 등에 대해서는 '제6장 북한의 천안함 격침행위의 불법성과 국제법적 대응조치' 참조.

장에서 강조하고 있는 강행규범인 무력사용금지원칙을 정면으로 위반한 불법행위임이 틀림없다.

〈표 8-2〉 연평도 포격 후 북한의 주요 반응

정보원	날짜	반응 내용
인민군 최고사령부 보도문	11.23	남조선 괴뢰들이 우리측 영해에 군사적 도발을 감행해 단호한 군사적 조치를 취했다. 서해에는 오직 우리가 설정한 해상군사분계선만이 존재할 것이다. 우리 군대는 빈말을 하지 않는다.
북한 외무성 대변인 담화	11.24	유엔군이 일방적으로 그어놓은 '북방한계선' 때문에 초래된 위험천만한 사태발전이며, 우리는 자위적 조치를 취했다. 우리는 지금 초인적인 자제력을 발휘하고 있지만 우리 군대의 포문은 아직 열려있는 상태다.
조국평화통일위원회 웹사이트('우리민족끼리') 논평	11.24	남조선 당국이 진정 남북관계 개선에 관심이 있다면 부당한 구실에 매달리지 말고 (금강산)관광 재개를 위한 회담에 난와야 한다. 우리는 대화와 관계 개선의 문을 열어놓고 있다.
인민군 판문점 대표 통지문	11.25	벌어진 사태는 휴전협정의 위반자가 남조선이고, 서해에 분쟁의 불씨를 삼은 것은 미국이라는 사실을 보여주고 있다. 남조선이 또 군사적 도발을 하면 주저없이 2차, 3차로 물리적 보복타격을 가할 것이다.
조국평화통일위원회 대변인 성명	11.26	우리의 영해에 직접적으로 불질을 한 괴뢰군 포대를 정확히 명중 타격하여 응당한 징벌을 가하였다. 대결을 강요하면 굳이 피할 생각이 없다. 말로 경고하던 때는 이미 지나갔다.
조선중앙통신 논평	11.27	민간인 사상자가 발생한 것이 사실이라면 지극히 유감스러운 일이다. 미국이야말로 이번 사태를 의도적으로 계획하고 배후조종한 장본인이다.
노동신문 논평	11.28	이번 사태에서 교훈을 찾지 않고, 또 도발을 걸어온다면 우리의 보다 강력한 군사적 타격을 면치 못할 것이다. 영해를 침범하는 도발 책동에 대해 무자비한 군사적 대응타격을 가할 것이다.

출처 : 경향신문, 2010년 11월 28일

나. 휴전협정 및 남북기본합의서 등의 위반

⑴ 휴전협정 위반

휴전협정은 전문에서 "…… 최후적인 평화적 해결이 달성될 때까지 한국에서의 적대행위와 일체의 무장행동의 완전한 정지를 보장하는 휴전을 확립할 목적으로 ……"라고 하여 휴전협정의 목적이 한반도에서의 궁극적인 평화가 확립될 때까지 일체의 적대행위와 무장행동의 완전한 정지 보장이라고 하고 있으며, 나아가 제2조 12항에서 "적대 쌍방사령관들은 육·해·공군의 모든 부대와 인원을 포함한 그들의 통제하에 있는 모든 무장병력이 한국에 있어서의 일체의 적대행위를 완전히 정지할 것을 명령하고 또 이를 보장한다"는 것을 확약하였다.

이처럼 남북 양측은 휴전협정에서 일체의 적대행위 금지를 약속하고 보증하였다. 북한이 연평도를 포격한 행위는 휴전협정상의 의무를 위반한 불법행위임이 틀림없다.

⑵ 남북기본합의서 및 불가침부속합의서 위반

북한의 연평도 포격행위는 남북기본합의서(1991)는 제5조 "남북은 평화상태가 이룩될 때까지 현 휴전협정을 준수한다"와 제9조 "남북은 상대방에 대하여 무력을 사용하지 않으며 무력으로 상대방을 침략하지 아니한다"를 위반하여 남북기본합의서상의 휴전협정 보장 및 상대방에 대한 무력사용과 침략 금지의무를 침해하였다.

또한 남북기본합의서의 불가침부속합의서(1992)상의 모든 형태의 무력사용 금지와 상대구역에 대한 침입 금지 의무를 위반한 행위이다. 동 부속합의서는 제1조에서 "남북은 상대방 인원, 물자, 차량, 선박, 함정, 비행기 등에 대하여 총격, 포격, 폭격, 습격, 파괴를 비롯한 모든 형태의 무력사용 행위를 금지한다", 그리고 제2조에서는 "남북은 어떤 수단과 방법으로도 상대방 관할구역에 정규 무력이나 비정규 무력을 침입시키지 않는다"라고 규정하고 있다.

다. 기타 국제규범 위반

(1) 국제연합 총회 결의(UN GA Res.3314) 위반

1974년 제29회 국제연합 총회에서 채택된 '침략의 정의'에 관한 결의는 일반적 개념규정으로서 침략이라는 것은 "…… 일국에 의한 타국의 주권, 영토보전 혹은 정치적 독립에 대한 또는 국제연합 헌장과 양립하지 않는 기타의 방법에 의한 물력의 행사 ……"라고 명시하고(제1조), 주요 구체적 사례를 예시적으로 열거하고 있다(제3조).[18]

(1) 병력에 의한 타국 영역에 대한 침입 혹은 공격, 그 결과로써 발생한 군사점령 또는 무력행사에 의한 타국 영역의 합병.

(2) 병력에 의한 타국 영역에 대한 폭격, 기타 무기의 사용.

(3) 병력에 의한 타국의 항구 또는 연안의 봉쇄

(4) 병력에 의한 타국의 육·해·공 또는 해군함대 및 공군항공대에 대한 무력공격.

(5) 합의에 기초한 타국 내에 있는 병력의 체류 조건에 반한 사용, 또는 기간을 넘는 체류의 계속.

(6) 제3국의 침략행위를 위한 자국 영역의 사용 승인.

(7) 상기에 상당하는 무력행사를 하는 무장부대, 집단, 비정규군 혹은 용병

---

18) 제3조는 침략의 유형을 총체적으로 규정한 것이 아니라 예시적인 것이다. 안전보장이사회는 헌장의 규정에 따라 기타의 행위가 침략을 구성한다고 결정할 수 있다(제4조).

의 파견, 또는 이러한 행위에 대한 국가의 실질적 관여.

연평도에 대한 북한의 포격은 동 결의 제3조에서 규정하고 병력에 의한 타국 영역에 대한 공격, 병력에 의한 타국 영역에 대한 폭격 또는 기타 무기의 사용, 병력에 의한 타국의 육·해·공에 대한 무력공격에 해당되며, 이는 국제평화에 대한 죄로서 국제책임을 발생시킨다(제5조).

(2) 대세적 의무(對世的 義務) 위반

국제법의 최근발전은 침략행위 및 무력사용의 금지 등 핵심적인 국제법 규범에 대한 위반을 '대세적 의무 위반행위'(violations of obligations erga omnes)로 간주한다. 그리하여 국제사회의 모든 국가는 그 피해자가 되고 위반국에 대해 공동으로 대항조치를 취할 권리를 가지게 된다.

북한의 연평도 포격은 '대세적 의무'의 위반행위이며, 이로 인한 직접적인 피해국은 대한민국이지만 국제사회도 간접피해자이다. 따라서 우리 정부와 국제사회는 북한에 대하여 북한에 그 책임과 배상을 요구할 권리가 있고, 북한은 이에 응할 의무가 있다. 또한 이러한 의무에 대한 북한의 거부조치에 대해 우리 정부와 국제사회는 대항조치를 취할 권리가 있다.

2. 국제인도법상 군사목표 구별원칙 위반행위

무력분쟁에 있어 전투수단 및 방법을 선택할 분쟁당사국의 권리는 무제한적이지 않은 바(전투수단과 방법의 선택권 제한 원칙), '문명과 인도주의' (civilization and humanity)에 따라 제한된다. 이러한 제한의 하나가 국제인도법상 무력사용은 군사목표에 한정되어야 한다[19]는 '군사목표 구별원칙'이다.

군사목표 구별원칙은 교전자(전투원)와 비교전자(민간인) 및 군사목표와 비군사목표(민간물자)는 엄격하게 구별되어야 하며, 적에 대한 무력사용은 그것이 어디에서 행해지든 합법적 목표에만 한정되어야 한다는 것으로 국제인도법의 기본원칙의 하나이다. 이는 군사목표와 비군사목표를 엄격하게 구별하여 모든 전투행위는 오직 교전자와 군사목표에만 한정하고 교전자격이 인정되지 않는 민간인 및 민간물자를 공격으로부터 최대한 보호하는데 그 목적이 있다.[20]

군사목표는 성질상으로나 그 위치, 목적 또는 용도상 군사행동에 효과적으로 기여하는 목표로서 당시의 지배적 상황에서 그것을 전적으로 혹은 부분적으로 파괴, 포획 또는 무력화함으로써 명백한 군사적 이익을 가져오는 물(物)이다.[21]

학설 및 관습법적 수준에서 무력분쟁 당사자를 규율하던 군사목표 구별원칙은 국제법의 점진적 발전 및 조약화 과정에서 개별 무력분쟁법 즉, 각각 육·해·공전을 규율하는 기본규칙들인 헤이그 육전규칙, 전

---

19) F. Kalshoven, "Merchant Vessels as Legitimate Military Objectives", in W. H. v. Heinegg, ed., *The Military Objective and the Principle of Distinction in the Law of Naval Warfare*, Bochumer Schriften zur Friedenssicherung und zum humanitaren Volkerrecht, Bd. 7, 1991, pp.122-123

20) 정운장, 국제인도법, 영남대학교 출판부, 1994, pp.256-257 참조

21) 이러한 정의하에서 군사목표로 분류되는 것은 예컨대 군함, 군용차량, 무기, 탄약, 연료 저장소 및 요새와 같은 엄밀한 군사목표외에도 가정의 미래 시점이 아닌 그 당시 상황에서 이러한 기준을 충족하는, 예컨대 수송과 통신체계, 철도, 비행장, 항만시설 및 무력분쟁에 있어서 기본적인 중요성을 갖는 산업과 같은 군사작전에 대하여 행정 및 후방지원을 제공하는 활동도 포함된다. 또한 군사목표가 '군사활동에 효과적으로 공헌'하는 것이어야 한다는 것이 전투행위와의 직접적인 관계를 요구하는 것은 아니기 때문에 민간물자가 전투행위와 단지 간접적으로 결부되더라도, 분쟁당사국의 전체적인 전쟁 수행능력 중의 군사적 부분에 효과적으로 공헌하도록 사용되면 군사목표가 되어 공격으로부터 면제되지 않는다.

시해군포격에 관한 협약 및 공전규칙(안)[22]에서 무방수지역(undefended area)에서의 공격은 군사목표에만 한정된다는 규정으로 명문화 되었다. 이는 이후 1949년 무력분쟁에 적용될 국제인도법에 관한 제네바협약을 보완 발전시킨 1977년 제1추가의정서[23]에서 재확인되었다.

헤이그 육전규칙에 의하면 방수되지 아니한 도시, 촌락, 주택 또는 건물은 '어떠한 수단으로써도' 이를 공격 또는 폭격할 수 없다(동 제25조).[24] 이와 같은 무방수지역에의 공격금지가 무저항의 일반주민을 살상으로부터 보호하는 데 목적이 있음은 물론이다.[25] '전시 해군포격에 관한 협약'도 무방수지역에 대한 공격을 제한하고 있다. 방수되지 아니

---

22) 해군군축에 관한 와싱턴회의(1922)는 역사상 처음으로 공전에 관한 규칙과 전시무선전신 사용에 관한 규칙을 마련하기 위하여 법률가위원회(Commission of Jurists)를 구성하기로 결의하였다. 이 결의에 의하여 동 위원회는 미국, 영국, 프랑스, 이탈리아, 네덜란드 및 일본의 각 대표들로 구성되었으며, 1922년 12월부터 1923년 2월까지 헤이그에서 회동하였다. 이때, 공전규칙(rules of air warfare, 동위원회 보고서 제2부초안 및 전시 무선전신 통제에 관한 규칙(rules for the control of radio in time of war, 보고서 제1부초안이 동 위원회에 의하여 작성되었다. 이들 2개 규칙초안은 모두 조약으로서 성립되지는 못하였으나, 특히 공전규칙안의 경우 영국의 Lauterpacht 교수도 지적한 바와 같이 "전시 군용항공기 사용에 관한 법규를 형성하는 가장 권위있는 시도"라는 점에서 그 중요성이 인정되고 있다. 이용호, 전쟁과 평화의 법, 영남대학교 출판부, 2001, p.108
23) 제2차 세계대전 이후 국제사회는 전쟁의 쓰라린 경험을 토대로 하여 1949년 제네바에서 기존의 3개 협약 즉, 1864년 8월 22일의 적십자조약, 동 조약의 원칙을 해전에 응용한 1899년의 헤이그협약 및 1929년의 포로협약을 개정하고 민간인 보호협약을 제정하여 무력분쟁의 인도화에 획기적인 전기를 마련했었다. 그러나 국가간 또는 일국내에서 무력분쟁은 계속적으로 발생되었으며, 과학기술의 급속한 발달에 힘입은 전투수단과 방법의 급격한 변화는 기존 법규의 보완을 필요로 하였다. 그리하여 1974-1977년 제네바에서 개최된 '무력충돌에 적용되는 국제인도법의 재확인 및 발전에 관한 외교회의'에서 1949년 제네바협약에 추가되는 2개의 추가의정서(국제적 무력분쟁에 적용되는 제1추가의정서 및 비국제적 무력분쟁에 적용되는 제2추가의정서)가 채택되었다
24) 동 조와 관련하여 도시, 촌락, 주택 및 건물 자체가 방위되어 있지 않는 경우라도 그 주위의 정황으로 방수되어 있다고 볼 수도 있기 때문에 이 규정은 사실상 그 실효성을 기하기가 곤란하며, 더욱이 항공기의 발달로 인하여 방수와 무방수를 구별하기는 더욱 곤란하게 되었다는 비판이 제기되기도 한다. 박관숙·최은범, 국제법, 문원사, 1998, pp.347-348
25) 이한기, 국제법강의, 박영사, 2006, p.746

한 항, 도시, 촌락, 주택 또는 건물을 해군병력으로 포격함은 금지된다 (제4조). 또한 공전규칙(안)도 공전규칙안도 육전 및 해전의 경우와 동일하게 무방수지역에 대한 무차별폭격을 금지하면서(동 제24조 1항 및 3항), "공중폭격은 오직 군사목표에 한하여 적법하게 행할 수 있다. 군사목표는 군대, 군사시설, 군용 건물, 군용 저장창고, 무기 및 탄약, 널리 알려져 있는 중요한 군수공장, 군사목적을 위하여 사용되는 통신선 및 교통선 등을 말한다"(동 제24조 2항)고 하여 군사목표주의를 가장 명확하게 규정하고 있다.[26]

그리고 1977년 제1추가의정서에서 군사목표 구별원칙을 규정하고 있는 것은 제4편(민간주민) 제1장(적대행위의 영향으로부터의 일반적 보호)이다. 동 의정서는 기본규칙으로 민간주민과 민간물자의 존중 및 보호를 보장하기 위하여 충돌당사국은 항시 민간주민과 전투원, 민간물자와 군사목표물을 구별하여야 하며, 따라서 작전은 군사목표물에 대해서만 행하여져야함을 강조하고 있다(제48조).

이외에도 1965년 제20차 적십자국제회의(비엔나) 결의 제28호(Res. ⅩⅩⅧ)는 무차별적 전투행위로 인하여 민간주민 및 미래문명이 큰 위험에 처하게 되었음을 인식하고 모든 정부와 전투행위에 책임있는 모든 당국이 최소한 준수해야 할 4개 원칙(비엔나 4개 원칙)으로 첫째, 무력분쟁 당사국은 해적수단을 선택함에 있어서 무제한의 권리를 갖지 않는다. 둘째, 민간주민 자체에 대한 공격은 금지된다. 셋째, 민간주민이

---

26) 2차 세계대전초인 1942년 10월 29일 영국정부는 자국공군에 내린 훈령에서 '폭격은 군사목표에 한정해야 하며, 민간인을 고의로 폭격하는 것은 금지된다. 공격을 행하기 전에 목표를 확인해야 하며 만약 정확한 폭격이 의심스러운 경우에는 또는 오폭으로 인구밀집 지대에 대한 중대한 손해가 예상되는 경우에는 공격해서는 안된다'고 하여 공격목표는 군사시설에 한정된다는 방침을 명백히 한 바 있다. ICRC, *Draft Rules for the Limitation the Dangers incurred by the Civilian Population in Time of war*, 2nd. ed., 1958, p.163

최대한으로 피해를 면할 수 있도록 하기 위하여 적대행위 가담자와 민간주민을 항시 구별하여야 한다. 넷째, 전쟁법의 일반원칙은 핵무기 및 이와 유사한 무기에도 적용된다고 선언하였다.

그리고 1968년 12월 19일 국제연합 총회는 위의 4번째 원칙을 제외한 3개 원칙을 만장일치로 확인하면서, '가능한 한 민간주민을 보호하기 위하여 적대행위에 참가하는 자와 민간주민의 구성원은 항상 구별되지 않으면 안된다'고 결의(U.N., G.A., Res. 2444(XXIII))하였다. 또한 ICJ(International Court of Justice)도 1996년의 '핵무기의 위협 또는 사용의 합법성'(Legality of the Threat or Use of Nuclear Weapons)에 관한 권고적 의견에서 "각국은 절대로 민간인을 공격목표로 해서는 안되며, 민간목표물과 군사목표물을 구분할 수 없는 무기를 사용해서는 안된다"고 하였다.[27]

북한은 2010년 11월 27일 '중통 논평'을 통해 연평도 포격으로 민간인 사상자가 발생한 것이 사실이라면 지극히 유감스러운 일이 아닐 수 없지만, 그것은 포진지 주변과 군사시설안에 민간인들을 배치하여 '인간방패'를 형성한 남한의 비인간적인 처사 때문이라면서 그 책임을 대한민국에 전가하는 등 국제적 비난 모면에 급급한 태도를 보였다.[28]

3. 북방한계선 침해행위

북방한계선은 국제법적으로 국제관행상 합법적인 남북 해상경계선인 동시에 군사분계선이다. 그리고 남북기본합의서 부속합의서에 따라 남북간에 새로운 합의가 성립될 때까지 북한은 이를 준수하여야 하며

---

27) ICJ, Advisory Opinion of 8 July 1996, ICJ Report, 1996, p.257, para.78.
28) 통일부, op. cit., pp.11-12.

침해해서는 안된다.[29] 북한의 연평도 포격행위는 이를 위반한 불법행위이다.

Ⅳ. 결론

북한의 어뢰공격에 의해 2010년 3월 26일 우리 초계함 천안함 격침사건은 냉전시대 이후 남북관계를 최악의 상황으로 몰아넣었다. 그 후 남북간 이산가족 상봉이 성사되고, 대북 인도적 지원이 제한적이나마 이뤄졌으며, 남한내에서는 천안함 출구전략이 본격화되어야 한다는 분위기가 서서히 고개를 들고 북한도 금강산 관광 재개를 요청하기도 했었다. 그러나 2010년 11월 23일 북한은 연평도에 포격도발을 감행함으로써 다시 남북관계를 나락으로 빠뜨렸다.[30]

북한은 연평도에 170여발의 포탄을 퍼부어 군인은 물론 민간인을 다수 살상하고 민간주택과 숲에 상당한 피해를 입혔다. 이러한 북한의 행위는 명백한 무력도발로써 유엔헌장, 휴전협정, 남북불가침 합의를 정면으로 위반한 계획적이고 의도적으로 자행된 불법적 공격행위이다. 특히 무방비 상태인 민간인 거주 지역에까지 무차별적으로 포격을 가한 비인도적 만행으로 국제법상 범죄행위이다.

연평도 포격도발 이후 우리는 무력도발 재발방지를 위한 군사적 대

---

29) 북방한계선의 설정 및 합법성에 대한 구체적 내용은 '제7장 북방한계선의 정당성에 관한 국제법적 고찰' 참조
30) 백학순, "분수령을 맞은 2010년 북한 정치 : 평가와 전망." 세종연구소, 정세와 정책, 통권 176호, 2010. 12. p.2 참조

비태세를 강화, 북한 핵무기 억지를 위한 한 · 미동맹의 강화, 국가위기 관리와 관련된 전반적인 체계 · 능력 · 운영 등에 있어서의 지속적인 개선 및 보강, 장병 모두가 결전 의지의 재다짐, 외교적 대응책의 병행 등의 대응책을 함께 강구해 나가야 할 것이다. 대북외교와 관련해서는 북한의 전형적인 화전양면의 이중전략의 구사에 대해서도 유연하게 대응해 나갈 수 있는 다각적인 방책을 강구해 나가야 할 것이다.[31]

그리고 지금까지와는 다른 차별화된 서해 5도 주민들에 대한 지원책이 필요하다. 서해 5도 지역은 해상을 통해 북한과 직접 접하고 있어 북한의 군사적 위협으로 인해 주민들이 위험에 처해질 수 있고, 생업활동이 장기간 저해될 우려가 있는 지역이다.

특히 연평도 포격도발은 주민 대피시설 부족 등 안전한 주거환경 확보 및 생계보전 대책 등의 보완 · 개선이 절실함을 보여주었다. 다행히도 2010년 12월 8일 국회에서 '서해 5도 지원 특별법'이 제정되었다. 동 법은 서해 5도 지원위원회를 설치하여 서해 5도 종합발전계획을 심의 · 확정하도록 하고, 주민대피시설 확충 및 주민지원을 위한 각종 특례 등을 규정하는 내용으로써, 서해 5도 지역에 대한 보다 체계적인 지원이 이루어질 수 있는 법적 근거를 마련했다는 점에서 그 의의가 크다.[32]

끝으로 북한은 군사안보적 측면에서 우리와 대치하고 있는 반면 교류 · 협력과 평화통일 달성의 파트너라는 이중적인 지위를 가지고 있다. 따라서 군사 · 안보 측면에서는 북한의 도발에 단호하게 대응하면서 동시에 교류 · 협력을 통한 평화통일의 달성을 모색해 나가야 한다.

---

31) 김강녕, *op. cit.*, p.48.
32) 최연호, "서해 5도에 대한 체계적 지원 기반 마련," 국회보, 통권 제530호, 2011. 1, pp.94-95.

남북대화 재개가 연평도 포격에 대한 북한의 의도 가운데 하나라면, 그래서 대화 제의에 우리가 응하지 않을 경우 비난과 위협을 통해 압박을 하고 도발의 수위를 점진적으로 높여 갈 것이라는 점을 우리가 예상한다면, 중장기적 차원에서 안보를 튼튼히 한 가운데 북한의 대화재개에 우리가 어떻게 대응해 나가야 할이지, 그래서 우리 모두의 숙원인 한반도의 평화통일을 어떻게 달성해 낼 것인지 지혜를 모아야 한다.[33)]

---

33) 이규창, "2009년 11월 이후 북한의 대남 무력시위 특징과 우리의 대응방향," 통일연구원, Online Series CO 10-44, 2010. 11. 25, p.3.

I. 서론

현재 한미관계는 군사안보적 측면에서 전환기적 시기에 있다. 주한 미군의 재배치와 전략적 유연성에 있어 일정한 합의를 이루었고, 2012 년 4월 17일로 합의했던 미국이 행사해오던 전시작전통제권 전환시기 를 2015년 12월 1일로 조정하였다(최근 언론보도에 의하면 전환시기 재연기 에 대해 한미간 협의중인 것으로 확인됨).

이들 문제는 우리의 안보와 국익에 중요한 의의를 갖는 핵심적 사안 이지만, 국내적으로는 정치적·개인적 입장에 따라 때로는 맹목적일 정도로 적극 찬성하거나 극렬 반대하는 집단간의 충돌과 갈등으로 소 모적 논쟁이 계속되어 왔으며 지금도 진행중이다.

특히, 전작권 전환문제에 있어서는 특히 그러하다. 주한미군의 재배 치와 감축 및 전략적 유연성 문제는 미국의 세계전략 변화차원에서 우 리의 의지와 관계없이 추진되는 측면이 있지만, 전작권 전환문제는 우 리가 요구한 성격이 강하다는 판단에 따른 것으로 이해된다.

전작권 전환 문제와 관련하여 국가안보 및 국방 관련 제반 문제들을 면밀히 검토, 보완하는 작업을 계속해 왔고, 앞으로 더욱 세심한 부분까지 치밀하게 준비해 나가야 할 것이다. 미군의 전시 증원군 보장, 한국군의 핵심전투력 보강 및 구축, 한미연합사령부 해체 이후 안정적 한미지휘관계 정립 방안 마련, 평화협정 체결시의 유엔사령부 해체, 전시작전계획 수정 및 보완 등이 그러한 문제들의 일부 핵심적 사안들이다.

본 장의 목적은 이러한 정치 · 안보 · 군사적인 문제들에 대한 검토와 발전방향을 제시하고자 함이 아니다. 전작권 전환의 찬반에 대한 비판과 지지입장을 표명하고자 함은 더더욱 아니다(법적 평가와 관련된 내용은 주로 관련 학자들의 의견을 소개하는 수준임). 1950년 이후 한국군에 대한 작전통제권의 변천과정에 있어 법적 측면에서 검토했었어야 할 문제는 없었는지를 가려내고자 함이 유일한 의도이다. 그럼으로써 향후 국가간 군사 · 안보적 협상에서 약간의 주의만 기울인다면 막을 수 있는 법적 흠결을 사전에 예방하고 협상과정에서 아국의 국가이익을 보장할 수 있다고 믿기 때문이다.

II. 작전통제권의 개념

작전통제권의 개념을 확실히 하기 위해서는 작전지휘권을 우선 살펴볼 필요가 있다. 전장에서 군지휘관은 인사, 행정, 군수 등 지원을 받아 작전을 수행한다. 지휘관이 계급과 직책에 의해 예하부대에 합법적으로 행사하는 권한을 지휘권(Command Authority)이라 한다면, 작전지휘권(Operational Command)이란 작전임무 수행을 위해 지휘관이 필요자원과 인력의 획득, 비축 및 사용(작전소요 통제), 임무부여, 목표지정 등의 권한을 행사하는 폭넓은 행위를 일컫는다.[1]

<표 1> 작전통제 관련 용어

구분	내용
지 휘 권 (Command Author-ity)	지휘관이 계급과 직책에 의해서 예하부대에 대하여 합법적으로 행사하는 권한. 지휘는 가용자원의 효율적인 사용과 부여된 임무를 완수하기 위하여 군대의 운용, 편성, 지시, 협조 및 통제에 대한 권한과 책임이 따르며, 부하 개개인의 건강, 복지, 사기 및 군기에 대한 책임도 포함됨.
작 전 지 휘 (Operational Command : OPCOM)	작전임무 수행을 위하여 지휘관이 예하부대에 행사하는 권한으로서 작전수행에 필요한 자원의 획득 및 비축, 사용 등의 작전소요 통제, 잔투편성(예속, 배속, 지원, 작전통제), 임무부여, 목표의 지정 및 임무수행에 필요한 지시 등의 권한을 말하며, 행정지휘에 대한 상대적 개념의 용어로서 여기에는 행정 및 군수에 대한 책임 및 권한은 포함되지 않음.
작 전 통 제 (Operational Control : OPCON)	작전계획이나 작전명령 상에 명시된 특정임무나 과업을 수행하기 위하여 지휘관에게 위임된 권한으로서 시간적, 공간적 또는 기능적으로 제한된 특정임무와 과업을 완수하기 위하여 지정된 부대에 임무 또는 과업부여, 부대의 전개 및 재할당 등의 권한을 말하며 여기에는 행정 및 군수, 군기, 내부편성 및 부대훈련 등에 관한 책임 및 권한은 포함되지 않음.

출처 : 국방부, 「전시작전통제권 환수」 사실은 이렇습니다, 2006. 9. 11, p.27.

한편 작전통제권(Operational Control)은 작전계획이나 작전명령상에 명기된 시간적, 공간적 또는 기능적으로 제한된 특정 임무나 과업을 수

---

1) 최강, "전시 작전통제권 문제의 전개과정과 의미", 국회보, 통권 제479호, 2006. 10, pp.48-49.

행하고자 지정된 부대를 운용하는 행위로 작전지휘권보다는 한정된 개념이다.[2]

이러한 개념들의 차이를 표로 나타내면 〈표 1〉에서 보는 바와 같다. 실제 사용에 있어서는 작전사령부급 이하 상·하급 제대간에는 지휘권을 행사하며, 각 작전사령부에 대해 한국합참은 작전지휘권을, 연합사는 작전통제권을 행사하게 된다.[3]

Ⅲ. 한국군 작전통제권의 변천

1. 유엔군사령부 창설과 작전통제권 이양

한국군에 대한 작전통제권은 6·25전쟁 당시 이승만 대통령이 전쟁수행 목적상 1950년 7월 14일부로 한국군을 유엔군사령부(United Nations Command : UNC)[4]의 지휘 하에 둠으로써 유엔군사령관이 행사하게 되었다.[5] 휴전 후에는 휴전협정체제 관리와 한국군 및 주한미군을

---

2) *Ibid.*, p.49.

3) 윤종호, "한·미 연합방위체제의 변화와 한국안보 : 과제와 대비사항", 국방연구, 제50권 제1호, 2007. 6., p.38

4) 유엔사의 임무와 기능은 다음과 같다. 첫째, 1950년 한국전쟁 발발 직후 채택된 일련의 유엔 안보리 결의안에 따라 북한 침략 격퇴 및 한국 방위계획 발전. 둘째, 안보리가 위임한 권한에 따라 1953년 7월 27일 휴전협정 서명 및 이후의 휴전업무 관장. 셋째, 한국내 유엔군 부대에 대한 작전통제권 행사. 넷째, 주일 유엔군 기지의 유지 및 활용(유엔사와 일본정부는 1954년 2월 19일 '유엔사 주둔지위협정'을 체결하여 유엔사는 일본내 유엔기지를 일본정부의 사전허가없이도 사용할 수 있게 되었음). 유엔사의 임무와 기능에 대한 자세한 설명은 이상철, "한반도 휴전체제와 UNC 위상", 군비통제자료, 제34집, 2003, pp.309-311 참조.

5) R. Higgins, *United Nations Peacekeeping, 1946-1947, Documents and Commentary Ⅱ, Asia*, Oxford University Press, 1970, pp.211-212. 유엔사령부(UNC)는 1950년 7월 7일 유엔 안보리 결의 제84호(S/1588, 동 결의에서는 통합군사령부(Unified Command)라

포함한 한국내의 유엔군 부대(1972년 태국군 철수 이후 미군만 남음)에 대한 작전통제권을 행사하였다. 또한 UNC는 유엔 안보리가 유엔 대행기관으로 지정한 미국 합참의 통제를 받고 있다.[6]

1950년 6월 29일 6·25전쟁 발발 후 전황을 관찰하기 위해 한국을 방문한 맥아더 사령관이 이승만 대통령에게 한국군의 작전지휘권을 요구, 즉각 수락받았다. 이어 동년 7월 14일 한국군에 대한 일체의 지휘권이 공식적으로 유엔군사령관에게 이양되었는데, 이양조건은 '현재의 전쟁상태가 계속되는 동안'(during the period of the continuation of the present hostilities)으로 하였다. 이어 1954년 11월 17일 한미상호방위조약 발효(1954. 11. 17) 하루 전에 '한미합의의사록'(Agreed Minute and Amendments between the Government of the Republic of Korea and United States of America)에 의거 "유엔군사령부가 한국 방위를 위한 책임을 부담하는 동안 한국군은 유엔군사령부의 통제하에 둔다"고 하여 작전지휘권의 유엔군사령부 귀속을 확인하였다.[7]

이 때 지휘권(Command Authorities)은 작전통제권(Operational

는 명칭으로 사용되었음)에 의거 동년 7월 24일(UNC로 명칭 변경)일본 동경에서 창설되어, 1957년 7월 1일부로 서울용산기지로 이전하였다. UNC는 유엔 안보리를 대신하여 한국전쟁을 수행하였고, 위임받은 권한에 따라 1953년 7월 27일 휴전협정에 서명하였다.

6) 남정옥, 한미군사관계사:1871-2002, 국방부 군사편찬연구소, 2002, pp.547-549 참조.

7) W. D. Reeve, The Republic of Korea, Oxford University Press, 1963, p.38. 이 조항은 1978년 한미연합사령부가 창설될 때까지 존속하였다. 이 합의의사록에서 알 수 있는 것은 첫째, 유엔군사령부가 행사하던 한국군에 대한 작전지휘권이 작전통제권으로 축소되어 군사작전을 위한 부대운용에 대한 권한에 한정되었다. 따라서 이를 제외한 부대의 운용과 평시의 군사력 건설 및 유지에 대해서는 한국군이 독자적인 지휘권을 행사할 수 있었다. 둘째, 조약 당사자가 국제연합에서 미국으로 바뀌었다는 것이다. 즉, 유엔군사령부는 미국의 보장에 의해서만 한국군을 작전통제할 수 있게 되었다. 셋째, 유엔군사령부가 한국군을 작전통제하면서도 연합작전을 지휘하고 통제하며 상호협의하기 위한 정치 및 군사기구를 구성하지 않았다는 것 등이다. 송기춘·오동석, "한미상호방위조약의 전시작전통제권 이양의 위헌성", 헌법학연구, 제9권 제4호, 2003, pp.214-215

Copntrol)으로 용어 자체가 바뀌어 일체의 지휘권이 그 권한의 범위가 축소되어 순수한 군사작전에 국한되었다. 이후 5.16 이후 국가재건최고회의와 유엔군사령부는 "유엔군사령관은 한국의 외부의 공산침략으로부터 방위함에 있어서만 한국군에 대한 통제권을 행사할 수 있다"는 데 합의함으로써 1954. 11. 17의 '한미합의의사록'보다 그 행사범위가 축소되었다.[8]

유엔군사령부 체제하에서는 한국군 및 주한미군에 대한 작전통제는 「미국 국가통수 및 군사지휘기구 → 미 합참위장 → 유엔군사령관」으로 이어지는 명령계통에 의하여 이루어져 왔다. 그러나 1961년 5월 26일부로 일부 한국군 부대(30, 33사단, 제1공수특전단)에 대한 작전통제권이 한국군으로 환원되었고, 1971년 1월 8일부로 한국군의 대침투작전권도 환원되었다.[9] 한국군과 주한미군의 지휘체계를 연결시켜 주는 법적 매개 역할을 하던 유엔사는 1978년 11월 한미연합군사령부(ROK-US Combined Forces Command : CFC) 창설 이후 그 권한(한국군 작전통제권 포함)의 대부분을 한미연합사로 이관(1978. 11. 7)하고 현재까지 휴전협정 관리업무만 맡고 있다.[10]

---

8) 정순영, "미군의 한국군 작전지휘권 현황", 입법조사월보 제163호, 1987, pp.97-98.
9) 윤종호, "한 미 연합방위체제의 변화와 한국안보 : 과제와 대비사항", 국방연구, 제50권 제1호, 2007. 6., p.38
10) 백진현, "한반도 평화체제 구축방안: 휴전협정의 대체를 중심으로", 서울국제법연구원 주최 학술회의(주제: '한반도 평화체제 구축과 한미동맹관계 발전방향'), 2003. 6. 30, pp.11-12 참조. 한미연합군사령부의 중요성은 과거 유엔군사령부에 일방적으로 위임했던 우리 군에 대한 작전통제권을 한미 국가통수 및 군사지휘기구(NCMA)하의 한미군사위원회의 지시를 거쳐 한미연합군사령부를 통해 행사된다는 점에서 한미양국의 공동행사라는 수평적 지휘관계가 수립되었다는 점에 있다. 최강, "전시 작전통제권 문제의 전개과정과 의미", 국회보, 통권 제479호, 2006. 10, p.49

2. 평시 작전통제권 전환

1980년대 후반에 들어 작전통제권 전환에 대한 논의가 서서히 고개를 들기 시작했다. 급속한 경제성장에 따른 국력신장과 아울러, 88 서울올림픽을 통한 국민의 자긍심 고취 등은 이러한 논의를 촉진하는 배경이 됐고, '작전통제권 전환 및 용산기지 이전'이 노태우 대통령 후보의 선거공약으로 제시되기도 했다.[11]

미국 역시 1989년 7월 의 주한미군 감축안을 담은 '넌-워너 수정안',[12] 90~92년의 동아시아 전략구상(EASI)을 발표하면서 한미는 작전통제권 전환에 대한 공동연구와 협의에 착수했다. EASI의 주요내용은 '미 일부 지상군 및 공군의 10~20% 단계적 감축'과 '이 지역에서 미군의 역할을 주도적에서 지원으로 변경하는 것'이었다.

한미 양국은 1993년 한미안보협의회의(Security Consultative Meeting: SCM)와 군사위원회회의(Military Committee Meeting: MCM)에서 1994년 12월 1일부로 연합군사령관이 행사하고 있던 한국군에 대한 평시작전통제권을 한국 정부로 전환키로 합의하였다. 평시작전통제권 전환과 동시에 한국군 장성인 한미연합사 부사령관이 지상구성군사령관을 겸임하는 등 한국군의 지휘범위가 확대되었으나, 연합사령관은 평시에도 연합권한위임사항(Combined Delegated Authority: CODA)[13]을 통해 작계발

---

11) 이상현, "한반도 평화체제와 한미동맹", 한국과 국제정치, 제22권 1호, 2006, pp.243-246 참조.

12) 1990년~1991년 회계 연도간 국방예산을 승인하고 병력수준을 규정하기 위해 제출된 법안에 한미 관계에 관한 미 의회의 의견을 추가한 법안을 말한다

13) 전시 작전통제되는 한국군 부대에 대하여 평시부터 행사하도록 위임한 권한으로 연합위기관리, 작전계획 수립, 연합연습, 연합3군 합동교리 발전, 한미연합정보 관리 및 C4I 상호운용성 등 6개 분야이다

전 · 연습 등 주요권한을 행사할 수 있게 되었다.[14] 평시작전통제권 전환의 의의 및 필요성은 다음과 같이 정리할 수 있다.[15]

첫째, 국내외 전략환경의 변화에 따라 한국의 방위태세도 단순히 북한의 도발에 대한 억제 및 방위뿐만 아니라 통일 및 그 이후를 내다보는 장기적 미래에 대비한 자주적 국가방위태세로 발전되어야 할 필요성이 증대되었다. 특히, 한국방위의 한국화 추세에 대비하여 한국방위도 미국 주도형에서 한국 주도형으로 전환하고 미국은 지원역할을 수행한다는 한미간의 기존 합의사항을 이행하지 않으면 안될 사정이 되었다.

둘째, 평시작전통제권 전환이 지연되면 될수록 한국민의 대미 의존적인 안보관은 더욱 고착될 가능성이 높고, 한국의 특성에 맞는 자주적 전쟁기획 및 시행체제의 발전기회를 제한하게 하여 한국방위의 한국화라고 하는 불가피한 시대의 추세에 창조적 적응을 어렵게 할 수도 있다.

셋째, 작전통제권이 미군에 있다면 한국군은 미국의 세계전략 차원에서 본 통합전략의 국지 부분전력이라고 하는 성격과 위치를 벗어날 수 없게 될 것이다.

평시작전통제권 전환을 계기로 한국군은 한국전쟁 발발초기 이승만 대통령이 맥아더 유엔군사령관에게 한국군에 대한 작전지휘권을 이양한 후 실로 44년만에 독자적인 작전지휘체계를 확립하게 되었다. 평시작전통제권을 전환함으로써 한국군은 경계임무, 부대이동, 초계활동,

---

14) 이인호, "한반도 평화체제 구축에 따른 한 미동맹관계의 쟁점과 대책", 국방연구, 제51권 제2호, 2008. 8, p.20 참조

15) 군사논단, "휴전시 한국군 작전통제권 환수 의의", 제9호, 1997년 가을호, p.228 참조. 평시작전통제권 황수 배경, 의의 및 환수후의 변화에 대한 자세한 설명은 안광찬, "한미상호 방위조약 체결이후 한반도 작전통제권에 관한 고찰", 비교법연구, 제3권, 2002. 6, pp.202-210 참조

구분	일시	근거	배경	주요내용	변경내용
작전지휘권 유엔사령관 이양	50.7.14	이승만 대통령 서한	한국전쟁, 유엔사 창설	현 적대행위 계속 동안 한국군 작전지휘권 유엔 위임	작전지휘권 이양
유엔사령관 권한유지	53.8.3	이승만–덜레스 공동성명	휴전협정체결로 사정변경	한미상호방위조약, 유엔사령관 지위 유효	
유엔사령관 권한유지	54.11.17	한국에 대한 군사 및 경제 원조에 관한 합의 의사록	한미상호 방위조약 체결	유엔사가 한국방위를 책임지는 동안 한국군의 UNCDML 작전 통제	작전지휘권 →작전통제권
한국군 일부 부대 해제	61.5.26	5·16군사 구데타시 한국군 병력동원	국가재건최고회의–UNC 공동성명	유엔사령관, 작전통제권을 공산침략으로부터 한국방위에만 사용	30/33사단, 1공수특전단, 5개통신중대 작통권 전환
주월한국군 작전지휘권 해제	65.9.6	주월 한·미 군사 실무약정서	베트남전 파병	파병한국군 지휘, 한국정부가 임명한 한국군사령관이 행사	주월한국군 작전통제권 행사
대간첩 작전시 해제	68.4.17	박정희–닉슨 한미정상회담	1·21사태와 푸에블로호 사건	대침투작전 경우 한국군 전체에 대한 작전통제권 행사	대침투작전 작전통제권 행사
UNC–CFC 전환	78.11.17	전략지시 1호	CFC창설	UNC/CFC사령관은 CFC작전통제부대에 명시된 한국군부대 작전통제권 행사	평시 2군, 특전사, 수방사 작전통제권 환수
평시작통권 전환	94.12.1	전략지시 2호	미의회, '넌-원 수정안' 및 EASI 추진	한국군, 평시작통권 전환	

출처: 이상철, 안보와 자주성의 딜레마, 연경문화사, 2004, p.221.

군사대비태세강화 등 평시작전활동 전반을 독자적으로 수행할 수 있게 됨으로써 그동안 꾸준히 추구해 왔던 한국방위의 한국화를 위한 발판을 마련하였음은 물론 장차 한반도의 방위구도는 우리군이 주도적

역할을 수행하게 되는 새로운 국면을 맞게 되었다.[16]

평시작전통제권 전환 이후 우리 군은 1996년 동해안 잠수함 침투사건과 1999년 제1차 연평해전 및 2002년 제2차 연평해전시 한국 합참에서 단독으로 작전을 실시하고 연합사, 유엔사, 주한미군은 지원역할을 수행하였는바, 이는 전시작전통제권 독자 행사를 위한 한국 합참의 능력을 육성하는 계기가 되었다.[17]

3. 전시작전통제권의 전환

구소련의 해체와 동구권의 몰락에 따른 냉전체제 종식은 국제사회에 있어서의 안보환경에 많은 변화를 가져다주었고, 이러한 변화는 한미 양국간의 동맹관계에도 상당한 영향을 미쳤다. 이는 1953년 '한미상호방위조약' 체결 후 큰 틀의 변화없이 지속되어 온 한미동맹의 새로운 방향 모색이 필요하게 되었음을 의미하였다.

한미안보군사관계의 변화를 불가피하게 하는 요인들로는 첫째, 미국이 세계전략 변화와 군사변환(military transformation) 차원에서 해외주둔군 재배치계획(Global Defense Posture Review: GPR)의 일환으로 주한미군의 재배치와 재편을 추진하기에 이르렀으며, 둘째, 한미동맹 형성의 가장 중요한 요건인 북한에 대한 인식과 북한의 군사적 위협에 대한 인식에 있어 한미간 괴리를 보이고 있고, 셋째, '한미상호방위조약'이 '상호'라는 표현에도 불구하고 사실상 '일방적'(one-sided) 동맹관계를 규정하고 있는 '보장조약'(guarantee treaty)으로 기능하고 있는 한미동맹

---

16) 합참작전기획본부, "평시작전통제권 환수와 우리군의 역할", 국방, 제253호, 1995. 1, p.62.
17) 송재익, "한국군의 작전통제권 고찰", 국방정책연구, 2003년 겨울, p.190.

의 성격에 대한 변화가 일고 있으며, 넷째, 한반도에 한정된 '방어동맹' (defensive alliance)의 성격을 갖는 한미동맹을 미국은 중국에 대한 견제 와 봉쇄를 염두에 둔 '지역동맹'(regional alliance)과 미국의 군사적 패권 에 기여하는 '패권동맹'(hegemonic alliance)의 변화를 모색하는 등 한미 동맹의 성격이 변화되고 있다는 점 등을 들 수 있다.[18]

미국의 변화된 국방정책은 '4개년 국방검토보고서 2001' (Quadrennial Defense Review Report 2001: QDR)에 잘 요약되어 있다. QDR 2001은 미국의 새로운 국방정책으로 다음의 4가지 기본방향을 제시하고 있다. 미 국방정책의 전략중심축을 아시아로 옮기고, 해외기 지를 포함한 전방배치 전력의 의존도를 낮추는 대신 전력투사능력을 강화하고, 정보시스템의 절대적 우위를 유지하며, 과학기술의 급속한 발전에 따라 군사전력의 기동성을 높이고 경량화한다는 것이다.[19]

전시작전통제권 전환이 한미간에 논의되고 추진된 배경에는 미국의 정책 및 전략의 변화가 있다. 미국이 추진중인 GPR(해외주둔군 재배치계 획)[20]에 따른 주한미군 재배치 및 재편과 무관하지 않다. 한미연합사 체 제에 얽매여서는 주한미군이 전략적 유연성에 따라 한반도 밖에서 군 사작전을 하는데 제약을 받을 수밖에 없기 때문이다. 따라서 연합사 체

---

18) 이철기, "한미군사안보관계의 현황과 전망", 평화학연구, 제7권 3호, 2006, pp.103-104 참 조. 2003년 5월 「한미정상 공동성명」에서 한미 양국은 이미 "포괄적이고 역동적인 동맹관 계"를 구축하기 위해 공동 노력을 하기로 한 바 있다. 또한 양국은 2003년 4월 9일부터 시 작된 「미래 한미동맹 정책구상회의」(FOTA)에서 주한미군재배치와 감축에 관한 협상을 마 무리 짓고, 「한미동맹 전략정책구상회의」(SPI)를 통해 한미동맹관계의 새로운 변화 방안을 논의하기로 합의한 바 있다. Ibid., p.103.

19) Ibid., p.106.

20) GPR(해외주둔군 재배치계획)는 미군기지 개념을 전통적 의미의 '공정배치 기지'로부터 필 요한 시기와 장소에 신속하게 전개할 수 있는 '유동배치 기지'로 변경함에 따라 해외주둔 미 군의 전력구조와 기지체계를 재조정하는 것을 의미하며, 주한미군도 이러한 개념하에 재조 정이 추진되고 있다. 국방부, 2004 국방백서(eBook), p.15

제의 개편과 전시작전통제권의 이양을 긍정적으로 검토하지 않을 수 없게 된 것이다.[21)]

다음으로는 국내환경의 변화를 꼽을 수 있다. 작전통제권 전환 문제가 공식적으로 제기된 것은 1987년 노태우 후보가 대통령 선거에서 한국군 작전통제권 전환을 공약으로 제시하면서부터이다. 노태우 후보가 대통령에 당선되자 1989년 7월 미 상하원은 '넌-워너 수정안'을 통과시켜 국방부에 동아시아에 주둔하는 미군을 어떻게 감축하여 재구축할 수 있는지에 대해 보고서를 제출하도록 했었다. 한국의 경우 1990년 국방부 검토에서는 1995년에, 1992년과 1993년 검토에서는 각각 1997년과 2000년으로 전환목표를 세웠었다.[22)] 하지만 이 문제는 그 후 본격적인 논의를 거치지 못한 채 사장되고 말았다.

국내에서 작전통제권 전환문제가 본격적으로 제기되기 시작한 것은 노무현 정부시절부터이다. 취임 이후 전시작전통제권 전환을 공약했던 노 대통령은 2003년 광복절 및 동년 국군의 날 기념식 대통령 연설문에서 "10년 이내 자주국방 실현"과 전시작전통제권 전환 의지로 이해될만한 언급을 하였다. 이후 전시작전통제권 전환문제에 관한 검토와 논의가 활발히 진행되었다.[23)] 또한 노 대통령은 2006년 연두기자회견 (2006. 1. 25)에서 "올해 안에 한미동맹의 장래에 관한 공동연구와 한국군의 전시작전권 전환 문제를 매듭지을 수 있도록 미국과 긴밀히 협의해 나갈 것이다"라고 하였으며, 동년 광복절 경축사에서는 "전시작전통제권 전환은 나라의 주권을 바로 세우는 일이다. 국군통수권에 관한

---

21) 이철기, op. cit., p.113.
22) 강병철 · 강근형, "전시작전통제권 환수와 한반도 안보", 평화연구, 제17권 제2호, 2007. 1, p.240.
23) 윤종호, op. cit., p.42.

헌법정신에 맞지 않는 비정상적인 상태를 바로 잡는 일이다. 또한 달라진 우리 군의 위상에 걸맞는 일이다. 지난 20년 동안 준비하고 미국과 긴밀히 협의하면서 체계적으로 추진해온 일이다. 확고한 한미동맹의 토대위에서 진행되고 있고, 미국도 적극적으로 협력하고 있다. 저는 우리 군의 역량을 신뢰한다"고도 했다.

미국의 해외주둔군 재배치 계획에 따라 미국의 입장에서는 동맹국과 우방국들의 역할 확대가 필요했다. 이러한 대외적 여건 변화는 한국군에게도 마찬가지였으며, 이와 맞물려 대내적으로는 한미동맹의 질적 변화가 요구되기에 이르렀다. 이전의 일방적 동맹관계를 보다 성숙시킨 상호보완적인 미래지향적 동맹관계를 정립할 필요성이 대두하였다. 이러한 대내외적 변화는 자연스럽게 전시작전통제권 전환문제로 연결되었다.

전작권 전환문제에 관해 실무적으로는 2003년부터 2004년 말까지 운영한 '미래 한·미동맹 정책구상'(Future of the ROK-US Alliance Policy Initiative: FOTA)협의에 이어 2005년부터는 '한·미 안보정책구상'(Security Policy Initiative: SPI)이라는 협의체를 구성·운영함으로써 한미 국방외교 당국자간에 미래에 대한 '포괄적 안보상황 평가'(Comprehensive Security Assessment: CSA)와 '미래 한미동맹 비전 공동연구'(Joint Vision Study: JVS)를 실시하였으며, 이를 기초로 '미래 한·미 지휘관계 연구'(Command Relations Study: CRS) 및 협의가 진행되어 왔다.[24]

하지만 전시작전통제권 전환 논의가 본격화된 것은 2005년 10월에 열린 제37차 한미안보협의회(SCM)에서 한미 국방장관이 '전시작전통

---

24) 윤종호, *Ibid.*, pp.42-43: 국방부, 2006 국방백서, p.89.

제권 전환에 관한 논의를 적절히 가속화' 하자는데 합의하면서 부터이다. 그 이후 2006년 9월에 열린 한미 정상회담에서 양국 정상은 전시작전통제권을 전환한다는 기본원칙에 합의하였다. 같은 해 10월에 열린 제38차 한미안보협의회[25]에서 양국 국방장관은 「전시작전통제권 전환 이후의 새로운 동맹군사구조 로드맵(Roadmap)에 합의하였다. 합의 내용은 2009년 10월 15일 이후, 그러나 2012년 3월 15일 보다 늦지 않은 시기에 전시작전통제권을 한국군으로 전환하고, 한미연합사령부를 해체한다는 것이었다.[26]

이어서 2007년 1월에 한미 상설 군사위원회(Military Committee: MC)에서 「한미 지휘관계 연합이행실무단 운영을 위한 관련 약정」[27]을 체결하고, 2007년 2월에 열린 한미국방장관 회담에서는 2012년 4월 17일에 전시작전통제권을 전환하기로 최종 합의하였다. 이에 따라 한미 연합이행실무단(Combined Implementation Working Group: CIWG)이 구성되어 「한미연합군사령부로부터 한국 합동참모본부로 전시작전통제권 전환 이행을 위한 전략적 전환계획(Strategic Transition Plan: STP, 전시작전통제권

---

25) 제38차 SCM에서는 북한 핵실험 및 핵우산 문제, 북한미사일 문제, 한미동맹 문제 등이 합의되었는데, 전시작전통제권과 관련한 양국의 공동성명 요지는 다음과 같다. "한미 양국은 2009년 10월 15일 이후, 그러나 2012년 3월 15일보다 늦지 않은 시기에 신속히 한국으로의 전시작전통제권 전환을 완료하기로 합의하였다. 이러한 전환은 양국이 상호 합의한 합리적인 계획에 따라 추진될 것이다. 양 장관은 합의된 로드맵에 따라 2007년 전반기중에 구체적인 공동이행계획이 작성되도록 즉시 착수한다는데 동의했다. 목표 연도 설정에 [대해 럼스펠드 장관은 새로운 지휘구조로의 전환은 한반도 전쟁억제와 한미연합방위능력이 유지, 강화되는 가운데 진행될 것임을 보장했다. 럼스펠드 장관은 한국이 충분한 독자적 방위능력을 갖출 때까지 미국이 상당한 지원전력을 지속적으로 제공할 것임을 확인했다. 또한 럼스펠드 장관은 동맹이 지속되는 동안 미국이 연합방위를 위해 미국의 고유역량을 지속 제공할 것이라는 점에 유의했다".
26) 국방부, 2008 국방백서, p.68.
27) '한미 지휘관계 연합이행실무단 운영을 위한 관련 약정'이란 2007년 1월 19일 한미 양측이 전시작전통제권 전환을 비롯한 지휘관계 연구 및 보고를 위해 필요한 기본적인 사항들, 즉 목적, 원칙, 주체 및 일정 등에 대해 합의한 사항을 문서화하여 체결한 약정을 말한다.

전환 시까지 추진과제와 일정계획을 담은 한미 전략문서)」을 작성하였고, 2007년 6월에 한국 합참의장과 주한미군 선임장교가 이에 서명하였다.[28]

4. 전시작전통제권 전환시기 연기[29]

2012년 6월 26일 캐나다 토론토에서 개최된 G20 정상회의에 참석한 한미 양국 정상은 정상회담을 갖고 전시작전통제권 전환시기를 2012년 4월 17일에서 2015년 12월 1일로 당초 계획보다 3년 7개월여 연기하기로 합의하였다.

이러한 전환시기의 연기는 북한의 장거리 미사일 실험발사 및 핵실험을 통해 한반도에서의 긴장이 고조된 가운데 발생한 천안함 사태로 한반도 안보상황은 최악의 상태였고 이러한 상황이 당분간 지속될 수 있다는 판단에 따른 것으로 이해된다. 또한 전시작전권 전환이 실행되는 2012년은 한국, 미국 및 러시아에서는 대통령 선거가 있고, 중국에서는 지도부가 교체되며, 북한은 강성대국의 원년으로 선포하고 있어 한반도를 둘러싼 정치군사적 환경이 급변할 수도 있는 바, 이 틈을 타 북한이 도발할 수도 있다는 점도 고려된 것으로 볼 수 있다.[30]

그리고 전시작전권 전환에 대비한 한국의 군사대비태세도 고려되었는 바, 2009년 한국과 미국은 기본운용능력(IOC) 기준으로 한국 합참, 한국군 작전사령부 및 동맹군사협조본부 등은 전작권 전환 준비태세를 점검하기 위해 300개 과제를 설정하고 검증한 결과 많은 부분에서 보

---

28) 국방부, 2008 국방백서, p.68.
29) Konas Plus, vol.38, 2010. 7. 12 참조.
30) 국방부, 2012 국방백서, p.70 참조.

완·발전의 필요성을 발견하였다. 특히, 북한의 위협에 대응하기 위해서는 대북 감시·정찰체계와 정밀타격능력이 가장 시급하고도 중요하나 이중 대북 감시·정찰체계의 진척속도가 느리다는 평가가 나왔고, 이에 우리 정부는 '국방개혁 기본계획 2009~2020'과 '2010~2014 국방중기계획'을 통해 2015년까지 한국군의 감시·정찰체계와 정밀타격체계를 구축하기로 하였다.

한미 정상 간의 전시작전통제권 전환 시기 조정 합의에 따라 2010년 7월 21일 개최된 한미 외교·국방(2+2) 장관회담에서 '전략동맹 2015(SA 2015 : Strategic Alliance 2015)'[31]을 채택하기로 합의하였다. 이에 따라 한미 국방장관은 2010년 10월 한미안보협의회에서 2015년 새로운 한미동맹의 모습을 공동전략비전으로 제시하기 위한 포괄적 지침을 제공하는 '전략동맹 2015'에 서명하였다. 국방부는 전시작전통제권 전환업무를 완벽하게 추진하기 위해 2012년 1월 1일부로 전시작전통제권 전환추진단 조직을 합참으로 직속으로 변경하였고, 2012년 3월 21일부로 상부지휘구조개편 추진단과 전시작전통제권전환추진단을 통합하여 '신연합방위체제추진단'을 창설하였다.[32]

전시작전권 전환 연기 합의는 이상의 여러 요인들을 종합적으로 고려한 조치로 볼 수 있다. 3년 7개월은 완벽한 준비를 하기에 충분하지 않은 기간이다. 사회 일각의 반대에도 전환을 연기키로 합의한 이상 정부와 군은 전시작전권 전환에 대비한 준비태세를 보다 확고히 하여야할 것이다.

---

31) '전략동맹 2015'는 2015년 전시작전통제권 전환 시점까지 군사적 조치사항과 동맹 현안의 발전계획을 담은 포괄적 성격의 한미 연합 전략문서로 기존의 전시작전통제권 전환 기준문서인 '전략적 전환계획'을 대체한 것이다.
32) *Ibid.*, p.71.

전시작전통제권이 전환되면 한미연합사는 해체되고, 현재의 한미연합군사령부 중심의 지휘체제에서 한국 합참이 주도하고 주한미군사령부가 지원하는 체제로 전환하게 된다. 이는 한미동맹을 포괄적 전략동맹으로 발전시키고, 우리 군이 전투임무 위주의 강군으로 거듭나는 계기가 될 것이며, 우리 스스로 안보를 책임지는 능력을 보유함으로써 대내외적으로 한국군의 위상을 제고하게 될 것이다.[33]

Ⅳ. 작전통제권 변천과정의 법적 평가

1. 유엔군사령부에의 '이양'에 관한 법적 평가

6·25전쟁 발발 후 6월 29일 전황파악을 위해 수원에 도착한 맥아더 극동군사령관의 요구에 따라 한국군 지휘권은 유엔군사령부에 이양되었다. 이승만 대통령은 주한 유엔군사령부가 설치된 지 하루 후인 7월 14일, "현 작전상태가 계속되는 동안 한국군에 대한 작전지휘권을 유엔군 사령관인 맥아더 장군에게 이양한다"라는 서한을 발송하였고, 맥아더는 이것을 7월 15일 수신했다. 맥아더는 7월 16일 작전지휘권을 인수할 의사를 밝히는 수락공한을 회신했고, 이대통령은 7월 18일 주한 미대사 무초(J. J. Muccio)를 통하여 이것을 수신했다.[34]

이러한 이대통령의 작전지휘권 이양에 대해서는 드물기는 하지만 논쟁이 제기되어 왔다. 이에 대한 논쟁이 활발하지 못했던 것은 안보나

---

33) Ibid., pp.71-72 참조.
34) 백종천, "작전권 문제의 발전적 해결방안", 국토통일원 조사연구실, 남북한간 주요군사분쟁점 연구 : 비핵지대, 군축, 작전권, 1988. 3, pp.47-48 참조.

경제적 측면에서 우리 군에 대한 작전지휘권을 환수하는 것이 시기상조라는 인식이 팽배해 있던 사회적 분위기에서 이 문제를 제기하는 것 자체가 의미없다는 판단에 따른 듯하다. 그렇지만 간헐적으로나마 일부 학자들에 의해 작전지휘권 이양의 합법성에 대한 의문이 있어 왔다. 이하에서는 이를 간단히 정리하고자 한다. 다만 논의의 성격이 법적 차원에서의 정당성을 논하는 것이기 때문에, 비판적 입장을 대변하는 주장이 다소 강하게 제기될 수도 있음을 아울러 밝혀둔다.

가. 작전지휘권의 이양 가능성

국군에 대한 작전지휘권이 외국군에 이양될 수 있는 대상인가에 대해 서로 다른 주장이 있다. 독립국가의 군 작전지휘권은 외국군에게 이양될 수 없다는 입장의 견해는 다음과 같다.

> 작전지휘권은 독립국가의 주권의 본질적 요소이기 때문에 이양(양도)할 수 없는 것이다. 작전지휘권의 이러한 본질적 속성은 국군통수권자인 대통령의 권한으로서도 국제연합군 또는 외국군에게 이양할 수 없다는 것을 의미한다. 따라서 이 대통령의 '이양 서한'은 대한민국 주권의 본질적 요소이고 군사주권의 핵심인 국군 작전지휘권을 '포기'한 것과 같기 때문에 대통령의 재량권을 넘어선 행위로써 원인무효라고 할 수 있다.[35]

> 우리나라는 헌법 제74조에서 "대통령은 헌법과 법률이 정하는 바에 의하여 국군을 통수한다"라고 하여 병정통합주의를 취하고 있다. 이러한 대통령

---

35) 최창동, "국군 작전지휘권 이양의 법적 문제점", 비교법연구, 제3권, 2002. 6, p.234.

의 군통수권은 국가의 독립·영토보전·국가 계속성과 헌법수호를 위해 군
을 지휘할 수 있는 군정과 군령을 포함하는 군에 대한 포괄적인 권한이라고
정의할 수 있다. 이렇게 볼 때 군통수권은 작전통제권보다는 포괄적인 권한
임을 알 수 있고 작전통제권은 하위개념으로서 군통수권의 일부분이다.

　대통령은 '군사'에 관해 최고의 명령권자이다(헌법 제89조, 국군조직법 제
8조). '군사'에는 군과 관련된 모든 것이 포함된다. 군에 대한 작전통제권은
당연히 '군사'에 해당하는 것이므로 군의 명령체계를 통해 군의 최고사령관
인 대통령만이 그 권한을 행사할 수 있다. 다시 말해 우리 실정법 체계에서
는 군통수권의 핵심적인 내용인 작전통제권이 군통수권과 분리되어 우리 법
이 적용되는 군 명령체계(대통령–국방장관–합동참모의장–각 군) 밖으로 위임
내지 이양될 수 있는 가능성은 보이지 않는다.[36]

한편 한국군의 작전지휘권도 이양 대상이 된다는 주장도 있다. 이러
한 주장은 법리론과 상황론으로 대별해 볼 수 있는데, 법리론적 주장은
대체로 다음에 논의할 국회동의 문제와 관련 동의가 불필요하다는 입
장에 연결되어 있는 것으로 보인다.

　이승만 대통령의 작전지휘권 이양서한은 국제법상 '교환공문'(exchange
of note)이다. 조약은 국가 및 국제조직간에 법적 권리의무를 창설하는 합의로
써 여러 명칭이 붙여진다. 그러나 어떤 명칭을 사용할 것인지는 체약 당사자
의 자유재량에 속한다. 교환공문도 조약이며, '교환공문'(이양서한)에 의한
작전지휘권 이양·인수는 한미 양국간 조약에 따른 것이다. 한국군의 작전지
휘권 이양에 관한 이승만 대통령과 맥아더 사령관간의 교환공문은 '조약'으

---

36) 황경환, "전시작전통제권의 법적 연구", 법학연구, 제15집 제1호, 2007, pp.277-281 참조.

로 양당사자를 구속한다.[37]

다음으로 한국전쟁 발발 당시의 상황에서 작전지휘권 이양은 어쩔 수 없는 불가피한 선택이었다는 상황론적 주장이 제기되기도 한다. 이러한 입장은 오늘날에도 상당한 설득력을 얻고 있으며, 법적 판단만으로 당시의 작전지휘권 이양을 판단하는 것은 옳지 못하다는 인식을 깔고 있다.

한국전쟁 당시 한국은 북한의 남침을 저지하고 국가를 생존시키는 것이 최급선무였다. 이러한 급박한 상황에서의 전쟁수행은 한미간의 협의나 조정 기구를 통하는 것보다 직접 군을 지휘할 수 있는 군지휘권을 통하는 것이 가장 효과적인 방법이었는지도 모른다. 당시의 급박한 상황과 한국의 전투능력을 보면 어떠한 대안도 생각키 어려웠다. 6월 29일 맥아더가 수원에 왔을 때 한국 육군본부는 완전히 기능을 잃고 있었으며, 이대통령의 직접통역에 의한 채병덕 총장의 맥아더에 대한 현황설명에서 아무런 방위계획과 대책을 제시하지 못하였다. 이러한 상황에서 맥아더는 한국군과의 협의나 조정이 불가능하거나 필요없다고 판단되었는지도 모른다.[38]

나. 작전지휘권 이양과 국회동의

'작전지휘권 이양 서한'이 합법성을 갖기 위해서는 국회의 동의가 필요하다는 입장과 불필요하다는 입장이 대립하고 있다. 먼저 작전지휘

---

37) 김명기, "국제법상 국군의 작전지휘권 이양공환의 유효성", 육사논문집, 제15집, 1976, pp.306-307 참조
38) 백봉종, "한국군의 작전통제권과 한국방위", 부산정치학회보, 제2권, 1989, p.100.

권 이양이 당시의 헌법에서 규정한 국회의 동의를 받지 않았기 때문에
위헌행위라는 입장은 다음과 같다.

제헌헌법 제42조는 "국회는 국제조직에 관한 조약, 상호원조에 관한 조약,
강화조약, 통상조약, 국가 또는 국민에게 재정적 부담을 지우는 조약, 입법사
항에 관한 조약의 비준과 선전포고에 대하여 동의권을 가진다"라고 규정하
였다. 여기서 국군의 '작전지휘권 이양'은 상호원조(군사적 지원) 또는 입법
사항에 관한 조약에 해당하기 때문에 반드시 국회의 동의를 거쳐야 한다.[39]

이대통령의 작전지휘권 이양이 전쟁중이라는 특수한 상황하에서 정상적
인 국회 기능도 어려웠다는 점을 고려하여 국회동의 절차를 거치지 못했다
는 사실을 수긍하더라도, '휴전협정' 체결 직후에라도 국회의 사후동의를 받
았어야 옳았다.[40]

반면에 국회의 동의가 불필요하다는 입장은 다음과 같이 정리할 수
있다.

---

39) 최창동, *op. cit.*, pp.234-235.
40) *Ibid.*, p.237. 최창동 박사는 '작전지휘권 이양 서한'은 행정절차상으로도 관련 규정을 위반
하였다고 주장한다. 그 주장의 요지는 다음과 같다. 제헌헌법 제66조는 "대통령의 국무에
관한 행위는 문서로 하여야 하며 모든 문서에는 국무총리와 관계 국무위원의 副署가 있어
야 한다. 군사에 관한 것도 또한 같다"(현행 헌법 제82조와 동일). 여기서 규정한 '대통령의
국무에 관한 행위'에 이대통령이 작전지휘권 이양 서한을 맥아더 사령관에게 전달하는 행위
가 포함된다는 것은 명백하다. 국회동의는 고사하고 국무총리와 국방부장관의 부서도 받지
않은 채 '서한'을 독단적으로 작성하여 외국군 사령관에게 전달하였다. 또한 국무회의 의결
도 거치지 않은 채 군사주권의 핵심인 작전지휘권을 사실상 포기하는 위헌적 조치를 단행하
였다. 제헌헌법은 반드시 국무회의 의결을 거쳐야 할 13가지 사항가운데 '군사에 관한 중
요한 사항'(제72조 7호)을 규정하였다(제헌헌법은 '합의체 의결기관'으로 국무원을 두었는
바, 당시 헌법에 의하면 국무회의는 '심의'기관이 아닌 '의결'기관이었다. 국무회의는 1962
년 헌법(제83조)에서부터 단순한 '심의'기관으로 규정된 이래 현행 헌법(제89조)에서도
'심의'기관이다). *Ibid.*, p.237 참조.

제헌헌법 제42조는 조약의 '비준'에 대한 국회의 동의권을 규정하고 있을 뿐, 체약에 대한 동의권은 규정하고 있지 않으며, '교환공문'은 일반적으로 비준을 요하지 않는 조약으로서 '교환공문'에 해당하는 이대통령의 '작전지휘권 이양 서한'은 국회의 동의를 필요로 하지 않는다. 비록 작전지휘권의 이양이 국회의 동의를 필요로 하는 사항이라 할지라도 조약의 체결은 국회법상 사법심사의 대상에서 제외되는 통치행위이기 때문에 국군지휘권 이양 행위의 국내법상 유효성 여부는 논의의 대상이 될 수 없다.[41]

다. 작전지휘권 이양의 국제법적 유효성

'전시작전권 이양서한'의 국제법적 유효성에 대해서도 앞의 2가지 문제와 마찬가지로 이를 부인하는 주장과 긍정하는 주장이 대립하고 있다. 먼저 부인하는 입장은 다음과 같은 논리에 바탕을 두고 있다.

이대통령의 '작전지휘권 이양서한'을 국제법상의 조약으로 간주하더라도 조약체결의 적격에 있어 문제점이 있다. 한국군의 작전지휘권을 국제연합군에게 이양하는 조약을 체결함에 있어 조약의 체결당사자는 국제연합군 사령관을 임명토록 한 국제연합 안전보장이사회이며, 맥아더 장군이 될 수는 없다. 미국의 육군대장 신분인 맥아더는 국제연합군 사령관으로써 현지에서 구체적인 작전을 지휘·통제할 수 있는 권한과 책임만 보유할 수 있을 뿐, 어떠한 국가나 국제기구와 '조약'을 체결할 수 있는 법적 지위에 있는 것은 아니다.[42]

---

41) 김명기, 국제연합군과 국제법, 국제문제연구소, 1990, pp.107-108 참조.
42) 최창동, *op. cit*., p.240.

이러한 부인론에 대항하여 작전지휘권 이양의 국제법상 유효성을 주장하는 논거는 다음과 같다.

작전지휘권 이양은 헌법상 국회의 동의없이 행해진 것이라 할지라도 헌법 위반행위가 아니다. 그리고 위헌 절차에 의해 체결된 조약의 국제법상 효력에 관한 종래의 학설, 판례는 일치되어 있지 않다. 위헌조약을 체결한 국가도 이 조약상의 의무를 이행할 국제법상의 의무가 있으며, 위헌조약의 불이행은 국가책임이 성립된다는 학설과 판례도 있다.

1969년 '조약법에 관한 비엔나협약' 제46조 1항은 "국가는 조약체결에 관한 국내법규정의 위반이 명백하고 또한 근본적으로 중요한 자국의 국내법 규정에 관련되지 아니하는 한 조약의 구속을 받게 하는 자국의 동의를 무효화시키기 위하여 자국의 동의가 그러한 국내법 규정에 위반되어 표시되었다는 사실을 원용할 수 없다"고, 제47조는 "특정한 조약의 구속을 받게하는 국가의 동의를 표시하는 대표자의 권한이 특별한 제한에 다를 것을 조약으로 부여된 경우에는 대표자가 그러한 동의를 표시하기 전에 그 제한이 타방교섭국에게 통고되지 않는 한, 대표자가 표시한 동의를 무효화시키기 위하여 대표자가 그 제한을 준수하지 아니하였음을 원용할 수 없다"고 명규하고 있다.

이러한 제46조 및 제47조에 미루어 볼 때 작전지휘권 이양이 국회의 동의를 얻지 않은 대통령의 조약체결행위로서 위헌으로 보거나 또는 작전지휘권은 성질상 이양될 수 없는 것으로 그 내용이 위헌이라 할지라도 국제법상은 유효한 것으로 그 효력을 다툴 수는 없다.[43]

---

43) 김명기, "국제법상 국군의 작전지휘권 이양공환의 유효성", *op. cit.*, pp.309-310 참조.

2. 전시작전통제권 전환에 관한 법적 평가

가. 미전환시의 법적 문제

국군의 작전지휘권을 완전히 전환하지 못한, 즉 전시작전권을 미군이 행사하는 경우 북한체제가 파국적인 붕괴로 이어질 때 야기되는 주변국가들간의 '패권주의적 충돌'을 막을 수 없다는 우려가 제기되기도 한다. 북한 체제의 붕괴가 내외적 요인으로 기정사실로 전개되는 단계에서는 한국과 미국, 한국과 중국이라는 '3각 충돌'이라는 불행한 사태가 닥칠 수 있는데, 이러한 북한의 비상사태가 가시화되기 전에 국군의 작전통제권이 완전히 전환되면 '3각 충돌' 사태를 피하면서도 북한지역을 평화적으로 흡수통일 할 수 있는 정치적·법적 조치들을 시행해 나갈 수 있을 것이라는 논리이다.[44]

가상적이긴 하지만 전쟁행위의 수행과 관련하여 작전통제권을 행사하는 미군 지휘부가 부담하는 국제법적 의무와 지휘의 대상이 되는 대한민국 군인이 부담하는 국제적 의무의 내용이 다른 경우에 문제가 발생할 수 있다. 만약 미국이 부담하는 의무가 전적으로 대한민국이 부담하는 의무보다 엄격한 경우에는 미국의 작전통제에 따르는 대한민국 군인은 규범적인 측면에서는 국제법을 위반할 여지가 없다. 그러나 대한민국 군인은 대한민국이 당사자가 된 전쟁법의 규정상 일정한 의무를 부담하고 있는데, 미국은 그러한 전쟁법의 당사자가 아니어서 그와 같은 의무를 부담하지 않고 있는 경우가 그것이다. 만약 미국의 작전통제권자가 대한민국의 국제법적인 의무와 충돌하는 작전통제권을 행사하는 경우에 우리나라는 우리가 가입한 조약상의 의무를 위반하는 결

---

44) 최창동, *op. cit.*, p.245.

과를 야기할 수 있다.[45]

나. 전환시의 법적 문제

전시작전통제권을 미국군이 행사하도록 되어 있는 현재의 한미연합사 지휘체계하에서도 대한민국 대통령의 군통수권은 크게 손상되지 않았다. 한미연합사령관이 전작권을 가지므로 인해 우리 대통령의 군통수권은 일정부분 제한되는 것이 사실이다. 침략전쟁이 아닌 자위전쟁의 경우에도 많은 어려움이 예상된다. 그런데 한미연합사는 한국과 미국이 한반도 안보를 위해 창설한 국제법상 국제기구이며, 그 상부기구로서 군사위원회(양국 합참의장으로 구성)를 설치하고 군사위원회 상부기관으로 한미연례안보협의회(양국 국방장관간 회담)를 두고 있다.

이처럼 한미 양국 대통령은 안보협의회와 군사위원회를 통해 지휘권을 행사하고 있다. 이는 우리 대통령이 연합사령관이 갖고 있는 전작권에 대해 감독권을 갖고 있음을 의미한다. 즉, 대한민국 대통령의 군통수권은 일정부분 제한되기는 하지만 크게 손상되지 않았다고 할 수 있다. 이는 헌법수호 차원에서 우리가 국익을 위해 우리가 선택한 것이다. 한국의 국방은 상당부분 한국과 미국이 합의한 한미상호방위조약

---

45) 이성덕, "미국의 군사작전통제권하의 한국군: 1977년 추가의정 I 과의 관계", 국제법학회논총, 제48권 제2호, 2003, p.170. 이성덕 교수는 그러한 예의 또다른 하나로 국제형사재판소(ICC설립에 관한 로마규정을 들고 있다. 우리나라는 ICC규정에 이미 가입하였으나 미국은 아직 가입하지 않았다. 로마규정은 당사국 국민에게만 적용되는데, 이는 대한민국 군인은 우리의 작전통제하에 있던 미국의 작전통제하에 있던 관계없이 ICC의 관할권에 속함을 의미한다. 규정의 적용을 받는다는 것을 전제할 때, 대한민국은 ICC가 관할권을 행사하는 것을 막으려면 ICC에 기소될 수 있는 자들을 소환하고 필요한 경우에는 기소하는 신의칙에 따른 노력을 기울여야 한다. ICC 관할대상에 해당되는 행위를 한 경우 작전통제권을 가진 미국군은 조사로부터 자유로운데 반하여 작전에 참가한 한국군은 규정 위반의 책임을 져야 하는 결과를 부담할 수 있다는 것이다. *Ibid*., pp.184-185 참조.

및 한미연합사령부라는 국제조직에 의해 보장되고 있다.

방위조약 및 사령부 설치 합의는 우리 헌법이 규정하는 법률적 효력이 있는 국제법이다. 군통수권은 그 자체가 목적이 아니고 헌법을 수호하기 위한 수단적인 권한이다. 군통수권의 일부인 작전통제권을 미국군에게 행사하게 한 것은 현실을 냉정히 인식하고 국가의 독립, 영토보전, 국가계속성 및 헌법수호를 위해 내린 부득이한 헌법적 결단이었다. 즉, 한미연합사 체제는 헌법상 대통령의 군통수권을 침해하지 않은 합헌적 기구이다.[46]

그렇다면 전작권이 전환되어 우리 군이 단독으로 작전통제권을 행사하게 될 경우 유엔군사령부의 법적 지위는 어떻게 되는가? 유엔군사령부의 휴전관리 업무 권한과 책임의 불일치 문제가 발생될 수도 있다. 휴전협정상 유엔군사령관의 통제권한이 명시되어 있으나 연합사 해체 시 유엔군사령관의 한국군에 대한 통제권한이 없으므로 휴전유지와 관련 책임과 권한의 불일치 현상이 발생할 수 있다.[47] 그 개략적 내용은 다음과 같다.

한국전쟁에서 유엔 참전국들은 유엔기와 그 사령부라는 이름하에 작전을 수행하여 왔지만 실제에 있어서는 미국 주도의 전쟁수행에 참여한 결과가 되었다. 주한 유엔군사령부는 비록 안보리 결의에 따라 설립되었지만 유엔평화유지활동과 달리 유엔의 예산으로 운영되고 있지 않고 1950년 이래 유엔연감에 유엔보조기관으로 등재되어 있지 않다. 또한 주한 유엔군사령부는 군사적인 지휘통제에서 유엔과 무관하며, 정치적인 통제와 재정에서도 유엔의 기관

---

46) 황경환, *op. cit.*, pp.295-297 참조
47) 김동욱, "주한 유엔군사령부의 법적 지위와 전시작전통제권 전환", 군사, 제71호, 2009. 6, p.255

에 해당하지 않는다. 특히 유엔 사무총장의 공식적 답변에서 언급된 바와 같이 주한 유엔군사령부는 미국을 중심으로 한 통합사령부이지 유엔의 보조기관이 아니다. 따라서 그 해체여부는 유엔 안보리의 결정사항이 아니라 미국정부의 결정에 달려 있는 문제이다.

2015년 12월 1일부로 그동안 유엔군사령관/연합군사령관이 행사해오던 전시작전통제권은 미국에서 대한민국으로 전환(예정)될 것이다. 전시작전권 전환은 현재 휴전관리와 전시 전력제공(force provider)의 권한과 책임을 가지고 있는 유엔군사려우의 지위에 영향을 줄 수 있다. 현재는 미군 대자인 한미연합군사령관이 유엔군사령관의 직책을 함께 수행하고 있어 별다른 문제가 발생하지 않지만, 일단 전작권이 전환되면 실제병력이 존재하지 않는 유엔군사령관이 휴전관리와 전시 전력제공 업무를 수행하여야 한다.[48]

---

48) *Ibid.*, pp.258-259. 김동욱 박사는 유엔사의 휴전협정 관리업무를 우리나라가 위임받거나 전환되는 경우 첫째, 유엔사의 휴전관리 조정기능이 없어져 한반도의 긴장이 고조될 가능성이 높아진다. 특히 NLL, DMZ에서 국지전 발생시 유엔사에 의한 완충역할이 감소된다. 둘째, 북한이 주장하는 휴전협정 무력화 및 유엔사 해체주장에 대하여 빌미를 제공하게 되며, 결과적으로 북미간 평화협정 체결을 원하는 북한의 입장을 유리하게 할 수 있다면서, 이러한 상황을 방지하기 위한 현실적인 해결방안으로 다음 2가지를 제시하고 있다. ①휴전협정 중 유엔사 고유 임무에 해당하는 휴전협정 위반 사건의 보고/조사, NLL 유지관리, 유해 발굴 및 교환, 휴전협정의 수정 증보에 대한 협의 업무는 한반도 평화체제가 구축된 이후 전환 내지 위임하고, 현재 한국군이 수행하고 있는 비무장지대 시설물 건설 보수, 비무장지대/한강하구 민정경찰 업무, 안보교육장 관리 등 유엔사 부가적 임무에 대해서는 전환 내지 위임하는 유엔사 권한의 선별적 인수 방안, ②향후 창설될 한국의 합동군사령부(Joint Forces Command: JFC)를 지원하게 될 미국 한국사령부(US KORCOM) 사령관이 유엔군사령관을 겸하는 방안. *Ibid.*, pp.256-258 참조

V. 결론

한국군에 대한 작전통제권은 6·25전쟁 이후 많은 우여곡절을 겪어
왔다. 한국전쟁이 발발하자 이승만 대통령이 전쟁수행 목적상 1950년
7월 14일부로 한국군을 유엔군사령부(CFC)의 지휘 하에 둠으로써 유
엔군사령관이 행사해 오다. 1994년 12월 1일부로 한국합참에 평시작
전통제권을 이전하면서 연합사령관은 전시작전통제권(OPCON)만 행사
하도록 조정되었다.

이처럼 현재의 한국군에 대한 작전통제권은 평시에는 한국군 합참의
장이, 전시에는 한미연합사령관이 행사하고 있다. 한미 양국은 안보협
의회의(SCM), 한미군사위원회(MC) 및 한미연합사를 통해 긴밀한 협조
체제를 유지하고 있다. 한국군의 평시 부대이동, 경계임무, 초계활동,
합동전술훈련, 군사대비태세 강화 등 부대운영에 관한 권한은 한국군
합참의장에게 귀속되어 있다.

그렇지만 전·평시에도 정보관리, 연합훈련, 작계작성 등 6개 항의
소위 연합권한위임사항(CODA)은 연합사령관에게 귀속되어 있다. 그리
고 전시가 되면 방어준비 태세인 데프콘Ⅲ 발령과 함께 지정된 한국군
에 대한 작전통제권은 한미연합사령관에게 이관되며, 한미연합사령부
는 한미 SCM/MC의 전략지시와 작전지침을 받아 작전통제권을 행사
한다.[49]

그동안의 한미간 협상 결과 2007년 2월 23일 한미국방장관회담에
서 2012년 4월 17일 10:00시부로 한국군 부대에 대한 전시작전통제

---

49) 이인호, *op. cit.*, p.22.

권이 한미연합군사령부에서 한국 합참으로 전환하기로 확정했었으나, 2010년 6월 26일 한미 양국은 정상회담을 통해 전환시기를 3년 7개월 늦춘 2015년 12월 1일로 연기하였다. 이는 우리 군의 정보획득·전술지휘통신체계·자체 정밀타격 능력 준비상황, 2015년 지상군사령부 설치 계획, 2015년 평택주한미군 기지 이전 완료 및 2012년 한국·미국·러시아 대선과 중국 국가주석 임기 종료 등을 감안한 결정이었다.

2015년 11월까지는 한반도에서 전쟁이 발발할 경우 한미연합사령부가 한반도 전구사령부(한국 작전지역에서 작전을 책임지고 수행하는 사령부)로서의 역할을 수행하지만 동년 12월부터는 한국 합참이 전구사령부로서 작전을 계획하고 수행해야 한다. 이를 위해서는 한미연합사를 대신하여 한반도 전구작전을 수행할 수 있는 우리군 스스로의 지휘조직이 갖춰져야 하며, 한미연합사 작전계획을 대체하는 전구 작전계획이 준비되어야 하고, 연습을 통해 주도-지원의 지휘관계하에서 작계를 시행할 수 있는 능력을 구비해야 한다.[50]

2005년 10월 한미안보협의회의(SCM)에서 전작권 전환에 대한 기본 방향이 합의된 이후 우리사회에서는 다양한 관점에서 이 문제에 대한 의견이 개진되었다. 찬반측은 '전작권 전환은 국가주권의 문제로서 현재의 방위역량에 비추어 볼 때 전작권이 전환되어도 안보에 문제가 없다'는 논리와 '충분한 대북 억지력이 확보되고 주변 안보불안이 해소된 뒤로 환수논의를 잠정 유보해야 한다'는 논리로 입장을 달리하고 있다.[51]

전시작전통제권 전환과 관련하여 각자의 입장과 이해가 다르고, 따라서 향후 추진일정에 대한 찬반 의견이 대립된다 하더라도 비록 한 차

---

50) *Ibid.*
51) 전시작전통제권 전환에 대한 찬성과 반대 논리에 대한 자세한 설명은 강병철·강근형, *op. cit.*, pp.242-253 참조

례 연기되기는 했지만 구체적 일정까지 확정되었다. 빈틈없는 전환 준비와 전환시 예상되는 제반 문제점에 대한 보완책을 마련하여 전시작전통제권 전환을 미래 국가이익을 보장할 수 있는 계기로 활용하는 지혜가 요구된다.[52]

한국군을 미래지향적으로 개편하고 통일이나 주변국의 잠재적 안보위협과 같은 미래상황에 대비해 우리의 안보정책과 군사전략을 능동적으로 수립할 수 있는 기회로 활용하여야 한다. 전작권 전환이 바로 주한미군 철수와 한미동맹의 붕괴를 의미하는 것은 아니다. 이제 우리는 전시작전통제권 전환 후의 과제와 정책을 발굴하고 이에 대한 준비와 검토를 면밀히 준비해야 한다.

그러한 대비 분야는 매우 광범위하겠지만 군사력 발전 측면에서 중요하게 대두되는 것은 한미연합사 해체에 따른 한미간 지휘협조체제의 구축[53]과 한국군 지휘체제의 개편, '한국 주도, 미군 지원'체제 하에서의 한국군 전쟁·작전 수행개념의 발전, 유사시 미군 지원체제의 유

---

52) 이철기, *op. cit.*, p.114. 국방부는 전시작전통제권 전환은 다음 4가지 원칙하에 추진되고 있다고 밝히고 있다. 첫째, 한미상호방위조약을 유지한다. 둘째, 주한미군은 지속적으로 주둔하고 유사시 미군증원전력 전개를 보장한다. 셋째, 정보자산 등 한국군 부족전력은 미군이 지속 지원한다. 넷째, 전환 과정에서 확고한 연합 대비태세 및 억제능력을 유지한다. 국방부, 2008 국방백서, p.69

53) 우리 헌법상 대통령의 군통수권이라 함은 우리나라 땅에서 전쟁이 일어났을 때 국군 총사령관인 대통령이 모든 전쟁상황을 파악할 수 있고 그에 대한 대책을 세울수 있는 경우에 진정한 군통수권이 보장되는 것이다. 만일 한미연합사가 해체되어 대통령이 우리나라 군에 대해 작전통제를 할 수 있지만 미군에 대해 법적으로 실질적으로 통제내지 파악하지 못할 경우에는 확실한 군통수권은 보장될 수 없다. 한미연합사가 해체되고 새로운 연합방위체제가 형성된다 하더라도 우리 대통령에게 헌법을 보호하도록 주어진 군통수권이 실질적으로 행사될 수 있도록 하여야 할 것이다. 황경환, *op. cit.*, pp.300-301 참조. 국방부는 2013년 4월 1일 박근혜 대통령 초도업무보고에서 "2015년 12월 전시작전통제권 전환에 대비해 현 연합사 수준의 군사적 효율성이 보장된 미래 연합 지휘구조를 발전시키기로 했다"고 밝혔다. 당초 알려진 '미니 연합사'보다 더 크고 양국 간 협조 기능이 강화된 형태의 새 연합지휘기구를 만들겠다는 뜻으로 사실상 현재의 연합사가 유지되는 수준인 것으로 알려졌다. 조선일보, 201년 4월 2일자 1면

동성에 대비한 한국군 전력증강 등을 우선적으로 열거할 수 있을 것이다.[54]

---

54) 한국국방연구원, 2007 안보정세 전망과 국방과제, 2006. 12. 31, pp.74-75.

[참고문헌]

1. 국내문헌

강병철 · 강근형, "전시작전통제권 환수와 한반도 안보", 평화연구, 제17권
　　　제2호, 2007.
강영훈, "경제수역에서의 군함의 법적 지위", 전환기의 국제관계법, 법문사,
　　　1992
강영훈, "공해상의 선박에 대한 관할", 해양연구논총, 제9집, 1992
강영훈, "국제법상 군함의 지위", 해양연구논총, 제6집, 1991.
강영훈, "군함의 비호권 문제", 한국국제법의 제문제, 박영사, 1987.
강영훈, "외국 군함의 법적 지위 문제", 해양전략, 제92호, 1996
강영훈, "잠수함의 국제법상의 지위(I)", 해양연구논총, 제12집, 1994.
강영훈, 군함의 법적 지위, 연경문화사, 1984.
강영훈 · 배재식, "군함의 비호권 문제", 해양전략, 제42호, 1986
국방군사연구소, 한국전쟁(하), 1997.
국방군사연구소, 한국전쟁의 포로, 1996.
국방부 전사편찬위원회, 한국전쟁 요약, 1986.
권문상, "배타적 경제수역 선포와 광역관리체계 구축에 관한 연구(II)", 정책
　　　자료 96, 한국해양수산개발원, 1997.
권문상 · 이용희, "유엔해양법협약상 배차적 경제수역내 외국의 군사활동에
　　　대한 대응방안", 한국해양전략연구소, Strategy 21, vol.2, no.1,
　　　1999.
김경민, "중국의 해양전략", 중소연구, 제24권 제4호, 2000/2001.

김동욱, "비상업용 정부선박의 법적 지위", 국제법학회논총, 제52권 제1호, 2007.

김동욱, "주한 유엔군사령부의 법적 지위와 전시작전통제권 전환", 군사, 제71호, 2009.

김동욱, "천안함 사태에 대한 국제법적 대응", 해양전략, 제146호, 2010. 6.

김동욱, 군함에 의한 해양오염의 국제법적 규제:1982년 유엔해양법협약 제236조를 중심으로, 고려대학교 박사학위논문, 2000.

김동현, "천안함, '안보리 외교' 효과낼까", 시사저널, 제1080호, 2010. 7. 6.

김득주, "걸프전쟁의 국제법적 조명", 국방연구, 제35권 제2호, 1992.

김명기, "국제법상 국군의 작전지휘권 이양공환의 유효성", 육사논문집, 제15집, 1976.

김명기, "한국전쟁이후 50년간 휴전체제 유지의 내외적 요인", 한반도 군비통제, 제27집, 2000. 6.

김명기, 국제연합군과 국제법, 국제문제연구소, 1990.

김병렬, "1949년 제네바 제Ⅲ협약 제118조에 관한 연구", 서울국제법연구, 제7권 1호, 2000.

김병렬, "미귀환 국군포로문제에 관한 연구", 인도법논총, 제19호, 1999.

김병렬, "SOFA 협정의 형사관할권에 관한 소고", 국방연구, 제36권 1호, 1993..

김석현(역), "새로운 해양법의 도래", 국제법평론, 통권 제4호, 1995.

김석현, "천안함 사건의 국제법적 조명", 서울국제법연구원 세미나 자료집, 2010년 5월 31일.

김성찬(역), "봉쇄", 해양전략 제77호, 1992.

김양명, 한국전쟁사, 일신사, 1980.

김영구, "공해상 항해의 자유에 관한 새로운 해양법 내용의 고찰", 해양전략, 제49호, 1987.

김영구, "해상봉쇄에 관한 해전법규의 발전과 변모(Ⅱ), 해양전략 제33호, 1984.

김영구, 한국과 바다의 국제법, 해양전략연구소 · 효성출판사, 2002

김재원(역), 국제분쟁의 해결방법, 교육과학사, 1998.

김정건, 국제법, 박영사, 1998.

김정균성재호, 국제법, 박영사, 2006.

김종헌, 해양과 국제정치, 세종출판사, 1997.

김찬규, "천안함 사건의 국제법적 해석", 국민일보, 2010년 4월 21일.

김찬규, "페르시아만 사태와 UN의 제재", 국제문제, 제21권 11호, 1990. 11.

김찬규, "한일간의 해양분쟁에 관한 제문제", 이장희(편), 한일간의 국제법적 현안문제, 아시아사회과학연구원, 1998.

김학준, 한국문제와 국제정치, 박영사, 1984.

김현수, "공해상에서의 무력사용에 관한 국제법적 고찰", 전투발전연구, 제2호, 1997.

김현수, "국제법상 미식별 잠수함의 처리에 관한 연구", 해양연구논총, 제24집, 2000

김현수, "국제법상 전쟁수역의 법적 지위", 해양전략, 제89호, 1995.

김현수, "배타적 경제수역에서의 군사활동과 그 법적 규제", 해양연구논총, 제16집, 1996.

김현수, "북한 해안봉쇄 검토할 만한 대응이다", 경향신문, 2010. 4. 22.

김현수, "신해양법상 군사활동과 무력사용의 한계", 해양전략, 제94호, 1997.

김현수, "유엔해양법협약상의 추적권: 협약 111조의 해석을 중심으로", 해양전략, 제91호, 1996

김현수, "작전수역으로서의 영해 및 접속수역에 관한 연구", 전투발전연구, 제8호, 2001.

김현수, "중국의 해양정책에 관한 소고", 해양전략 제108호, 2000.

김현수, "해양과학조사에 있어서의 무인잠수정의 법적 규제", 해양전략, 제 115호, 2002.

김현수, "해양법상 외국선박의 추적권에 관한 현대적 고찰", Strategy 21, Vol.5, No.1, 2002.

김현수 · 이민효, 국제법, 연경문화사, 2010.

남정옥, 한미 군사관계사: 1871-2002, 국방부 군사편찬연구소, 2002,

노석태(역), 현대국제법의 지표, 부산대학교 출판부, 2002.

대한적십자사, 인도법연구소(역), 제네바협약 해설 Ⅲ, 1985,

민평식(역), 포클랜드전쟁, 병학사, 1983,

박기갑, "이라크의 쿠웨이트에 대한 무력침략과 국제법상의 문제점", 국제법 률경영, 제6호, 1991.

박배근(역), 국제법, 국제해양법학회, 1999

박배근, "1965년 한일어업협정과 일본의 신영해법에 관한 법적 문제점 : 909 대동호 사건과 제3만구호 사건을 소재로", 서울국제법연구, 제6권 제1 호, 1999.

박정규, "현대적 수상함정의 피격 양상과 대응사례 소고", 해양전략, 제146호, 2010. 6.

박춘호 · 유병화, 해양법, 민음사, 1986.

백봉종, "한국군의 작전통제권과 한국방위", 부산정치학회보, 제2권, 1989.

백종천, "작전권 문제의 발전적 해결방안", 국토통일원 조사연구실, 남북한간 주요군사분쟁점 연구 : 비핵지대, 군축, 작전권, 1988.

백진현, "한반도 평화체제 구축방안: 휴전협정의 대체를 중심으로", 서울국제 법연구원 주최 학술회의(주제: '한반도 평화체제 구축과 한미동맹관계 발전방향'), 2003. 6. 30.

법과사회연구회, 한미행정협정, 도서출판 힘, 1988.

병관수, 군사학대사전, 서울, 세문사, 1964.

서울신문사, 주한미군 30년, 1979.

성재호, "국제법상 핵사용의 규제", 성균관법학, 제15권 제2호, 2003.

송기춘·오동석, "한미상호방위조약의 전시작전통제권 이양의 위헌성", 헌법학연구, 제9권 제4호, 2003.

송재익, "한국군의 작전통제권 고찰", 국방정책연구, 2003.

신각수, "국제법상 군함의 무해통항권", 서울국제법연구, 제2권 제1호, 1995.

안광찬, "한미상호방위조약 체결이후 한반도 작전통제권에 관한 고찰", 비교법연구, 제3권, 2002.

양대현, "한국휴전협정과 한미관계: 협상외교전략을 중심으로", 한국정치학회보 제22집 제1호, 1988.

오미영, 외국군의 법적 지위, 법원사, 2003.

오윤경 외, 21세기 현대 국제법질서: 외교실무자들이 본 이론과 실제, 박영사, 2001.

오정석(역), 걸프전쟁: 역사적 배경과 전쟁수행과정을 중심으로, 연경문화사, 2002.

육군본부, 행정협정 해설, 1998.

윤종호, "한·미 연합방위체제의 변화와 한국안보 : 과제와 대비사항", 국방연구, 제50권 제1호, 2007.

이근수, 유엔해양법협약과 국제안보: 해양레짐 개념의 적용을 중심으로, 경희대학교 박사학위논문, 1999

이민효, 무력분쟁과 국제법, 연경문화사, 2008.

이민효, 해양에서의 군사활동과 국제해양법, 연경문화사, 2007.

이병조·이중범, 국제법신강, 일조각, 2008.

이상면, "신한일어업협정상 독도와 그 주변수역의 법적 문제", 서울대 법학, 제40권 제3호, 1999.

이상철, "한반도 휴전체제와 UNC 위상", 군비통제자료, 제34집, 2003.

이상철, 안보와 자주성의 딜레마, 연경문화사, 2004.

이상현, "한반도 평화체제와 한미동맹", 한국과 국제정치, 제22권 1호, 2006.

이서항, "유엔해양법과 세계 해양문제", 이춘근(편), 한국의 해양문제, 한국해양전략연구소, 1997.

이석용, "해양의 군사적 이용에 관한 연구", Strategy 21, vol.3, no.2, 2000.

이석우, 한미행정협정연구, 도서출판 민, 1995.

이성덕, "미국의 군사작전통제권하의 한국군: 1977년 추가의정 I 과의 관계", 국제법학회논총, 제48권 제2호, 2003.

이수근 · 강한구 · 김광식, 유엔해양법협약 발효에 따른 국방정책 연구, 한국국방연구원, 1997.

이영준, "해양의 평화적 이용에 관한 연구: 국제법상 해양오염방지를 위해 나타난 일반원칙에 관한 고찰", 평화연구, 제2권 제1호, 1983.

이영준, 국제환경법론, 법문사, 1995.

이용일, "한 · 중 · 일 3국 사이의 양자어업협정과 동중국해 어업질서", 국제법 동향과 실무, Vol.2, No.3 2003.

이용희, "국적불명선 『장어 3705호』 침몰사건에 대한 법적 고찰", 국제법학회 논총, 제47권 1호, 2002.

이용희, "심해저활동 관리를 위한 규범의 제정과 국제해저기구의 동향에 관한 고찰", 국제법학회논총, 제45권 제1호, 2000.

이윤영, "주둔국관 국제관습법", 국제법학회논총, 제15권 1호, 1970.

이인호, "한반도 평화체제 구축에 따른 한 · 미동맹관계의 쟁점과 대책", 국방연구, 제51권 제2호, 2008.

이장희, "개정 SOFA(2001)의 형사관할권과 시설 · 구역에 대한 평가", SOFA 개정안 토론회 자료집, 2001. 2. 8

이장희, "한미주둔군지위에 관한 협정상의 형사재판관할권 행사의 문제점과 개정방향", 국제법학회논총, 제40권 제2호, 1995.

이중범, 전쟁과 평화: 국제법을 중심으로, 단국대학교출판사, 1983.

이철기, "한미군사안보관계의 현황과 전망", 평화학연구, 제7권 3호, 2006.

이한기, 국제법강의, 박영사, 2006.

임덕규, "6·25전쟁과 전시국제법의 적용실태", 6·25의 법적 조명, 서울대학교 법학연구소 6·25 50주년 학술심포지움 발표집, 2000. 6.

장신(편), 국제법판례 요약집, 전남대학교 출판부, 2004.

정경수, "21세기 자위에 근거한 무력행사의 적법성", 국제법평론, 통권 제30호, 2009.

정상일, "GULF전 개전초기의 경제전(Economic Warfare) 양상", 공군평론, 제89호, 1992.

정순영, "미군의 한국군 작전지휘권 현황", 입법조사월보 제163호, 1987.

정운장, 국제인도법, 영남대학교 출판부, 1994.

제성호, "국군포로 및 납북자문제 해결방안", 국가전략, 제7권 1호, 2001.

제성호, "한반도 평화체제 전환에 따른 법적 문제", 한반도 군비통제, 제2집, 2000.

조성훈, "국군포로문제의 발생과 송환방안 모색", 한반도 군비통제, 제43집, 2008.

조시현, "한국전쟁의 국제법적 성격", 6·25의 법적 조명, 서울대학교 법학연구소(6·25 50주년 학술심포지움 발표집), 2000. 6. 13.

중앙일보사, 민족의 증언, 제6권, 을유문화사, 1972.

채한국(역), 미국합동참모본부사, 제3집, 한국전쟁(하), 1991.

최강, "전시 작전통제권 문제의 전개과정과 의미", 국회보, 통권 제479호, 2006.

최종기, 현대국제연합론, 박영사, 1991.

최종화, "한반도 주변해역 해상치안수요 변화와 해양경찰", 김현기(편), 21세기 해양시대 개막과 한국해양경찰, 한국해양전략연구소, 2001.

최종화, 현대국제해양법, 두남, 2004

최창동, "국군 작전지휘권 이양의 법적 문제점", 비교법연구, 제3권, 2002.

한국국방연구원, 유엔해양법협약 발효에 따른 국방정책방향 연구, 1997.

황경환, "전시작전통제권의 법적 연구", 법학연구, 제15집 제1호, 2007.

2. 국외문헌

A. Gioia, "Neutrality and Non-Belligerency", Harry H. G. Post(ed.), International Economic Law and Armed Conflict, Martinus Nijhoff Publishers, 1994.

A. Guttry and N. Ronzitti(eds.), The Iran-Iraq War(1980-1988) and the Law of Naval Warfare, Cambridge University Press, 1993.

A. Leroy Bennett, International Organization, Prentice-Hall Inc., 1979.

A. Pardo, "The Law of the Sea: Its Past and Its Future", 63 Oregon Law Review, 1984.

A. V. Lowe, "Some Legal Problems arising from the Use of the Seas for Military Purpose", 10 Marine Policy, 1986.

B. A. Boczek, "Peacetime Military Activities in the Exclusive Economic Zone of Third Countries", 19 Ocean Development and International Law, 1988.

Bernard H. Oxman, "The Regime of Warships under the United Nations Convention on the Law of the Sea", 24 Virginia Journal of International Law, 1984.

Bernard H. Oxman, "United States Interests in the Law of the Sea Convention", 88 AJIL, 1994

Brown, "Undeclared Wars", 33 AJIL, 1939.

Burdick H. Brittin, International Law for Seagoing Officers(5th ed.), US Naval Institute, 1986.

Burton I. Kaufman, The Krean War, Alfred A. Knopf, 1983.

C. G. Fenwick, International Law, 4th ed., Appleton Century Crofts, 1965.

C. J. Colombos, The International Law of the Sea, 2nd. rev. ed., Longmans, 1951.

D. J. Harris, Case and Materials on International Law, Sweet and Maxwell, 1983.

D. Momtaz, "The High Seas", R. J. Dupuy & D. Vignes(ed.), A Handbook on the New Lae of the Sea, Vol.1, Martinus Nijhoff Publishers, 1991.

D. P. O'Connel, The Influence of Law on the Sea Power, Manchester U. P., 1975

D. P. O'Connel, The International Law of the Sea, Vol. Ⅱ, Oxford U. P., 1984.

D. W. Boewtt, The Law of the Sea, Manchestr Univ. Press, 1967

D. W. Bowett, United Nations Forces, Stevens, 1964.

E. D. Brown, "Dispute settlement and the law of the sea: the UN Convention regime", 21 Marine Policy, No.1, 1997.

E. D. Brown, The International Law of the Sea, vol.1, Dartmouth, 1994.

E. Margolis, "The Hydrogen Bomb Experiments and International Law", 64 Yale Law Journal, 1955.

E. Rosenblad, International Humanitarian Law of Armed Conflict: Some Aspects of the Principle of Distinction and Related Problems, Henry Dunant Institute, 1979.

F. Francioni, "Peacetime Use of Force, Military Activities and the New Law of the Sea", 18 Cornell International Law Journal, 1985.

F. V. Russo, Jr., "Neutrality at Sea in Transition: State Practice in the Gulf War as Emerging International Customary Law", Ocean Development and International Law, Vol.19, 1988.;

F. Wooldridge, "Hot Pursuit", in Encyclopedia of Public International Law, vol.11, North Holland Publishing Co., 1987.

G. J. Timagenis, International Control of Marine Pollution, Vol. I, Oceana Publications, 1980.

H. I.. Taubenfeld, "International Armed Forces and the Rules of War", 45 American Journal of International Law, 1951.

H. Lauterpacht, "The Problem of Jurisdictional Immunities of Foreign States", 29 British Yearbook of International Law, 1991.

H. W. Briggs, The Law of Nations : Cases, Documents, Notes(2nd. ed.), 1952.

ICJ Reports, 1949, 1951, 1971, 1986.

Inis L. Claud Jr., Swords into Plowshares, Random House, 1959.

J. A. Roach, "Missiles on Target : the Law of Targeting and the Tanker War", 82 Proceedings of the American Society of International Law, 1988.

J. Gilliland, "Submarines and Targets : Suggestions for New Codified Rules of Submarine Warfare", 73 Georgetown Law Journal, 1985.

J. H. McNeill, "Neutral Rights and Maritime Sanctions: The Effects of Two Gulf Wars", 31 Virginia Journal of International Law, 1991.

J. L. Brierly, The Law of Nations, Clarendon, 1963.

J. Mayda, "The Korean Reparation Problem and International Law", 47

American Journal of International Law, 1953.

J. Prawitz, "Naval Arms Control History and Observations", R. Fieldhouse(ed.), Security at Sea Naval Forces and Arms Control, SIPRI/Oxford University Press, 1990.

J. Stanger, Criminal Jurisdiction over Visiting Armed Forces, U.S. Naval War College International Law Studies 1957~1958, vol.52, 1965,

J. Stone, Legal Controls of International Conflicts, Rinehart, 1954,

J. Westlake, International Law, vol.1(2nd. rev. ed.); Cambridge University press, 1910.

James F. McNulty, "Blockade: Evolution and Expectation", 62 US Naval War College International Law Studies, 1980.

James M. Spaight, Air Power and War Rights, 3rd ed., Longmans, 1947.

K. Booth, Law, Force and Diplomacy at Sea, George Allen & Unwin, 1985.

K. Skubiszewski, "Use of Force by States, Collective Security, Law of War and Neurality", M. Sørenson(ed.), Manual of Public International Law, Macmillan, 1968.

Kim Myung Ki, The Korean War and International Law, Paige Press, 1991.

Kwiatkowska, The 200 Mile Exclusive Economic Zone in the Law of the Sea, Martinus Nijhoff Publishers, 1989.

L. Doswald-Beck(ed.), San Remo Manual on International Law Applicable to Armed conflict at Sea, Cambridge Univ. Press, 1995,

L. Doswald-Beck, "San Remo Manual on International Law applicable to Armed Conflict at Sea", 309 International Review of the Red Cross,

1995.

L. Henkin, R. C. Pugh, O. Schachter & H. Smit, International Law: Cases and Materials, West Publishing Co., 1993.

L. Weber, "Blockade", in Rudolf Bernhardt(ed.), Encyclopedia of Public International Law, Vol.3, North-Holland, 1982.

M. A. Morris, Expansion of Third-World Navies, St. Martin's Press, 1987.

M. Jenkins, "Air Attacks on Neutral Shipping in the Persian Gulf: The Legality of the Iraq Exclusion Zone and Iranian Reprisals", 8 Boston College International & Comparative Law Review, 1985.

M. MacDougal & N. Schlei, "The Hydrogen Bomb Tests in Perspective: Lawful Measures for Security", 64 Yale Law Journal, 1955.

Mark W. Clark, From the Danube to the Yalu, Harper and Bros, 1954.

Michael G. Fraunces, "The International Law of Blockade: New Guiding Principles in Contemporary State Practice", 101 The Yale Law Journal, 1992.

N. A. Maryan Green, International Law : Law of Peace, Macdonald and Evans, 1982.

N. M. Poulantzas, The Right of Hot Pursuit in International Law, Sijthoff- Leyden, 1969.

N. Ronzitti, The Law of Naval Warfare, Martinus Nijhoff Publishers, 1988.

O. Bring, "Naval Arms Control and the Convention on the Law of the Sea", Richard Fieldhouse(ed.), Security at Sea: Naval Forces and Arms Control, SIPRI, Oxford University Press, 1990.

O. Schachter, "International Law in Theory and Practice: General

Course in Public International Law", 178 Recueil des Cours de l'Academie de Droit International de La Haye, 1982.

O. Schachter, International Law in Theory and Practice, Martinus Nijhoff Publishers, 1991.

O. Schschter, "United Nations Law in the Gulf Conflict", 85 American Journal of International Law, 1991.

P. Malanczuk, Akehurst's Introduction to International Law(Routledge, 1997.

Phllip C. Jessup, A Modern Law of Nations, New York, Macmillan, 1948.

R. Higgins, United Nations Peacekeeping 1946-1967: Document and Commentary, vol. II, Oxford U. P., 1970.

R. J. Stanger, Criminal Jurisdiction over Visiting Armed Forces, U. S. Government Printing Office, 1965.

R. J. Zedalis, "'Peaceful Purpose' and Other Relevant Provisions of the Revised Composite Negotiating Text: A Comparative Analysis of the Existing and the Proposed Military Regime for the High Seas", 7 Syr. J. Int'l L. & Com., 1979.

R. Jennings and A. Watts(ed.), Oppenheim's International law, 9th ed., vol. I, Longmans, 1992.

R. P. Anand, Legal Regim of the Sea-Bed and the Developing Countries, Thomson Press, 1975.

R. Sadurska, "Threats of Force", 82 AJIL, 1988.

R. Wolfrum, "Restricting the Use of the Sea to Peaceful Purpose: Demilitarization in Being", 24 German Yearbook of International Law, 1981.

Robert G. Reuland, "The Customary Right of Hot Pursuit Onto the High Seas : Annotations to Article 111 of the Law of the Sea Convention", 33 Virginia Journal of International Law, 1993.

Robert W. Tucker, The Law of War and Neutrality at Sea, Naval War College International Law Studies 1955.

Robin R. Churchill and Alan V. Lowe, The Law of the Sea, Manchester University Pres, 1988.

Roland J. Stanger, Criminal Jurisdiction over Visiting Armed Forces, U. S. Naval War College International Law Studies 1957~1958, vol.52, U. S. Government Printing Office, 1965.

S. Rose, "Naval Activity in the Exclusive Zone Troubled Waters Ahead?", 21 Ocean Development and International Law, 1990.

S ø rensen, Manual of Public International Law, MacMillan, 1968.

Sydney D. Bailey, How Wars End: The United Nations and the Termination of Armed Conflicts 1946-1964, vol. Ⅱ, Clarendon Press, 1982.

T. Halkiooulas, "The Interference between the Rules of new Laws of the Sea and Law of War", Rene-Jean Dupuy and Daniel Vignes(eds.), A Handbook of the New Law of Sea, Vol.2, Martinus Nijthoff Publishers, 1991.

Thomas C. Linn, "Naval Forces in the Post-Cold War Era". 20 Strategy Review, No.4, 1992.

Thomas D. Jones, "The International Law of Maritime Blockade: A Measure of Naval Economic Interdiction", 26 Howard Law Journal, 1983.

W. D. Reeve, The Republic of Korea, Oxford University Press, 1963.

W. J. Fenrick, "The Exclusion Zone Device in the Law of Naval Warfare", Canadian Yearbook of International Law, Vol.20, 1986.

W. T. Mallison, Studies in the Law of Naval Warfare: Submarines in General and Limitted Wars, US Naval War College, 1968.

Walter G. Herms, Truce Tent and Fighting Front, Office of the Chief Military History, 1966.

William H. Vatcher, Panmunjom: The History of the Korean Military Negotiations, Greenwood, 1958.

(財)日本海運振興會 · 國際海運問題硏究會, 海洋法と船舶の通航, 成山堂書店, 2002.

吉田靖之, "國聯海上沮止活動の法的考察", 法學政治論究, 第43号, 1999.

吉村 祥子, 國聯非軍事的制裁の法的問題, 國際書院, 2003.

杉原高嶺, "政府船舶に對する裁判權免除の展開", 法學論叢, 第140卷 第3 · 4 号, 1997.

小田 滋, 海洋法の源流を探る: 海洋の國際法構造, 有信堂, 1989.

新井 京, "封鎖法の現代的'變容'", 村瀬信也 · 眞山 全(編), 武力紛爭の國際法, 東信堂, 2006.

中谷和弘, "國家の單獨の決定に基づく非軍事的制裁措置", 「國際法外交雜誌」, 第89卷 3/4号, 1990.

池島大策, "海洋の平和的利用の概念: 國聯海洋法條約における關聯規定を中心に", 法學政治學論究 第16号(慶應義叔大學), 1993.

眞山 全, "海戰法規における目標區別原則の新展開(2)", 國際法外交雜誌, 96 卷 1号, 1998.

[부 록]

무력충돌시 군인의 의무
〔군 인권교육용 해본시달 자료(해본 인권과 -227호⟨'08.3.18⟩)〕

　전통 국제법에 있어서 국가 간의 전쟁을 규율하는 법체계를 전쟁법 (Law of War)이라고 일컫는다. 그러나 제2차 세계대전 이후 국가 간 의 전쟁뿐만 아니라 내전 등 '비국제적' 무력충돌의 확산과 함께 무력 충돌법(Law of Armed Conflict)이라는 용어가 등장하기 시작하였다. 이러한 의미에서 무력충돌법은 무력충돌 시 교전당사자들의 무력행위 를 규율하는 국제법의 일부이다. 오늘날에는 전쟁이 아닌 상황에서도 인권을 보호해야 한다는 차원에서 국제인도법과 국제인권법이라는 용 어도 널리 사용하고 있다.

　전쟁법이라는 용어가 자주 사용되어 왔지만 왜 전쟁을 법으로 규제 하며, 교전 시 군인은 어떠한 이유에서 그와 같은 의무를 준수해야 하 는가 하는 의문이 제기된다. 미국의 전쟁법 교재에 따르면 아래와 같은 이유에서 전쟁법을 준수해야 한다고 보고 있다.

　　첫째, 적이 동일한 규정을 준수하도록 동기를 부여하는데 있다
　　　　(Motivates the enemy to observe the same rules).
　　둘째, 적이 항복하도록 의도함에 있다(Motivates the enemy to
　　　　surrender).

셋째, 문명의 기초를 위반하는 행위들을 경계한다(Guards against acts that violate basic tenets of civilization). 이를 통해 불필요한 고통으로부터 민간인과 군인에 대한 보호(Protects against unnecessary suffering)를 제공하며, 인간의 근본적 권리를 보호한다(Safeguards certain fundamental human rights).

넷째, 전쟁의 허용된 범위에 대하여 사전 통지를 제공한다(Provides advance notice of the accepted limits of warfare).

다섯째, 혼동을 줄이며 위반행위를 보다 효율적으로 식별할 수 있도록 한다(Reduces confusion and makes identification of violations more efficient).

여섯째, 평화회복에 기여한다(Helps restore peace).

이와 같이 무력충돌의 경우 군인은 국제법과 국내법의 규정을 준수할 의무를 갖는데 그 주요 내용은 아래와 같다.

1. 공격대상의 제한

가. 비전투원 및 비군사적 목표물에 대한 공격, 특정한 군사 목표물을 표적으로 하지 아니하는 무차별 공격은 금지된다. 거 밀집지역에 대한 폭격 시에는 사전에 민간인을 피난 시키기 위한 사전통고 등 필요한 최소한의 조치를 취하여야 한다.

나. 위험한 물리력을 포함하고 있는 시설 즉 댐, 제방, 원자력 발전소

등과 같이 피격 시 민간인에게 심대한 손상을 야기할 수 있는 시설물에 대한 파괴, 공격은 원칙적으로 금지된다.

다. 모든 부상자, 병자 및 난선자, 항공기로부터 낙하산으로 탈출하고 적대행위를 하지 않는 자, 항복하는 자 등 전투력을 상실한 부대 또는 인원은 공격하지 않아야 한다. 일반적으로 항복하고자 하는 의사는 양손을 들거나 무기를 던지거나 또는 백기를 소지하는 행동으로 나타난다.

2. 특수무기의 사용제한

가. 다음과 같은 특수무기의 사용은 금지된다.
　(1) 독물 또는 유독무기
　(2) 생물무기 또는 화학무기
　(3) 인체 내에서 쉽게 팽창되거나 펼치지는 총탄
　(4) 400 그램 이하의 폭발성 포탄
　(5) 검출되지 않은 파편을 가진 무기(사람의 신체내에서 엑스레이 검사에 나타나지 않는 파편에 의해 상처를 입히는 것이 주요효과인 무기)
　(6) 폭발성 부비트랩(외관상 전혀 해가 없는 휴대용 물건의 형태로 제작된 부비트랩), 과도한 효과를 가진 부비트랩(지나친 상해나 고통을 야기하도록 고안된 부비트랩), 해가 없는 물건으로 표시되거나 속이기 위한 표시가 있는 부비트랩

나. 이외에도 불필요한 고통이나 과도한 피해를 야기하는 무기, 군사 목표물에 정확하게 조준하기 힘든 무기, 광범위하고 오랜기간 지속되어 심각한 자연환경 피해를 야기할 무기는 사용할 수 없다.

3. 제한되는 기만/책략 행위

가. 적으로 하여금 오판하게 하거나 부주의하도록 유도하는 정당한 책략은 허용된다.

나. 다만, 배신행위 즉 화평의 기를 들고 협상을 하는 것처럼 위장하는 행위, 항복으로 위장하는 행위, 부상이나 병으로 전투력을 상실한 것으로 위장하는 행위, 의무시설이나 의무수송으로 위장하거나 이들을 방패로 삼는 행위, 중립국의 깃발이나 표장 또는 제복으로 보호되는 지위에 있는 존재로 위장하는 행위 등 적으로 하여금 그가 무력충돌 시 적용 가능한 국제법상의 보호를 부여받을 권리가 있다거나 의무가 있다고 믿게하여 적의 신뢰를 유발하여 그러한 신뢰를 배신할 목적의 행위는 금지된다.

4. 민간인 및 민간소유물 보호

가. 적대행위를 하거나 적을 지원하는 행위를 하지 않는 한 민간인을 공격할 수 없다.

나. 모든 지휘관은 군사작전의 계획 및 실행 시 반드시 민간인 보호

를 고려하고, 민간인의 피해가 최소화되도록 공격의 수단 및 방법의 선택에 있어 실행가능한 모든 예방조치를 취하여야 하며, 여자와 어린이는 특별히 보호되어야 한다.

다. 군사목표물을 은폐하기 위하여 민간인을 사용해서는 아니되며, 어떠한 경우에도 민간인에 대한 살인, 고문, 체형, 신체의 절단, 강간·강제매춘·강제불임 등 성적인 폭력을 가하는 행위, 치료의 목적 등 정당한 이유 없이 의학적·과학적 실험의 대상으로 하는 행위, 인질로 잡거나 노예화하는 행위, 집단처벌, 치욕적인 대우, 언어적 또는 물리적인 협박이나 감금, 주거지로부터 추방 또는 이송하는 행위 등 인도에 반한 행위는 금지된다.

라. 모든 지휘관은 군사시설의 설치, 방어진지의 설치, 군사목적상 필요한 지형의 점령시 등 각종 군사행동에 있어 이러한 시설이 민간인 거주 바깥이 되도록 최대한 노력하고 민간인과 민간 목적물에 대한 피해를 최소화 할 수 있는 지역을 선정해야 한다.

마. 부대의 이동, 이동 중 정지 및 주둔 시 민간인 밀집 지역을 최대한 회피하며 민간인 밀집지역 이동시는 신속히 이동해야 한다.

바. 민간인의 보호 및 구조에 관한 임무를 담당하는 민방위 요원, 민방위 시설, 민방위 수송수단 등이 그 인도적 임무와 합치되는 행위를 하고 있을 때에는 이들에 대하여 공격하거나 파괴하지 않아야 한다.

사. 군사적으로 필요한 경우를 제외하고 민간인의 재산을 파괴 하거나 징발해서는 안된다. 작전상 필요에 의해 징발하거나 대부한 물건들은 목적을 위하여 더 이상 필요하지 않거나 임무를 완수하였을 때는 원소유자에게 반환하여야 하고 반환이 불가능할 경우에는 그에 상응한 보상을 하여야 한다.

아. 전시 북한이탈 민간인에 대해서는 난민의 지위에 준하여 강제 송환을 금지하고 재산의 보호 및 주거이동의 자유, 재판을 받을 권리 등에 관하여는 대한민국 국민 수준의 보호를 하며, 전시 북한 피난민 처리계획에 따라 정착지원시설에 수용하여 정착지원이 가능하도록 효율적 관리를 하여야 한다.

5. 의무요원과 의무시설, 종교요원과 종교물의 보호

가. 의무활동, 의무시설 및 의무수송에 종사하도록 임무가 부여된 요원, 그 시설, 물자, 수송수단은 공격하지 않아야 한다. 의무 요원, 의무시설, 의무수송의 표지는 백색 바탕의 적십자(또는 백색 바탕에 적색 초승달)이다. 다만, 의무 관련 인원, 시설, 수송수단 등이 이러한 표시를 하지 않더라도 보호되어야 할 권한을 상실하는 것은 아니다.

나. 전략적, 전술적 상황이 허락한다면 군의 의무수송과 비의무 수송은 별도의 수송로와 계통을 설정해야 한다.

다. 부상자, 환자, 해상조난자, 치료, 간호, 수송하는 업무를 수행 하 는 의무차량, 병원선, 의무항공기는 공격하지 않아야 한다.

라. 종교요원, 종교물을 공격하거나 파괴하지 않아야 한다. 종교물은 종교적 성격을 가지는 물건과 용품 및 군 종교요원에 의하여 전적으로 사용되는 물건이다. 종교요원과 종교물의 표지는 특별히 없으며 필요시 의무표지를 사용한다. 종교요원과 종교물이 해당 표지를 사용하지 않더라도 그들이 보호되어야 할 권한이 상실되는 것은 아니다.

6. 문화재, 천연기념물 보호
다음과 같은 국보, 보물, 사적, 천연기념물, 유네스코에 의해 세계문화유산으로 지정된 인류의 문화적 또는 정신적 유산 중 커다란 중요성을 갖는 문화재는 보호되어야 한다.

가. 건축이나 예술, 역사적 기념물, 고고학적 장소, 전체적으로 역사적 예술적 가치를 가지는 건물군 지역

나. 박물관, 대규모 도서관, 고기록 보관소, 문화재 대피소 등과 같이 문화재의 보존을 주로 목적으로 하는 건물

다. 대규모 문화재를 포함하고 있는 유적 중심지로 알려진 곳

7. 전쟁포로의 취급

가. 포로의 범위

정규군, 비정규군, 전투원, 비전투원을 막론하고 군인인 이상 체포되면 전쟁포로의 신분을 가지나 군종, 의무요원은 포로로 간주되지 아니하고 특수한 신분을 가지며, 간첩은 포로로 보호해서는 아니된다.

나. 포로의 보호

포로는 인도적으로 취급하여야 하고 그 신체와 명예를 존중 하여야하며 신체의 절단이나 의료, 치과 또는 임상치료상 정당화될 수 없는모든 종류의 의료적, 과학적 실험을 행하지못한다. 특히 폭행, 협박, 모욕이나 대중의 호기심으로부터 항상 보호되어야 하고 포로에 대한 보복조치는 허용될 수 없다.

다. 포로의 심문

포로에 대해서는 그 성명, 계급, 출생년월일, 소속군, 연대번호, 군번의 진술을 요구할 수 있으나, 정보를 입수하기 위하여 포로에 대하여 육체적 또는 정신적 고문이나 기타 어떠한 형태의 강제를 가하지 못한다.

라. 포로의 대우

숙소, 급식, 피복, 매점의 제공과 포로의 재산보호, 의료지원과 종교활동, 서신왕래는 보장하여야 한다.

마. 포로에 대한 규율

포로에 대해서는 성명, 계급, 군번 및 출생년월일을 표시한 신분증명서를 발급하여 항상 휴대하게 하여야 한다. 포로가 도주하는 것은 자국에 대한 의무라 할 것이므로 도주시 징계벌만 가능하며 도주방지를 위해 발포할 경우에는 사전 경고하여야 한다.

바. 포로의 노동

포로에 대해서는 포로수용소 자체의 행정 및 시설의 유지와 관련된 노동, 군사적 성질과 목적을 가지지 않는 일부 업무에 대하여 노동을 부과할 수 있으나, 대한민국 국민들보다 노동 조건을 불리하게 해서는 아니되고 소정의 노동임금을 지급 하여야 한다.

8. 포획무기 · 문서, 전리품, 장비

개인의 신분에 관한 서류, 의류, 급식 및 신체보호를 위한 휴대품을 제외한 군사장비는 포획된 사람과 함께 전리품으로 보아 군수계통으로 인도하여야 한다.

9. 국제적십자사 요원의 활동 보장

국제적십자사 요원의 활동은 존중되어야 하며 모든 지휘관은 법무장교를 통하여 이들의 활동에 최대한 협조하여야 한다.

10. 전쟁법 위반행위에 대한 처리

가. 대한민국 국민이나 적국인에 의하여 범하여진 전쟁법 위반 행위

는 즉시 보고되어 철저히 조사되어야 한다. 따라서 법무 장교는 전쟁법 위반 사례를 접수한 경우 이를 철저히 조사 하여 입건, 기소, 고발토록 하고 모든 지휘관은 이를 적극 지원하여야 한다.

나. 이 지침의 적용을 받는 모든 장병은 지휘관 또는 상급자의 명령에 따른 자신의 행위가 불법임을 알지 못하고 전쟁범죄를 범한 경우에는 명령이 명백히 불법하지 아니하고 그 오인에 정당한 이유가 있는 때에 한하여 처벌되지 아니한다. 이 경우 전쟁범죄를 범하도록 하는 명령은 명백히 불법한 것으로 본다.

다. 지휘관(지휘관의 권한을 사실상 행사하는 자를 포함한다. 이하 같다) 또는 상급자는 자신의 실효적인 지휘와 통제하에 있는 부하 또는 하급자가 전쟁범죄를 범하고 있거나 범하려 함을 알고도 이를 방지하기 위하여 상당한 조치를 취하지 아니한 때에는 당해 행위자 외에 지휘관 또는 상급자도 같은 전쟁 범죄자로 처벌된다.

라. 지휘관 또는 상급자로서 직무를 게을리하거나 유기하여 자신의 실효적인 지휘와 통제 하에 있는 부하 또는 하급자가 전쟁범죄를 범하는 것을 방지 또는 제지하지 못한 경우에는 직무 태만죄로 처벌된다.

마. 지휘관 또는 상급자는 전쟁범죄를 범한 실효적 지휘와 통제하에 있는 부하 또는 하급자를 수사기관에 고지하지 아니한 때에도 처벌된다.

바. 전쟁법 위반행위와 관련하여 피해를 입었을 때에는 적국에 불리
한 국제적인 여론을 유도하기 위해 그 위반사실을 공표하고 항의
및 보상과 위반자에 대한 처벌을 요구하며 적국이 전쟁법을 준수
하도록 제3국에 대해 중재를 요청할 수 있다.

사. 적국의 전쟁법 위반행위에 대한 복구(reprisal)는 제한된 범위내
에서 허용되나, 적국이 범한 전쟁법 위반행위와 비례적으로 행하
여져야 한다.

해군과 국제법, 쟁점과 과제

| 발행일 2013년 10월 30일 |

| 저자 이민효 | 펴낸이 이정수 | 책임 편집 최민서·신지향 |

| 펴낸곳 연경문화사 | 등록 1-995호 |

| 주소 서울시 강서구 양천로 551-24 한화비즈메트로 2차 807호 |

| 대표전화 02-332-3923 | 팩시밀리 02-332-3928 | 이메일 ykmedia@naver.com |

| 값 25,000원 | ISBN 978-89-8298-151-7 (93360) |

이 도서의 국립중앙도서관 출판시도서목록(CIP)은 서지정보유통지원시스템
홈페이지(http://seoji.nl.go.kr)와 국가자료공동목록시스템(http://www.nl.go.kr/kolisnet)에서
이용하실 수 있습니다.(CIP제어번호: CIP2013019264)